Edmund Husserl

Phänomenologie der Lebenswelt

Ausgewählte Texte II

Mit einer Einleitung
herausgegeben von
Klaus Held

Philipp Reclam jun Stuttgart

RECLAMS UNIVERSAL-BIBLIOTHEK Nr. 8085
Alle Rechte vorbehalten
© für diese Ausgabe 1986 Philipp Reclam jun. GmbH & Co., Stuttgart
Copyrightvermerke für die Texte siehe Seite 304
Bibliographisch revidierte Ausgabe 2002
Gesamtherstellung: Reclam, Ditzingen. Printed in Germany 2007
RECLAM, UNIVERSAL-BIBLIOTHEK und
RECLAMS UNIVERSAL-BIBLIOTHEK sind eingetragene Marken
der Philipp Reclam jun. GmbH & Co., Stuttgart
ISBN 978-3-15-008085-6

www.reclam.de

Inhalt

Einleitung

1. *Das Problem der Konstitution*

Die durch Edmund Husserl begründete Phänomenologie hat die Philosophie und eine Reihe von Wissenschaften im ersten Drittel unseres Jahrhunderts in vielfältiger Weise bereichert und zum Teil maßgebend beeinflußt. Husserls Spätwerk von 1936, zwei Jahre vor seinem Tod verfaßt, *Die Krisis der europäischen Wissenschaften und die transzendentale Phänomenologie* (im folgenden zitiert als: *Krisis*), hatte noch einmal eine neue und bis in die Gegenwart reichende Nachwirkung. Sie ist wesentlich mit der Einführung des Begriffs der Lebenswelt verknüpft. Der Schock über die einer Katastrophe zutreibenden Umweltverhältnisse, das Unbehagen an der immer durchgreifender rational organisierten und verwalteten Gesellschaft – dies und anderes läßt heute viele Nachdenkliche nach dem Leitbild von einer Welt suchen, in der der Mensch sich heimisch fühlen und im Vollsinne »leben« könnte. So taucht das von Husserl gegebene Stichwort »Lebenswelt« gegenwärtig mit wachsender Häufigkeit in den wissenschaftsinternen und öffentlichen Diskussionen auf. Die meisten Beiträge zu diesem Thema stünden freilich auf einem weniger schwankenden Boden, würde man sich wieder mehr auf die gedanklichen Zusammenhänge zurückbesinnen, innerhalb deren Husserl das Wort »Lebenswelt« zu einem philosophischen Zentralbegriff erhoben hat. Die Texte des vorliegenden Auswahlbandes bieten dafür eine Grundlage.

Husserls Besinnung auf die Lebenswelt schließt eine radikale Kritik am Geist der modernen Wissenschaft ein. Bemerkenswerterweise ist diese Kritik aber nicht grundsätzlich wissenschaftsfeindlich. Im Gegenteil: Husserl geht es um eine Erneuerung der Philosophie als *Wissenschaft* und als Grundlage wissenschaftlicher Arbeit überhaupt. So könnte seine Besinnung auf die Lebenswelt eine Hilfe sein, die Wissenschafts- und Zivilisationsverdrossenheit, die sich heute immer vernehmlicher zu Wort meldet, vor den jugendbewegten Romantizismen der Rückkehr in eine heile vorwissenschaftliche und vortechnische Welt zu bewahren. In dieser Verdrossenheit tritt erneut die Spannung zwischen den »zwei Kulturen« der Moderne zutage, über die man seit den sechziger Jahren im Anschluß an die Thesen des englischen Romanciers und Wissenschaftlers Charles Snow diskutiert.[1] Die moderne Existenz scheint gespalten in das geistlose Leben in einer naturwissenschaftlich-technisch rational geprägten Welt mit ihren Organisationen und das erfüllte Dasein in einer geschichtlich-personal gewachsenen Welt mit ihren kulturellen Zeugnissen. Diese Zerrissenheit spiegelt sich auch im Schwanken der gegenwärtigen Philosophie zwischen dem Erbe zweier Traditionsstränge. Dem analytisch-wissenschaftsorientierten Denken moderner empiristisch-positivistischer Herkunft stehen vielfältige Versuche gegenüber, mit transzendentalphilosophischen, dialektischen, existenzphilosophischen oder hermeneutischen Ansätzen an die alteuropäische Tradition anzuknüpfen.

Husserls Denken besitzt eine Affinität zu beiden Seiten und ist von daher zu einer Vermittlerrolle zwischen den »two cultures« prädestiniert. Durch seine Ausbildung als Mathematiker in der Geisteslage des ausgehenden 19. Jahrhunderts steht Husserl den erstgenannten Traditionen nahe: Wie im Positivismus seiner Zeit paart sich in seinem Denken die Suche nach einem »natürlichen Weltbegriff«, die bei ihm in der Lebenswelttheorie seiner Spätzeit kulminiert, mit dem Versuch der Wissenschaftsbegründung. Nicht zufällig mehren sich deshalb in neuerer Zeit die Versuche, zwischen dem im anglo-amerikanischen Raum vorherrschenden analytischen Denken und Husserls Phänomenologie Brücken zu schlagen. Auf der anderen Seite aber kann man den transzendentalphilosophischen Kontext der späten Lebensweltanalysen auch als ein Bollwerk gegen den Geschichtsverlust und zumindest leichtfertigen Umgang mit der klassischen philosophischen Tradition ansehen, der sich in Teilen der analytisch-wissenschaftstheoretisch orientierten Philosophie bemerkbar macht. Es entspricht dieser Seite des Husserlschen Gesamtwerks, daß die Lebensweltproblematik in einem inneren Zusammenhang mit dem existenzphilosophisch-hermeneutischen Denken steht, das sich bei Heidegger, Sartre, Gadamer und anderen in stetiger Auseinandersetzung mit Husserl entwickelt hat. Und ebenso gehört hierher, daß der Lebensweltbegriff neuerdings in der Sozialphilosophie von Habermas, die in die Tradition des Linkshegelianismus gehört, besondere Bedeutung gewinnt.

Der Titel des ersten Husserl-Auswahlbandes bezog sich auf den Anspruch, mit dem die Phänomenologie ursprünglich auftrat: sie wollte eine radikal neu um Vorurteilslosigkeit bemühte philosophische Methode sein. Weder bei Husserl noch bei den anderen großen Phänomenologen – Scheler, Heidegger, Sartre, Merleau-Ponty, um nur die bedeutendsten zu nennen – blieb die Phänomenologie aber bloße Methode; sie wurde zur Philosophie, d. h. – nach der alten Definition des Aristoteles – zur Befragung alles dessen, was ist, im Hinblick auf sein Sein. Als Philosophie nimmt die Phänomenologie bei Husserl die Gestalt der Konstitutionsanalyse an; »Sein« bekommt den Charakter der im Bewußtsein konstituierten Gegenständlichkeit. Was dies heißt, wird sich in den folgenden Abschnitten der Einleitung und durch die hier abgedruckten Texte verdeutlichen, die alle dem Problem der Konstitution gewidmet sind.

Auf die einfachste Formel gebracht, dienen alle Analysen zur Konstitution der Erklärung der Art und Weise, wie die Welt dem Menschen erscheint: das Grundthema der phänomenologischen Konstitutionsforschung ist Welt als Erscheinung, als »Phänomen«. Die Entwicklung seines Denkens führte Husserl in seinen letzten Jahren dahin, die erscheinende Welt als Lebenswelt zu bestimmen; »Lebenswelt« ist nichts anderes als die »Welt«, um die es in Husserls Konstitutionsdenken schon immer gegangen war – freilich nun mit einer wichtigen Sinnesbereicherung, über die noch zu sprechen sein wird.

Der angedeutete Zusammenhang zwischen »Konstitution« und »Lebenswelt« ließ es erlaubt erscheinen, dem vorliegenden Auswahlband den Titel »Phänomenologie der Lebenswelt« zu geben, obwohl die ersten drei Texte Konstitutionsanalysen aus früheren Epochen Husserls vor der Einführung des Lebensweltbegriffs enthalten. So erinnert der Titel des ersten Teils dieser Auswahl an den Ausgangspunkt des Husserlschen Denkwegs und der des vorliegenden zweiten Teils an sein Ende – ein Ende, das durch die bleibende Frage nach der Lebenswelt bis heute fortwirkt.

Mit seinen Konstitutionsanalysen liefert Husserl den konkreten Nachweis für die idealistische Position, auf die seine Phänomenologie hinausläuft:[2] In der *natürlichen Einstellung*, der Haltung des Menschen zur Welt vor Eintritt in die phänomenologische Philosophie, gelten die Welt und die Gegenstände in ihr als etwas *objektiv*, an sich Seiendes, d. h. als etwas, was von sich aus ohne Bezug auf das Bewußtsein besteht. Vom so verstandenen subjektunbezüglichen Sein der gegenständlichen Welt wird ihr Gegebensein für das menschliche Bewußtsein, ihr »subjekt-relatives« »Erscheinen« unterschieden. Der phänomenologische Idealismus Husserls führt das vermeintlich bewußtseinsunabhängige Sein der Welt auf ihr bewußtseinsmäßiges Erscheinen zurück. Diese *»Reduktion«* rechtfertigt Husserl in erster Linie nicht mit irgendwelchen allgemeinen Argumenten, wie sie aus der Geschichte der neuzeitlichen Philosophie bekannt sind. Er weist vielmehr in detaillierten Einzelanalysen deskriptiv auf, in welcher Weise das menschliche Bewußtsein bei den verschiedenen Arten von Gegenständlichkeit zu der Überzeugung vom Ansichbestehen des jeweiligen Seinsbereichs gelangt.

Das »Erscheinen« von Gegenständen vollzieht sich bei genauerer Betrachtung folgendermaßen: Jeder Gegenstand ist mir zwar als etwas Identisches bewußt – als *ein* Gegenstand, aber er bietet sich mir in einer Mannigfaltigkeit von

Weisen seines Gegebenseins dar, die je nach Situation subjektiv variieren. Gäbe es im Bewußtsein nur die Abfolge solcher subjektiv-situativen *Gegebenheitsweisen*, so würde uns keine Welt mit identisch verharrenden Gegenständen erscheinen, von deren Ansichbestehen wir in unserer natürlichen Einstellung mit fragloser Selbstverständlichkeit überzeugt sind. Die Gegenstände bestehen »an sich«, heißt: sie sind mehr als das in subjekt-relativer situativer Jeweiligkeit Gegebene, sie gehen darin nicht auf. Der Gegenstand begegnet mir als etwas, was jenseits der Mannigfaltigkeit der jeweiligen Gegebenheitsweisen Bestand hat und sie in diesem Sinne *transzendiert*. Die Auffassung der Gegenstände als transzendent muß aber einen Grund haben; sie kann nur durch das subjektiv-situative Erscheinen motiviert sein. Mit der Analyse dieser *Motivation* bei den verschiedenen Arten von Gegenständlichkeit ist die allgemeine Aufgabe der Konstitutionsforschung bezeichnet.

Das Interesse des Menschen in natürlicher Einstellung ist auf die Gegenstände gerichtet. Die Gegebenheitsweisen, durch die hindurch ihm die Gegenstände allein erscheinen können, bleiben unbeachtet; sie werden zumeist überhaupt nicht oder wenn, dann nur sporadisch zum Thema. Um sie aus der Verborgenheit ihres Unthematischbleibens ans Licht zu ziehen, bedarf es der eigentümlichen phänomenologischen *Reflexion*, über deren *Methode* der erste Auswahlband Auskunft gibt. Diese Reflexion zeigt, daß alle Gegebenheitsweisen sich auf zwei große Gruppen aufteilen lassen: Ein Gegenstand kann mir so gegeben sein, daß ich dabei das Bewußtsein einer Verwiesenheit und Angewiesenheit auf andere mir mögliche Gegebenheitsweisen habe, in denen er mir in anschaulicher Sachnähe gegenwärtig wäre. Oder der Gegenstand erscheint mir in eben solcher Sachnähe, die Husserl als *Originarität* bezeichnet. Alle nicht-sachnahen, d. h. vagen, irgendwie verdeckenden oder verzerrenden, unbestimmten, mehr oder weniger inhaltsleeren Vorstellungen haben, weil ihr Erlebnisgehalt das Bewußtsein nicht befriedigt, die Tendenz, sich in *originären Gegebenheitsweisen* des betreffenden Gegenstandes zu *»erfüllen«*; zugleich sind vom aktuell gegebenen Erlebnisgehalt her bereits Möglichkeiten vorgezeichnet, durch deren Realisierung das Bewußtsein zur Erfüllung gelangen kann. Das Bewußtsein ist nach Husserl *intentional*, d. h. auf Gegenstände gerichtet. Zu diesem Gerichtetsein gehört unablösbar die Intention auf Erfüllung; denn nur die originär erfüllenden Erlebnisse verschaffen dem Bewußtsein ursprünglich Gegenstände mit einem bestimmten Sachgehalt; ohne Erfüllungsmöglichkeit fände überhaupt kein Gegenstandsbewußtsein statt.

Die Analysen zur Konstitution müssen deshalb bei den originären Gegebenheitsweisen ansetzen, die das Bewußtsein dazu motivieren, sich Gegenstände begegnen zu lassen. Die Phänomenologie beschreibt, wie das originär erlebende Bewußtsein es »macht«, daß sich vor ihm ein Bestand von Gegenständen aufbaut, die ihm als etwas an sich Seiendes erscheinen. Die durch die Analyse sichtbar gemachte Aufbauleistung des Bewußtseins nennt Husserl – mit einem aus dem Neukantianismus der Jahrhundertwende übernommenen Begriff – *»Konstitution«*. Die Konstitutionsanalyse deckt auf, wie der Vollzug originärer Gegebenheitsweisen das Bewußtsein motiviert, die situative Jeweiligkeit dieser Gegebenheitsweisen auf bestimmte Arten von Gegenständlichkeit hin zu *transzendieren* und so zu seiner Seinsüberzeugung (seinem *»Weltglauben«*) zu gelangen. Husserl bezeichnet seine Phänomenologie u. a. deshalb als *Transzendentalphilosophie*, weil sie als Konstitutionsanalytik dieses Transzendieren erklärt.[3]

Die Konstitutionsanalysen beziehen sich jeweils auf einen bestimmten Gegenstandsbereich. Gezeigt wird, wie das Sein von Gegenständen einer bestimmten Art oder Gattung von Seiendem in entsprechenden Bewußtseinsleistungen zustande kommt. Den »Leitfaden« für die Analysen bilden die allgemeinen Wesensstrukturen solcher Gegenstandsbereiche, also z. B. der Wahrnehmungsgegenstände, der Zahlen, der sprachlichen Bedeutungen, der Rechtsnormen, der ethischen oder sonstigen Werte usw. Die Wesensstrukturen werden erkannt durch die Methode der »*eidetischen* (d. h. auf das Eidos – das Wesen – bezüglichen) *Reduktion*«, mittels derer wir von den Tatsachen absehen, um auf ihre allgemeinen Bestimmungen zu achten.[4]

Um nicht bei einer unsystematischen Ansammlung von Einzelanalysen stehenzubleiben, hat Husserl in dem zu Lebzeiten unveröffentlichten zweiten Band seiner *Ideen zu einer reinen Phänomenologie und phänomenologischen Philosophie* (1913; im folgenden zitiert als: *Ideen II*) erstmals das Seiende überhaupt in drei umfassende Regionen unterteilt: die materielle Natur der Dinge im Raume, die animalische (beseelte, lebendige) Natur und die geistig-personale Welt. Die jeweiligen Grundbestimmungen ihres Seins sind in Theorien entwickelt, durch die das Sein der betreffenden Gegenstandsarten bestimmt wird.[5] Diese »regionalen Ontologien« enthalten zugleich die apriorischen Voraussetzungen, durch die sich die Gebiete der Einzelwissenschaften voneinander abgrenzen lassen.

Der Konstitutionsforschung stellt sich eine Fülle von Aufgaben, deren Ordnung sich aus dem Gedanken ergibt, daß alle Arten von intentionalen Erlebnissen durch ihren Bezug auf Originarität aufeinander verwiesen sind: In jeglichem Bewußtsein liegt nicht nur, sofern ihm die Sachnähe noch fehlt, eine Vorverweisung auf künftige oder mögliche Originarität; sondern es zehrt auch, sofern es schon Sachnähe und damit Sachhaltigkeit erreicht hat, von bereits erlebter Originarität. Es weist von seinem Sachgehalt her auf andere intentionale Erlebnisse zurück, ohne die es selbst nicht möglich wäre. So ist ein Erlebnis in anderen »fundiert«. Dieser Gedanke der *Fundierung* wurde für die systematische Anordnung der Husserlschen Konstitutionsanalysen maßgebend und bekam darüber hinaus in der ganzen phänomenologischen Bewegung grundlegende methodische Bedeutung.

Die Idee der Fundierung hat Husserl zu der Annahme

geführt, daß die Wahrnehmung von Dingen im Raume als
Urbeispiel und Grundlage intentionalen Erlebens anzusehen
sei, weil sie in allen anderen Erlebnisarten vorausgesetzt
werde. Wie auch immer ich mich nämlich fühlend oder wol-
lend oder praktisch tätig zu etwas mir Begegnenden verhalten
mag, immer setze ich seine Existenz voraus. Die Benutzung
eines Gebrauchsgegenstandes etwa oder die Liebe zu einem
anderen Menschen wären nicht möglich ohne die Erfahrung,
daß das, was mir als brauchbar oder als liebenswert erscheint,
überhaupt vorhanden ist. Diese Gewißheit von der Existenz
aber verschafft mir in elementarer Weise die Wahrnehmung
mit den Sinnen. Zwischen der sinnlichen Wahrnehmung und
den übrigen intentionalen Erlebnissen besteht also ein »Fun-
dierungsverhältnis« einseitiger Art: Die übrigen intentionalen Erlebnisse sind nicht ohne Wahrnehmung möglich, wohl
aber umgekehrt. Damit wird zugleich diejenige Seinsregion
aus den *Ideen II*, deren Gegenstände in sinnlicher Wahrnehmung gegeben sind, also die materielle Natur, zum grund-
legenden Gegenstandsbereich.

Das Denken in *Fundierungsverhältnissen* führt so zu der Vorstellung, daß die intentional erlebte Welt sich gewissermaßen
in Schichten aufbaut. Diesen Schichtungsgedanken hat dann
in einer von der Phänomenologie unabhängigen Weise Nico-
lai Hartmann weiter ausgebaut. Bei Husserl bilden die Wahrnehmung als Feststellung des Vorhandenseins und das in ihr
gegebene Gegenständliche die tragende Schicht im Aufbau
der Welterfahrung. Dieser ganzen Theorie haben später Heidegger in *Sein und Zeit* mit seiner Darstellung der alltäglichen
menschlichen Praxis, worin das »Vorhandene« im Unterschied zum »Zuhandenen« eine sekundäre Gegebenheit ist,
und Scheler mit seinen Analysen der Sympathie- und Liebes-
beziehungen entschieden widersprochen.

Die Wahrnehmung ist für Husserl zwar das Grunderlebnis
bei der Konstitution der realen Welt. Das heißt aber nicht,
daß sie nicht ihrerseits in tieferliegenden intentionalen Erlebnissen fundiert wäre. Auch in diesen Erlebnissen konstituiert

das Bewußtsein schon Gegenständlichkeit, wenngleich noch nicht die materiellen Dinge im Raume oder die noch »höherstufigen« Seinsregionen der lebendigen und personalen Welt. Von den Konstitutionsleistungen, die im Fundierungsaufbau unterhalb der Wahrnehmung angesiedelt sind, wird noch die Rede sein. Der zweite und der dritte Text dieses Bandes beschäftigen sich mit den für Husserl wichtigsten Konstitutionsschichten unterhalb und oberhalb der Wahrnehmungsebene: dem Bewußtsein von der Zeit und vom Anderen. Hier handelt es sich im übrigen um die beiden konkreten Analysen Husserls, die neben dem zweiten Teil der *Logischen Untersuchungen* das stärkste Echo ausgelöst haben.

2. *Die Wahrnehmung als Konstitutionsmodell*

Daß die Fundierungsabfolge nicht mit der sinnlichen Wahrnehmung beginnt, ändert nichts daran, daß diese Erlebnisart für Husserl den exemplarischen Fall intentionalen Bewußtseins überhaupt darstellt. Der Grund dafür liegt in seiner Auffassung von Originarität. Auf die originären Gegebenheitsweisen sind nicht nur die intentionalen Erlebnisse bezogen, die zum Gegenstand phänomenologischer Erkenntnis werden. Auch die phänomenologische Erkenntnis selbst ist eine Form intentionalen Erlebens und damit auf Originarität verwiesen und angewiesen. Das originäre Gegebensein beim philosophischen Erkennen nennt Husserl *Evidenz*[6]. Ihr Charakter ist die *Anschauung*, in der ich die Gegenstände, nämlich gewisse allgemeine Wesensverhältnisse, in interessefrei-unbeteiligter Betrachtung[7] erblicke. Dies überträgt sich unter der Hand auf Husserls Verständnis von Originarität überhaupt. Originarität bedeutet für ihn anschauliches Gegebensein. Das intentionale Erlebnis aber, worin wir ursprünglich und im wörtlichen Sinne Anschauung vollziehen, ist die optische Wahrnehmung eines Dings. Deshalb liest Husserl an diesem Musterfall die Bestimmungen ab, die dann direkt oder indirekt für alle seine Konstitutionsanalysen maßgebend werden. Aus diesem Grunde wurde hier als erster Text in Abweichung von der historischen Reihenfolge eine Beschreibung der Dingwahrnehmung abgedruckt, die Husserl in einer Vorlesung des Jahres 1926 vorgetragen hat.

Die Dingwahrnehmung ist Anschauung, sofern das Ding sich mir in der Gegenwart des Hier und Jetzt zeigt. Anschauung bedeutet für Husserl Gegenwärtighaben, »*Gegenwärtigung*« im Unterschied zu den verschiedenen Möglichkeiten von »Ver-gegenwärtigung« wie z. B. Erinnerung oder Phantasievorstellung. Am anschaulichen Gegenwärtighaben der Wahrnehmung fällt aber auf, daß mir das Ding dabei keineswegs in jeder Hinsicht gegenwärtig ist. Es war eigentlich diese Beobachtung, die immer wieder Husserls Staunen geweckt hat und die irgendwie auf alle seine konkreten Konstitutionsanalysen abgefärbt hat. Das Erstaunliche an jener Beobachtung liegt in folgendem: Das Ding – beispielsweise dieser Tisch hier – bietet mir jetzt etwa seine Vorderseite dar, seine Rückseite und andere Aspekte bleiben mir gegenwärtig verborgen; trotzdem ist mir »das Ding«, d. h. der Wahrnehmungsgegenstand als ganzer, bewußt.

Die *eine* Anschauung, in der mir das *eine* Ding gegeben ist, enthält also bei genauerer Betrachtung eine Vielheit von Gegebenheitsweisen, die Husserl beim Wahrnehmungsding »*Abschattungen*« nennt. Von den Abschattungen zeigen mir die einen – die aktuell vollzogenen – das Ding »wirklich« anschaulich, die anderen hingegen sind mir als Möglichkeiten bewußt, die ich in wirkliche Anschauung überführen *kann*. Ich verfüge über diese Möglichkeiten als etwas, was in meiner Macht liegt; deshalb nennt Husserl sie »*Vermöglichkeiten*«. Die aktuellen Abschattungen verweisen von ihrem eigenen Sinngehalt her – zur Vorderseite gehört z. B. auch eine Rückseite – auf die Vermöglichkeiten. Den Spielraum des Wahrnehmbaren, den mir der Verweisungszusammenhang der Vermöglichkeiten eröffnet, nennt Husserl *Horizont*.

Offenbar kann ich nur im Vorgriff auf horizonthaft mitgegebene Vermöglichkeiten davon sprechen, daß ich »das Ding«, z. B. den Tisch hier, wahrnehme. Dabei richtet sich meine Aufmerksamkeit aber auf das Ding und keineswegs auf die Vermöglichkeiten als potentielle Gegebenheitsweisen. Diese bleiben *unthematisch*, mein Thema ist der Gegenstand. Meine Wahrnehmungserfahrung schreitet fort, indem ich unthematische Vermöglichkeiten ergreife und dadurch entweder weitere Bestimmungen des thematischen Dings (den »Innenhorizont«) oder andere Gegenstände und Gegenstandszusammenhänge (den »Außenhorizont«) kennenlerne. Wesentlich ist: Die Anschauung des Dings ist in sich immer eine *Antizipation* von horizonthaft bereitliegenden, also aktuell gerade nicht anschaulichen Gegebenheitsweisen.

Durch diese Antizipation nun ist mir das Ding als etwas bewußt, dessen Sein die jeweils aktuelle Gegebenheit *transzendiert* und in diesem Sinne »an sich«, »*objektiv*« Bestand hat. Die Konstitutionsanalyse soll die Auffassung der Gegenstände als an sich seiender erklären. Deshalb muß Husserl auf die Momente achten, die bei jener Antizipation im Spiel sind. Er hat sie im Grundwerk der phänomenologischen Methode, im ersten Band der *Ideen zu einer reinen Phänomenologie und phänomenologischen Philosophie* (im folgenden zitiert als: *Ideen I*), unterschieden und die Terminologie dafür entwickelt.

Gleichsam die Absprungbasis für die Antizipation bilden die aktuell und unthematisch vollzogenen Abschattungen. Daß sie unthematisch sind, heißt: sie begegnen mir nicht als Gegenstände. Weil sie mir nicht als Gegenstände gegenüberstehen, zieht Husserl den problematischen Schluß: sie müssen etwas sein, was in der Innerlichkeit meiner subjektiven Vollzüge enthalten ist. Wenn mir das Ding beispielsweise mit der Farbe »braun« erscheint, gehört diese Farbe als etwas Gegenständliches zum Ding; aber »in« mir, als *»reelles«* Moment[8] meines Bewußtseins liegt diesem gegenständlichen Gegebensein die ungegenständliche Braun-Empfindung zugrunde.

Husserl hat solche Empfindungsgehalte anfänglich als »Daten« bezeichnet, d. h. als innere Gegebenheiten, die im Bewußtsein auftauchen aufgrund von Eindrücken (englisch: »impressions«), d. h. äußeren Reizen, denen die Sinnesorgane unterworfen sind. Hinter dieser ganzen Vorstellung steht die Tradition sensualistischer Erkenntnistheorie, die auf den englischen Empirismus zurückgeht. Der Begriff »*Empfindungsdatum*« ist aber schon deshalb irreführend, weil er den Anschein erweckt, als handle es sich um so etwas wie innere Gegenstände. Doch als Bestandteil der unthematischen Gegebenheitsweisen sind die Empfindungsgehalte nichts Gegenständliches. Die Nachklänge des Sensualismus in Husserls Wahrnehmungstheorie werden im nächsten Abschnitt noch einmal zur Sprache kommen.

Die Empfindungen als »reelle« Momente des Bewußtseins sind in sich noch nicht auf Gegenständliches bezogen. Sie haben einen ungegenständlichen Gehalt, aber dieser Gehalt »fungiert« unthematisch als die Grundlage, durch die das Bewußtsein sich auf die Gegenstände richten kann; nur durch das Empfinden wird dem wahrnehmenden Bewußtsein der Reichtum der Farben, Geschmäcke, Gestalten, Düfte der gegenständlichen Welt zugänglich. Im Empfinden liegt so das Material für das Erscheinen der Welt bereit. Aber dieses Material – Husserl verwendet den entsprechenden griechischen Ausdruck »*Hyle*« (»Stoff«) – muß erst dem Erscheinen der Eigenschaften und Verhältnisse von bestimmten Gegenständen für das Bewußtsein dienstbar gemacht werden. Dies geschieht, indem die Mannigfaltigkeit des Empfindungsgehalts vergegenständlicht und als zur Einheit eines Gegenstandes gehörig *aufgefaßt* wird. Das Empfundene wird in der Weise gedeutet, »*apperzipiert*«, daß sich in ihm Gegenständliches »darstellt«[9]. Diese »Formung« oder »Beseelung« des »hyletischen Materials«, der »primären Auffassungsinhalte« nennt Husserl in freier Verwendung einer altgriechischen Vokabel, die den Vollzug eines Bemerkens und Vernehmens bezeichnet, »*Noësis*«. Durch noëtische Formung der Hyle in der Apperzeption konstituiert sich das wahrgenommene Ding.

Den Ansatz für die Apperzeption bietet der aktuell gegebene Empfindungsgehalt. Aber durch die Apperzeption greift das Bewußtsein über ihn hinaus und läßt sich in ihm »das Ding« erscheinen. Es antizipiert so die Möglichkeit, das eine Ding als ganzes zu erfahren. Im aktuell gegebenen Empfindungsgehalt stellt sich das Ding nie mit allen Aspekten, die es mir darbieten könnte, dar; es zeigt sich – wenn man den Begriff *»Perspektive«* in einem ganz weiten, nicht auf das Raumbewußtsein beschränkten Sinne versteht – immer nur in einer einseitigen Perspektive. Durch ihre Einseitigkeit verweist jede solche Perspektive, jede Abschattung auf andere, die ich zwar gegenwärtig gerade nicht vollziehe, die mir aber als mitgegenwärtige Möglichkeiten bewußt sind: In der Anschauung der Vorderseite eines Hauses ist mir die Rückseite, die ich auch sehen könnte, mitgegenwärtig. Dieses Mitgegenwärtighaben in der Gegenwärtigung nennt Husserl *»Appräsentation«*.

In den Appräsentationen liegen für das Bewußtsein die Vermöglichkeiten weiterer Erfahrung bereit. Die Appräsentation eröffnet also Vermöglichkeitsspielräume, d. h. Horizonte. Weil zur Apperzeption Appräsentationen gehören, stiftet sie für das Bewußtsein Horizonte. Die Konstitution eines Gegenstandes durch Apperzeption bringt dem Bewußtsein demnach nicht nur den betreffenden Gegenstand zur Gegebenheit, sondern sie läßt einen Horizont entstehen. Konstitution ist Horizontbildung.

Weil der Gegenstand in einen Horizont eingebettet ist, behält er für das Bewußtsein immer einen Überschuß an Sinngehalt gegenüber den Gegebenheitsweisen, in denen er ihm aktuell erscheint. Aufgrund dieses Überschusses, der durch die Appräsentationen in der Apperzeption motiviert ist, begegnet der Gegenstand dem Bewußtsein in natürlicher Einstellung als an sich bestehend, transzendent. Der Phänomenologe vollzieht als unbeteiligt reflektierender Beobachter diese

Transzendenzauffassung nicht mit. Das heißt nicht, daß er sie leugnete, er enthält sich nur jedweder Stellungnahme zum Sein.[10] Er betrachtet den Gegenstand rein so, wie er dem wahrnehmenden Bewußtsein in Gegebenheitsweisen erscheint. Den so verstandenen »Gegenstand im Wie seines intentionalen Erscheinens« – im Unterschied zum Gegenstand, der dem natürlichen, nichtreflektierenden Bewußtsein als etwas an sich Seiendes begegnet – bezeichnet Husserl entsprechend zur Noesis als *Noëma.*

Der Begriff »Noema« kann aber eine doppelte Bedeutung haben. Die Apperzeption besteht darin, daß die hyletische Mannigfaltigkeit auf den *einen* Gegenstand hin zusammengenommen und auf ihn bezogen wird. Diese Vereinheitlichungsleistung nennt Husserl mit Kant »Synthesis«. Als Brennpunkt der Vereinigung der vielen Gegebenheitsweisen ist das Noema nicht mehr als ein punktuelles Gegenüber, ein Pol, worauf das Bewußtsein seine eigene Mannigfaltigkeit bezieht und versammelt. Den so verstandenen Gegenstand nennt Husserl »noëmatischer Kern«. Dies ist der Gegenstand als bloßer »Träger« seiner eigenschaftlichen und sonstigen Bestimmtheiten, wobei aber von dieser ganzen Ausstattung abstrahiert wird. Der noematische Kern ist der Gegenstand, abstrakt als bestimmbare Einheit betrachtet. Zum Gegenstand im Vollsinne des Wortes gehören aber alle seine Bestimmtheiten, wie sie dem Bewußtsein durch die Mannigfaltigkeit der Gegebenheitsweisen erscheinen. Der »Kern« *mit* der ganzen Fülle seiner Bestimmtheiten heißt der *»noematische Sinn«.* Dies ist der konkrete Gegenstand-im-Wie-seines-intentionalen-Erscheinens. Er ist es, der durch die Konstitutionsleistung des Bewußtsein zur Gegebenheit kommt. Deshalb kann Husserl die Konstitution auch als *Sinngebung* oder Sinnstiftung bezeichnen.

Die Sinngebung ist Apperzeption; das Bewußtsein deutet und »beseelt« irgendwelche ihm schon zur Verfügung stehenden primären Gehalte so, daß es dadurch zu der Überzeugung gelangt, in ihnen bekunde sich ein objektiv seiender

Gegenstand. Als solche Verarbeitung hyletischer Mannigfaltigkeiten ist die Konstitution »*Leistung*«. Das Bewußtsein transzendiert mit dieser Leistung sich selbst: Es überschreitet seine eigenen »*reellen*« Momente: die Hyle und die noetischen Auffassungsvollzüge, auf die »*realen*« Gegenstände hin, die ihm als Noema begegnen.

3. *Vorstufen der Wahrnehmung*

Das zuletzt skizzierte Verständnis von Konstitution enthält eine doppelte Unterscheidung, einerseits die von reellen, bewußtseinsimmanenten und realen, bewußtseinstranszendenten Gegebenheiten, andererseits die von Auffassungsinhalt (Hyle) und Auffassung (Apperzeption). Mit der ersten Unterscheidung kehrt in Husserls Denken der auf Descartes zurückgehende Dualismus von Bewußtseinsinnenwelt und Außenwelt wieder, der in der Phänomenologie der intentionalen Erlebnisse von Hause aus nichts zu suchen hat.[11] Mit Husserls Fundamentalentdeckung der Zwischen-Dimension des Erscheinens-in-Gegebenheitsweisen ist dieser cartesianische Dualismus bereits im Ansatz der Phänomenologie überwunden. Die erwähnte sensualistische Interpretation des Empfindens ist mit ihrer Unterscheidung von inneren Empfindungsdaten und äußerem Reiz nur eine spätere Spielart des Cartesianismus und deshalb phänomenologisch unhaltbar. Sofern die zweite Unterscheidung, die von Auffassungsinhalt und Auffassung, den cartesianischen Dualismus und Sensualismus voraussetzt, läßt sie sich ebenfalls phänomenologisch nicht aufrechterhalten. Doch in Husserls späterer »genetischer Phänomenologie«, von der noch die Rede sein wird, bekommt die Unterscheidung einen neuen, nicht-cartesianischen Sinn. Husserl stand seinem eigenen Cartesianismus zwar selbstkritisch gegenüber, aber er war in der Selbstkritik nicht immer konsequent. So bezog er in seiner Entwicklung zu dem Konstitutionsschema Auffassung–Auffassungsinhalt eine zweideutige Position. Gelegentlich scheint es so, als verwerfe er es pauschal wegen des darin vorausgesetzten Cartesianismus und Sensualismus. Dann wieder arbeitet er damit in einer Weise, die von jener erkenntnistheoretischen Tradition weitgehend unabhängig ist.

Was die sensualistische Auffassung des Empfindens betrifft, so hat sich Husserl später klar davon abgesetzt, vor allem durch seine Lehre von den *Kinästhesen*: Der Elementarbereich des Erlebens, die Empfindung, galt traditionell als eine Sphäre des Erleidens, der *Passivität*: Die Empfindungseindrücke, die »impressions«, überkommen uns ohne unser Dazutun. Als etwas rein passiv Empfangenes bilden sie, so dachte Husserl zunächst in cartesianischer Voreingenommenheit, ein bewußtseinsimmanentes, damit noch nicht in einem Bezug zur transzendenten Welt stehendes Material. Die Ausstattung der Hyle mit Welthaltigkeit, der Weltbezug des Bewußtseins sollte durch die *Aktivität* der Apperzeption gestiftet werden. Um dem unphänomenologischen cartesianischen Dualismus zu entgehen, mußte Husserl diese Dichotomie zwischen rein passiven Vorgegebenheiten und darauf aufgestockten Aktivitäten auflösen und nachweisen, daß das Empfinden von vornherein welthaltig ist, weil es immer schon Tätigsein, elementare Aktivität enthält.

Das Bewußtsein ist beim Empfinden keine rein passive Empfangsstation. Reflektiere ich auf mein eigenes Empfinden, so sehe ich: Alle sinnlichen Eindrücke kann ich nur gewinnen, indem ich mich leiblich betätige. Um mir bestimmte Aspekte von Farbe, Gestalt, Temperatur, Gewicht usw. in meiner gegenständlichen Umgebung zur Gegebenheit zu bringen, muß ich meine Augen, meinen Kopf, meine Hände usw. entsprechend bewegen. Das empfindende Wahrnehmen (»Wahrnehmung« griechisch: »aisthesis«) und die von mir vollzogene Leibesbewegung (»Bewegung« griechisch: »kinesis«) bilden hier eine unauflösbare Einheit. Diese Einheit bringt der Begriff »Kinästhese« zum Ausdruck, den Husserl aus der zeitgenössischen psychologischen Literatur übernahm, um ihm in seiner eigenen Wahrnehmungstheorie eine zentrale Bedeutung zu geben.

Daß das Empfinden sich kinästhetisch abspielt, konnte in der Tradition übersehen werden, weil die Kinästhesen zu den Gegebenheitsweisen gehören und deshalb unthematische Vollzüge sind. Erst durch die konsequent nach innen gerichtete phänomenologische Reflexion werden sie sichtbar. Auch die Vorstellung, die Empfindungen würden durch Eindrücke von außen ausgelöst, konnte nur dadurch entstehen, daß man sie nicht in der Innenschau der Reflexion betrachtete. So erschienen sie als Wirkungen, die durch äußere Reize verursacht werden. Von einem solchen Ursache-Wirkungs-Verhältnis zeigt sich nichts, wenn ich das Empfinden rein so beschreibe, wie es sich mir in der Reflexion darbietet.

Man könnte meinen, die sensualistische Tradition behielte doch recht, weil die kinästhetischen Bewegungen passiv mechanisch, ohne mein Dazutun ablaufen. Dies stimmt zwar für den Normalfall; zumeist werden die Kinästhesen unbemerkt gewohnheitsmäßig vollzogen. Aber im Falle der Störung oder Hemmung der Wahrnehmungsbewegung werde ich meiner eigenen Fähigkeit – in Husserls Sprache: meiner Vermöglichkeit – bewußt, sie aktiv zu steuern. Diese ganze Theorie der Kinästhesen ist nur das vielleicht bedeutsamste Beispiel für einen ganzen Bereich von neuartigen phänomenologisch-psychologischen Untersuchungen in der Sphäre der Leiblichkeit, zu denen Husserls Konstitutionsanalyse mit der Entdeckung von Aktivitäten in der Passivität den Zugang eröffnet hat. Den größten Beobachtungsreichtum in der Husserl-Nachfolge bewies auf diesem Feld Maurice Merleau-Ponty mit seiner *Phänomenologie der Wahrnehmung.*

Das kinästhetische Bewußtsein ist nur eine der Konstitutionsleistungen, die das Bewußtsein schon vollbracht haben muß, wenn Wahrnehmen überhaupt stattfinden soll. Husserl fragt wie Kant in seiner Transzendentalphilosophie nach den »Bedingungen der Möglichkeit der Erfahrung«, und ähnlich wie Kant stößt er auf das Bewußtsein vom Raum und von der

Einbettung der wahrgenommenen Dinge in einen sie verbindenden Kausalzusammenhang. Darüber hinaus entdeckt er aber weitere, von Kant noch nicht gesehene oder nur angedeutete Fundierungsschichten, die alle einer phänomenologischen Beschreibung zugänglich sind.

Eine besonders charakteristische Vorstufe der Wahrnehmung, die mit den Kinästhesen eng zusammenhängt, ist bei Husserl die Konstitution der *»Sinnesfelder«*. Wäre das Empfinden nur ein gänzlich passives Empfangen von Eindrücken, so läge es nahe, mit der sensualistischen Tradition anzunehmen, die empfangenen Eindrücke seien einzelne, in sich einfache Daten, sozusagen unteilbare Empfindungsflöckchen, die in das Bewußtsein hineinschneien. Das Empfinden gäbe so ursprünglich ein pointillistisches Bild von der Welt: lauter Tupfen, flächenlose Einheiten, die erst durch die Apperzeption gegenständlich als Fläche aufgefaßt würden. Da aber der passive Vollzug des Empfindens von vornherein mit Aktivität durchtränkt ist, muß auch der im Empfindungsvollzug aufscheinende Gehalt dem entsprechen. Wie die Aktivität der Apperzeption bei der Dingwahrnehmung zeigte, bedeutet Aktivität Synthesis, Zusammennahme von Vielheit in eine Einheit. So erscheinen im Empfinden von vornherein Felder und Gestalten; Husserl nennt sie Konfigurationen. Dem Sehen beispielsweise eröffnen sich vor aller Apperzeption einzelner Dinge mit ihren vielfältigen Eigenschaften und wechselseitigen Verhältnissen bereits Farbkomplexe mit gewissen Umrissen. Husserl ist hier mit seiner antisensualistischen Selbstkritik einen ähnlichen Weg wie Cézanne in der Malerei gegangen, bei dem der impressionistische Pointillismus sich in eine neue Erfahrung flächiger Farbgestalten verwandelte. Die phänomenologische Erhellung der Voraussetzungen von Wahrnehmung trifft sich an dieser Stelle auch mit der Gestaltpsychologie unseres Jahrhunderts.

Die aktive Passivität des Bewußtseins, der die Sinnesfelder ihre Einheit verdanken, bezeichnet Husserl – wieder mit einem Begriff aus der empiristischen Tradition – als »Assoziation«. Damit ist eine weitere konstitutive Voraussetzung der Wahrnehmung genannt. Gegen die empiristische Auffassung betont Husserl: Unter »Assoziation« ist kein blinder Mechanismus zu verstehen, dem die Empfindungsvollzüge ohne Dazutun des Bewußtseins unterworfen wären – so wie irgendwelche Prozesse in der materiellen Natur den Gesetzen der Mechanik –, sondern bereits ein Prozeß der Sinnbildung: Assoziation besteht originär darin, daß mich etwas an etwas anderes erinnert, z. B. ein bestimmter Geruch an eine Wohnung, in der ich zu Besuch war. Das Bindeglied zwischen den beiden Gegebenheiten, wodurch das Bewußtsein von der einen das Bewußtsein von der anderen Gegebenheit wachruft, kann z. B. eine Ähnlichkeit beider, aber auch ein anderer »Berührungspunkt« sein. Durch das »Etwas erinnert an etwas« entsteht eine *»Paarung«* von zunächst zwei Bewußtseinsgegebenheiten. Daß die Assoziation kein blinder Mechanismus ist, zeigt die Reflexion, in der ich nachvollziehen und verstehen kann, durch welchen Berührungspunkt eine Paarung im Bewußtsein ursprünglich zustande kam.

4. *Das Zeitbewußtsein*

Noch tiefer als die Assoziation liegt im Fundierungsaufbau dasjenige Geschehen, wodurch beständig in elementarer Weise der *formale* Zusammenhang des Bewußtseins zustande kommt. Diese Synthesis – das »innere Zeitbewußtsein« – ist die schlechthin grundlegende Konstitutionsebene. »Zeitbewußtsein« meint sprachlich »Bewußtsein *von* Zeit«. Doch dieses »von« ist mißverständlich, weil es den Eindruck erweckt, es handle sich um ein Bewußtsein, das die Zeit als Gegenstand zu seinem Thema macht. Solches gegenständlich gerichtete Bewußtsein gibt es genau genommen erst von der Ebene der Dingwahrnehmung ab. Gleichwohl ist uns »Zeit« vorgegenständlich bewußt, ja, sie ist, so lautet Husserls These, das – im Sinne der Fundierungsreihenfolge – erste

Bewußte überhaupt. Das Bewußtsein ist ein Strom von Erlebnissen, also eine fließende Mannigfaltigkeit. Aber die vielen verschiedenartigen Erlebnisse sind mir alle als »meine Erlebnisse« bewußt. In dieser Zugehörigkeit zu »mir« gehören sie alle zusammen, bilden sie eine Einheit. Diese synthetische Einheit der Mannigfaltigkeit des *Erlebnisstroms* ist nach Husserl die Zeitlichkeit. Sie bildet die Form, wie Bewußtsein existiert, und zwar merkwürdigerweise so, daß das Bewußtsein zugleich innerlich von dieser seiner Form »weiß«. Dies ist das »innere Zeitbewußtsein«.

Alle Husserlschen Konstitutionsanalysen sind von der Grundabsicht geleitet, das Zustandekommen von Ansichsein, Objektivität für das Bewußtsein zu erklären. Dies gilt auch für die Zeitanalyse. Deshalb nimmt Husserl das Zeitproblem auf völlig andere Weise in Angriff als etwa Bergson oder Heidegger, die beiden anderen großen Zeittheoretiker unseres Jahrhunderts. In Husserls Augen stellt das Sein des Wahrnehmungsdings den Musterfall von Objektivität dar. Die Gegenstände der materiellen Welt können uns aus einer Reihe von Gründen als etwas Seiendes erscheinen, das den subjektiven Vollzug der Gegebenheitsweisen transzendiert. Der primäre Grund ergibt sich daraus, daß alle Gegebenheitsweisen wegen ihrer Situationsgebundenheit einem zeitlichen Wechsel unterliegen; die Wahrnehmungsgegenstände haben für das Bewußtsein in erster Linie deswegen objektiven Bestand, weil sie selbst von diesem Wechsel ihrer Gegebenheitsweisen frei sind und unverrückbar zu einer bestimmten Zeit existieren. Wegen dieser Unverrückbarkeit ist die Dauer ihrer Existenz meßbar und datierbar. Ihr Ansichsein besteht grundlegend darin, zu einem feststellbaren Zeitpunkt oder über eine Folge solcher Zeitpunkte hinweg in der *»objektiven Zeit«* vorhanden zu sein.

Husserls Zeitanalyse muß deshalb von dem Problem seinen Ausgang nehmen: Wie konstituiert sich für das Bewußtsein diese »objektive Zeit«? Die erste Frage lautet: Wie wird solche Zeit originär bewußt? Wir stellen uns die objektive Zeit als eine Linie vor. Jeder Punkt auf dieser Linie ist ein Jetzt, eine Gegenwart. Dabei halten wir alle Jetzte für gleichrangig. Dies entspricht aber nicht der originären Zeiterfahrung. Ursprünglich hat immer *ein* Jetzt für mein Bewußtsein eine Vorrangstellung: die Gegenwart, d. h. die Stunde, der Tag, das Jahr, die ich aktuell durchlebe. Die übrigen Jetzte setzen wir in ein bestimmtes Verhältnis zur aktuellen Gegenwart: Sie sind entweder früher, d. h. gehören der Vergangenheit an, oder sie kommen später, in der Zukunft. Die vergangenen oder künftigen Jetzte ordnen sich außerdem nach ihrer größeren oder geringeren Entfernung zum aktuellen Jetzt. So ist die originär erfahrene Zeit immer auf die aktuelle Gegenwart als ihr Bezugszentrum hin orientiert.

Die Gegebenheitsweisen der so orientierten Zeit sind die Erinnerung und Erwartung. Durch sie vergegenwärtige ich Vergangenheit und Zukunft, d. h. die nähere oder fernere zeitliche »Umgebung« der aktuellen Gegenwart. Ich kann diese Dimensionen meines Zeithorizonts aber nur »vergegenwärtigen«, weil ich oder jemand anderer sie einmal aktuell gegenwärtig erlebt hat bzw. erleben wird. So sind die Gegebenheitsweisen »Erinnerung« und »Erwartung« zurückbezogen auf die Gegebenheitsweise »Gegenwärtigung«. Wie alle Gegebenheitsweisen sind auch die der Zeitdimensionen etwas subjektiv Vollzogenes. Sie treten auf im Strom des Bewußtseins. Der aber ist selbst ein zeitliches Nacheinander von intentionalen Erlebnissen. Hat ein Erlebnisvollzug stattgefunden, so erhält er von dann ab eine unverrückbare Stelle in der Vergangenheit meines *Bewußtseinsstromes*. Die vergangenen Zeitstellen bekommen auf diese Weise für mein Bewußtsein ein erstes Ansichsein noch vor aller Objektivität von Wahrnehmungsgegenständen in der objektiven Zeit. Das Ansichsein einer Gegebenheit beruht auf ihrer Einbettung in einen Horizont von Vermöglichkeiten. Damit läßt sich nun die Ausgangsfrage aller Konstitutionstheorie stellen: Durch welche Leistungen des Bewußtseins kommt die elementare »Objektivität« der Zeitstellen meines Be-

wußtseinsstroms zustande? D. h., wie bildet sich das vorgegenständliche Bewußtsein vom Zeithorizont meines Bewußtseins, also das »innere Zeitbewußtsein«, durch das ich
die Vermöglichkeit besitze, mich an irgendwelche Erlebnisvollzüge und durch sie wiederum an ihre Inhalte zu erinnern?

Bei der Beantwortung dieser Frage kommt Husserl zustatten,
daß das Zeitbewußtsein ein besonders sprechendes Beispiel
für die Verwiesenheit und Angewiesenheit der sachfernen
intentionalen Erlebnisse auf originäre Erfahrung ist: Die
»Ver-gegenwärtigung« von Vergangenheit und Zukunft
durch Erinnerung und Erwartung verweist ihrem eigenen
Sinn nach auf Erlebnisse, in denen das jetzt bloß Vergegenwärtigte unmittelbar als gegenwärtig gegeben war bzw. sein
wird. Das »Gestern« ist ein verflossenes »Heute«, das
»Sogleich« ein bevorstehendes »Jetzt« usw. Demnach ist das
Gegenwartsbewußtsein das originäre Zeitbewußtsein, und
der Konstitutionsanalyse stellt sich als erstes die Aufgabe,
hierin irgendwelche für das Bewußtsein in natürlicher Einstellung unthematischen Gegebenheitsweisen aufzuspüren,
die meine Überzeugung davon motivieren, daß es möglich
ist, vergangene Erlebnisvollzüge zu vergegenwärtigen und
dabei in eine unumkehrbare Abfolge von Zeitstellen einzu-
ordnen.

Die gesuchten Gegebenheitsweisen kommen zum Vorschein,
wenn man in der Reflexion darauf achtet, daß das Gegenwartsbewußtsein keineswegs das Bewußtsein von einem aus-
dehnungslosen »Jetzt« als punktuellem Einschnitt zwischen
Vergangenheit und Zukunft ist, sondern daß es selbst eine
gewisse – je nach Erlebnissituation variable – Ausdehnung
hat: Die »Gegenwart« erfahre ich konkret als den Zeitraum
eines Fußballspiels, der Abfassung eines Briefes, der Anhö-
rung einer Melodie usw. Innerhalb dieser ausgedehnten
Gegenwart gibt es einen Höhepunkt der Aktualität, den Husserl *Urimpression* nennt, darum herum aber einen »Hof«
von soeben Gewesenem und gerade Kommendem. Das

gerade Gewesene ist mir in seinem Entgleiten unmittelbar
noch-gegenwärtig. Ich behalte es *in* seinem Schwinden, und
zwar unthematisch, d. h. ohne daß meine Aufmerksamkeit
sich eigens auf dieses Festhalten-im-Entgleitenlassen richtete.
In entsprechender Weise ist das gerade Eintretende im Jetzt
mitgegenwärtig. Nur dadurch sind uns beispielsweise im
Fluß des Sprechens Anfang und Ende eines Satzes über den
aktuell gesprochenen Laut hinaus präsent, und wir können
den roten Faden behalten. So ermöglichen zwei unthematisch
fungierende Gegebenheitsweisen, die *Retention* und die *Protention*, daß das Gegenwartsbewußtsein gleichsam in sich
gedehnt ist, eine gewisse Breite hat.
In der Retention nun bildet sich die Fähigkeit, Vergangenes
ausdrücklich zu vergegenwärtigen: Meine augenblickliche
Retention sinkt – das ist die originäre Gestalt des kontinuierlichen »Flusses« der Zeit – ab in eine nächstfernere Vergangenheit, und das Jetzt, das gerade noch aktuell war, wird zur
neuen Retention. In dieser neuen, unmittelbar aktuell vollzogenen Retention aber bleibt die vorhergehende Retention
unmittelbar mitgegenwärtig, und so fort. Diese Verschachte-
lung von Retentionen ineinander setzt sich kontinuierlich
fort, so daß ein »Kometenschweif von Retentionen« entsteht.
Diese Retentionenkette bleibt über die Grenze des jeweiligen
Gegenwartsbewußtseins hinaus in der Weise des Abgesun-
kenseins erhalten, und sie ermöglicht mir, das Vergangene an
seiner Stelle durch Vergegenwärtigung wieder aufzufinden.
Diese ausdrückliche Vergegenwärtigung nennt Husserl, um
sie von der unmittelbaren Vorgestalt von Erinnerung, der
Retention, deutlich abzugrenzen, Wiedererinnerung. Indem
ich mich wiedererinnere, »wecke« ich abgesunkene, gewissermaßen sedimentierte Gegenwarten und vermag sie in der
Vergangenheit zu lokalisieren, weil ich ein »schlafendes«,
unthematisch fungierendes Bewußtsein davon habe, was
ihnen in der Retentionenkette bis zur Gegenwart folgte, und
auf dieses Bewußtsein zurückgreifen kann. Mit dieser Vermöglichkeit hat sich der an mein Gegenwartsbewußtsein

angelagerte Vergangenheitshorizont konstituiert. Entsprechendes gilt für die Ausbildung des Zukunftshorizonts. So erwirbt das Bewußtsein seinen inneren Zeithorizont und damit die vorgegenständliche formale Grundlage aller gegenständlichen Objektivität.

Auf dieser Grundlage baut sich dann das Bewußtsein von der objektiven Zeit der Wahrnehmungsgegenstände auf, wobei dieses Bewußtsein nicht ohne den Beitrag der übrigen schon erwähnten wahrnehmungsfundierenden Konstitutionsleistungen zustande kommen kann. Auf weiteren Konstitutionsebenen bringt sich das Bewußtsein die Seinsregionen des Lebendigen und des Geistig-Personalen zur Gegebenheit. Überall vollzieht sich die Konstitution als Synthesis, d. h. als Vereinigung von Mannigfaltigkeit. Die Ursynthesis ist die »Übergangssynthese«, die mir bei jeder Gegenwärtigung im kontinuierlichen Sichfortsetzen der Retentionenkette unthematisch bewußt ist: Vorgegenständlich bin ich des gleitenden Herabsinkens des Retenierten und komplementär dazu des kontinuierlichen Heraufkommens des Protenierten inne und erlebe so, wie sich jede Gegenwart durch diese Übergänglichkeit zu einem »Präsenzfeld« dehnt. Das Bewußtsein davon, daß Protention, Urimpression und Retention in dieser Übergänglichkeit der gedehnten Gegenwart untrennbar verbunden sind, ist das erste Bewußtsein von Einheit-in-Mannigfaltigkeit und damit die Urform jeder von mir vollziehbaren Synthesis. Auf jeder Konstitutionsebene wiederholt und modifiziert sich die originäre Konstitution der Zeitform im inneren Zeitbewußtsein, die Husserl gelegentlich auch »Zeitigung« nennt. In diesem Sinne erklärt Husserl im Spätwerk der *Krisis* programmatisch, daß »alle Konstitution jeder Art und Stufe von Seiendem eine Zeitigung ist«[12]. So hat die Analyse der ursprünglichen Zeitbildung für Husserl eine alles überragende Bedeutung. Deshalb wurde dem einschlägigen Text in der vorliegenden Auswahl der meiste Platz eingeräumt.

Daß alle Synthesisleistungen Abwandlungen der Ursynthesis

des Zeitbewußtseins sind, hat Husserl in seiner Spätzeit ausdrücklich für die Wesenssachverhalte aufgewiesen, an denen die Phänomenologie wegen ihrer eigenen Methode besonders interessiert war. [13]

Die Wesen als allgemeine Gegenstände erscheinen uns in natürlicher Einstellung als zeitlos, überzeitlich. Betrachtet man aber ihre originäre Gegebenheitsweise in der eidetischen Variation (vgl. dazu den letzten Text des ersten Bandes) genauer, so erweist sich die vermeintliche Überzeitlichkeit als eine besondere Art von Zeitlichkeit. Bezieht man die Wesensallgemeinheiten auf die Zeiterfahrung zurück, so existieren sie »überall und nirgends«. Das bedeutet: Einerseits können wir die Vorstellung von Allgemeinem in unserem Bewußtsein jederzeit erzeugen und diese Erzeugung in jedem beliebigen Jetzt wiederholen (»überall«); in diesem Sinne sind die Wesensallgemeinheiten *ideale* Gegenstände: denn das Gegenteil des Idealen, die realen Dinge, sind dadurch *»real«*, daß sie in der datierbaren Gegenwartsabfolge der objektiven Zeit ein für allemal lokalisiert sind. Andererseits ist die Kehrseite dieser Idealität, daß die allgemeinen Gegenstände »irreal« sind, d. h., sie besitzen keine Stelle und Dauer in der objektiven Zeit (»nirgends«). So bleibt sogar die sogenannte Zeitlosigkeit des Allgemeinen durch seine Gegebenheitsweise auf die Zeitlichkeit des Bewußtseins zurückbezogen. [14]

Im zweiten Kapitel der Analysen zum inneren Zeitbewußtsein (im vorliegenden Text die Abschnitte 28 bis 36) deutet sich eine Problematik an, mit der Husserl in eine noch tiefere Dimension als die oben skizzierte Konstitution des inneren Zeithorizonts vorstößt. Es handelt sich hier um die schwierigste, aber wohl auch faszinierendste Problematik seiner Phänomenologie, die ihn seit den frühen Zeitanalysen bis in seine spätesten Jahre immer wieder in ihren Bann gezogen hat.

Das Bewußtsein verdankt seine Einheit dem Ich, mit Bezug worauf ich von allen meinen Erlebnissen sagen kann, daß sie »meine« sind. In der Reflexion kann ich – und eben dies ist das Geschäft der transzendentalen Phänomenologie – die Aufmerksamkeit auf mein eigenes Ich richten und es so zum Thema, zum gegenständlichen Gegenüber machen. Dabei bleibe aber ich, der ich reflektiere, immer und unaufhebbar diesseits der Vergegenständlichung.[15] So gibt es ein durch keine Objektivation einholbares »Ur-Ich«. Seine Ungegenständlichkeit verbürgt letztlich den Charakter der Phänomenologie als Transzendentalphilosophie. Andererseits kann das Ich nur deshalb auf sich selbst reflektieren, weil es schon als Ur-Ich vor aller ausdrücklichen Reflexion von sich selbst »weiß«. Dieses vorgegenständliche Selbstbewußtsein ist aber nichts anderes als das Zeitbewußtsein in der Urgestalt seiner Originarität: Ich entgleite mir selbst in jedem Augenblick meines Bewußtseinslebens in die Vergangenheit und bin dabei doch meiner selbst beständig retentional inne. Diese Urretention ist die ursprünglichste Synthesis. In ihr habe ich mich – vorab zu jeglicher Objektivierung – immer schon mit mir selbst identifiziert und ineins damit auch immer schon einen ersten Abstand von mir selbst gewonnen. Durch die vorgegenständliche Selbstidentifikation ist mein Ur-Ich etwas unverändert Stehendes und Bleibendes, durch die vorgegenständliche Selbstdistanzierung ist es etwas lebendig Strömendes, d. h. etwas, was gegenüber dem, was es vorher war, anders werden kann. So ist mein Ich in seiner tiefsten Dimension ein lebendiges Sein, worin »Stehen« und »Strömen« eins sind.

Diese Dimension nennt Husserl in den davon handelnden, noch unveröffentlichten Forschungsmanuskripten der dreißiger Jahre die *»lebendige Gegenwart«*. In den zwei Jahrzehnte früher verfaßten Texten der *Phänomenologie des inneren Zeitbewußtseins* gesteht er, daß ihm für diesen tiefsten Zusammenhang von Ich und Zeit »noch die Namen fehlen«[16]. Die Rückfrage nach der lebendigen Gegenwart, die sich hier erst ankündigt, war für Husserl der letzte und radikalste Schritt der »phänomenologischen Reduktion«, durch die die Phänomenologie sich als Transzendentalphilosophie

erweist. Kant hatte in der *Kritik der reinen Vernunft* den
Ursprung der Zeit einer verborgenen, uns unzugänglichen
»Kunst der menschlichen Seele« zugeschrieben. Husserl wagt
den »Gang zu den Müttern« und versucht, mit seinen Analysen zur lebendigen Gegenwart das Geheimnis der Zeit zu
enträtseln.

5. *Die Intersubjektivität*

Mit der »Objektivität« der Dinge in der wahrgenommenen
materiellen Welt hat das Bewußtsein noch nicht die Objektivität im engeren und gebräuchlichen Sinne des Wortes
erreicht. In der Sprache des Alltags und der Wissenschaft
bringen wir mit diesem Begriff heute eine Geltung für jedermann zum Ausdruck, und solche Objektivität gilt gemein-
hin – zumal in unserem wissenschaftsgläubigen Zeitalter – als
die eigentlich erstrebenswerte Form von Erkenntnis. Das
Objektive in diesem betonten Sinne ist dasjenige, dessen Auffassung von den subjektiven Erfahrungssituationen der verschiedenen Erfahrungssubjekte unabhängig ist. In Husserl-
scher Sprache: es ist das, was uns in der »intersubjektiven«
Vielfalt der Gegebenheitsweisen immer gleich erscheint. Die
so verstandene Objektivität setzt *Intersubjektivität*, d. h.
eine Beziehung der Subjekte untereinander, voraus. Deshalb
verlangt die Erklärung dieser Art von Objektivität als erstes
eine Analyse der Konstitution von Intersubjektivität.
Man würde die Zielsetzung dieser Konstitutionsanalyse
verkennen, wollte man von ihr eine phänomenologische
Beschreibung der verschiedenen Gemeinschaftsformen wie
Freundschaft, Familie, Gesellschaft, Staat und dergleichen
erwarten. Was Husserl hier in erster Linie interessiert, ist die
Möglichkeit von Objektivität: Wie können Gegenstände verschiedenen Menschen trotz ihrer unterschiedlichen Erfahrungssituationen auf dieselbe Weise erscheinen? Radikaler
gefragt: Wie erklärt es sich, daß jedes individuelle Bewußtsein

nicht nur mit einer ausschließlich ihm eigenen Erfahrungswelt zu tun hat, sondern daß alle eine ihnen gemeinsame
Erfahrungswelt, d. h. einen ihre subjektiven Horizonte
umgreifenden Universalhorizont besitzen?

Diese Frage bekommt für Husserl deshalb eine herausra-
gende Bedeutung, weil nur ihre Beantwortung das Scheitern
der Phänomenologie verhindern kann. Als Transzendentalphilosophie stützt sich die Phänomenologie auf eine methodisch verfahrende Reflexion. Reflektieren kann aber nur ich
als jeweils Einzelner. Ich beschreibe das Erscheinen der von
mir erlebten Welt in den von mir vollzogenen Gegebenheitsweisen. Solche Analysen könnte ich nur in Ichform vortra-
gen, und der Adressat meiner Darlegung könnte wiederum
nur ich selbst sein, wenn es nicht die Möglichkeit gäbe, sich
durch den Bezug auf gemeinsame Gegenstände – darunter
dann auch die Themen phänomenologischer Forschung – zu
verständigen. Die transzendentale Phänomenologie als eine
Wissenschaft, die ich nicht nur »solsistisch«, allein mit mir
selbst, sondern gemeinsam mit vielen betreibe, hängt also so
lange in der Luft, als ich nicht konstitutionsanalytisch nach-
weise, wie eine allen gemeinsame, im engeren Sinne »objektive« Welt möglich ist.

Die Gegenstände der gemeinsamen Welt gelten mir wie alle in
irgendeinem Sinne ansichseienden Gegebenheiten deshalb als
objektiv, weil sie eine situative Jeweiligkeit von Gegebenheitsweisen transzendieren. Deshalb muß Husserl fragen,
von welcher Art diejenige Transzendenz ist, durch die sich
das im strengen Sinne Objektive konstituiert. Die situative
Jeweiligkeit besteht hier in der Verschiedenheit der Welterfahrung der einzelnen Subjekte. Die Beschränkung auf die
jeweilige subjektive Welterfahrung des Einzelnen wird durch
die Transzendenz des Objektiven aufgehoben. Um aufzuspüren, wie diese Transzendenz ursprünglich, originär für das
Bewußtsein zustande kommt, muß Husserl methodisch vom
Erlebnishorizont eines Robinson ausgehen, der nie etwas von
anderen Subjekten und ihrer Sicht der Welt gehört hätte.

So beginnt Husserl die Analyse mit einem Gedankenexperiment: Ich sehe von allen Bestimmungen ab, die unsere gemeinsame Welt dadurch erhalten hat, daß sie nicht nur von mir, sondern von vielen Menschen erfahren wird. Durch diese Abstraktion bleibt ein Erfahrungshorizont übrig, worin mir alles ausschließlich mit den Bestimmungen erscheint, die es aus meinen eigenen intentionalen Erlebnissen erhalten haben kann. Husserl bezeichnet diese abstraktiv reduzierte Welt vom lateinischen Wort »primordium« (»Ursprung«) her als primordial[17] und die methodische Operation, mit der meine »Eigenheitssphäre« herauspräpariert wird, als *primordiale Reduktion.*

Von der primordialen Welt her gesehen, weist die objektive Welt-für-jedermann zusätzliche Bestimmungen auf, die die Primordialität transzendieren und die darauf zurückgehen, daß meine Welt auch von Anderen erfahren wird. Husserl nennt das, was die primordiale Welt überschreitet, das Fremde oder *Ichfremde.* Dieses Fremde sind zunächst die Charaktere der Welt, die sie durch die Anderen erhält. Aber auch diese Anderen selbst transzendieren meine primordiale Welt. Auch sie sind also etwas Fremdes, und sie sind, nach Husserls These, der Fundierungsordnung nach das erste, das originär erlebte Ichfremde. Er argumentiert: Dadurch, daß meine Welt von Subjekten miterfahren wird, die meine Primordialsphäre transzendieren, bekommt sie den Charakter, eine gemeinsame Welt mit Inhalten zu sein, die objektiv für jedermann gelten.

Diese Argumentation ist fragwürdig; denn phänomenologisch spricht mehr dafür, daß die Menschen originär gleichsam selbstvergessen in einer gemeinsamen Welt existieren und daß sie sich erst aus dieser Gemeinsamkeit heraus als der jeweils Andere oder sogar Fremde begegnen. Dies ist die Auffassung von Heidegger in *Sein und Zeit.* Auf der anderen Seite wird die Husserlsche Analyse an dieser Stelle für denjenigen interessant, der von der Phänomenologie Auskünfte über die Grundlagen und Formen menschlichen Zusammenlebens

erwartet. So konnte Husserls Ansatz, obwohl ihn primär
nicht die sozialen Beziehungen als solche interessierten, auch
auf Vertreter der Sozialphilosophie anregend wirken. Bekannt geworden ist hier in erster Linie das Werk von Alfred
Schütz. Seine Auseinandersetzung mit Husserl hatte vor
allem zur Folge, daß das Stichwort »Lebenswelt« inzwischen
weitgehend im Sinne von »sozialer Lebenswelt« interpretiert
wird – eine Bedeutung, an die Husserl ursprünglich gewiß
nicht gedacht hat; »Lebenswelt« war für ihn, wie sich noch
zeigen wird, ein wissenschaftskritischer und kein sozialphilo-
sophischer Begriff. In seiner sozialphilosophischen Bedeutung ist der Begriff neuerdings ins Zentrum des Denkens von
Jürgen Habermas getreten.

Im Ausgang von der primordialen Reduktion stellt sich für
Husserl die Aufgabe, die *»Fremderfahrung«* zu erklären:
Was motiviert mich innerhalb meiner primordialen Sphäre,
diese auf das erste Fremde, d. h. auf andere Subjekte, und
zwar zunächst auf einen Anderen hin, zu transzendieren? Zur
Lösung dieses Konstitutionsproblems greift Husserl konsequent erstens auf den Grundunterschied von originärem und
nicht-originärem Bewußtsein und zweitens auf das Funda-
mentalerlebnis der Wahrnehmung zurück. In jeder Wahrnehmung verweist mich, wie bereits erläutert, das gegenwärtig Gegebene, »Präsentierte« unthematisch auf das Mitgegenwärtige, »Appräsentierte«, und motiviert mich so, dieses mit-
vorzustellen. Wenn es nun möglich sein soll, daß ich in meiner primordialen Welt zur Transzendierung dieser Welt
motiviert werde, so kann dies nur so geschehen, daß ich in
etwas primordial Präsentem etwas nicht Präsentes appräsen-
tiere. Dieses Präsente ist der Körper des Anderen, ein Körper, von dem ich aber innerhalb der Primordialität noch nicht
weiß, daß er der Leib eines Anderen ist. Er motiviert mich,
den darin unmittelbar erscheinenden Anderen in seiner Transzendenz zu appräsentieren. So wird ein Körper in meiner
primordialen Welt als Leib eines Anderen aufgefaßt. Diese

Apperzeption ist der erste Schritt der Konstitution von Intersubjektivität. Auf ihn bauen sich nach Husserl alle Erfahrungen des Zusammenlebens in einer gemeinsamen Welt und alle
Formen von Sozialisation auf.

Die grundlegende Aufgabe der Husserlschen Intersubjektivitätstheorie besteht nach dem Gesagten darin, die fremderfah-
rende Appräsentation von der Appräsentation im Rahmen
einer normalen Dingwahrnehmung, die die Eigenheitssphäre
nicht überschreitet, abzugrenzen und so in ihrer Eigentümlichkeit herauszustellen. Wie diese sehr subtile, aber auch
höchst problematische Analyse verläuft, kann der Leser im
dritten Text dieses Bandes selbst verfolgen.

Es muß genügen, hier auf einige entscheidende Punkte dieser
Theorie aufmerksam zu machen. Ein erster solcher Punkt ist
Husserls Rückgriff auf seine Assoziationstheorie. Die Moti-
vation zur Transzendierung meiner Primordialsphäre geht
aus von der eigentümlichen Erscheinungsweise eines anderen
Körpers, der mich durch sein »Gebaren« an meinen eigenen
Körper erinnert. Das »Etwas erinnert an etwas« ist die
Grundform der Assoziation, die Husserl »Paarung« nennt.

Ich kann durch den anderen Körper an meinen eigenen erinnert werden, weil mein Körper zugleich mein »Leib« ist. Von
meinem Leib habe ich nämlich – hier liegt ein zweiter wesent-
licher Punkt – ein vorgegenständliches Bewußtsein, vor allem
dadurch, daß ich mit ihm beim Wahrnehmen kinästhetische
Bewegungen vollziehe. Dabei ist mir mein Leib-Körper
immer als etwas bewußt, was sich »hier« befindet; in meinem
Leibe bin ich immer »hier«. Dieses leibliche Hier wandert
gleichsam mit, wohin ich mich auch bewegen mag, und bildet
so den absoluten Bezugspunkt meiner räumlichen Orientierung, den ich nie aufgeben kann. Im Verhältnis zu meinem Leib-Körper begegnet mir jeder andere Körper als
»dort«.[18]

Das assoziative Bewußtsein von der Ähnlichkeit der beiden
Körper, von denen meiner sich »hier« und der andere sich

»dort« aufhält, ruft in mir zwei Vorstellungsmöglichkeiten wach, Husserlsch gesprochen: es werden in mir zwei Vermöglichkeiten motiviert: Ich kann mir erstens in realer Erwartung vorstellen, daß ich mich in *Zukunft* einmal dorthin begeben könnte, wo sich der andere Körper *jetzt* befindet, und daß ich dort dasselbe Gebaren wie er an den Tag legen könnte; gegenwärtig befinde ich mich freilich mit meinem Leib-Körper »hier« und nicht »dort«. Ich kann mich zweitens – nicht real, aber in der Phantasie – schon *jetzt* in das Gebaren jenes anderen Körpers hineinversetzen und mir einbilden, daß ich dort wäre. Auf diese Weise befinde ich mich bereits gegenwärtig dort, wenn auch nur fiktiv, in der Form des »als ob«.

Beide Vorstellungsmöglichkeiten, die reale und die fiktive, können nun zusammenwirken – das ist ein neuralgischer und bei Husserl selbst nicht ganz deutlich hervortretender Punkt seiner Analyse: Die beiden Vermöglichkeiten fangen nämlich dann an, sich wechselseitig zu ergänzen, wenn »dort« wirklich ein Körper auftaucht, der mich nicht nur gelegentlich, sondern kontinuierlich in seinem Gebaren an mein eigenes leibliches Verhalten erinnert: Durch die Phantasie geht mir überhaupt die Möglichkeit auf, hinter dem Gebaren jenes Körpers dort ein Wesen meinesgleichen zu erkennen. Die Phantasie allein freilich läßt mich nie darauf kommen, daß dort ein anderes, fremdes Bewußtsein in Erscheinung tritt, d. h. ein Ich, das von mir verschieden ist und mit dem ich nie identisch werden kann. In der Fiktion kann ich mir immer nur andere Vorstellungen von mir *selbst* machen, mir nur Abwandlungen meines eigenen Ich einbilden. Da ich aber zugleich die Fähigkeit habe, mir meine Ortsveränderung nach »dort« als eine reale Zukunftsmöglichkeit auszumalen, wird mir durch den jetzt bestehenden realen Unterschied zwischen dem Hier meines Leib-Körpers und dem Dort jenes Körpers bewußt, daß es zwischen meinem Ich und der in dem Körper dort erscheinenden Abwandlung meines Ich, auf die mich meine Phantasie gebracht hat, einen realen Unterschied gibt. Und so verwandelt sich für mich das Ich in dem Körper dort aus einer bloß fiktiven Abwandlung meiner selbst in ein real anderes, »fremdes« Ich, d. h. in ein Wesen meinesgleichen, in das ich mich zwar verstehend hineindenken, »einfühlen« kann, aber ohne mit ihm identisch zu sein.

Auf diese Weise kommt durch eine Verschmelzung des realen Verschiedenheitsbewußtseins, das an den Unterschied von Hier und Dort geknüpft ist, mit der Phantasieabwandlung meines Ich eine neue Apperzeption zustande: Auf der Grundlage erstens der paarenden Assoziation des Gebarens der beiden Körper und zweitens meines Leibbewußtseins fasse ich das Gebaren des anderen Körpers als das Erscheinen eines fremden Ich auf, und so konstituiert sich für mich originär das Sein des Anderen.

In dem anderen Körper, der mir »dort« als etwas Gegenwärtiges begegnet, ist mir der Andere, für den jener Körper sein Leib ist, mitgegenwärtig. Diese Appräsentation unterscheidet sich dadurch fundamental von der in jeder primordialen Wahrnehmung, daß ich grundsätzlich nie die Möglichkeit (»Vermöglichkeit«) habe, die mitgegenwärtige Gegebenheitsweise zu einer von mir selbst vollzogenen zu machen: Mitgegenwärtig ist mir zwar der Umstand, daß jener Körper dort für das andere Ich als sein Leib gegeben ist. Ich kann aber nie das andere Ich werden, d. h., der andere Körper kann mir nie als mein Leib gegeben sein, d. h., er kann für mich niemals zu meinem absoluten Hier werden; er bleibt für mich »dort«. So begegnen die Subjekte der Husserlschen Intersubjektivitätstheorie einander letztlich deswegen jeweils als der »Andere«, weil ihr Dasein in der Welt an das absolute Hier ihres Leibes gebunden ist und weil diese Leiber als die Körper, die sie zugleich sind, niemals gleichzeitig dasselbe Dort besetzen können. Hier liegt die originäre Quelle der »Fremderfahrung«.

6. *Die genetische Phänomenologie und die Entstehung der modernen Wissenschaft*

Die Konstitutionslehre, wie sie bisher vorgestellt wurde, besteht im Grunde aus einer Mehrzahl von Theorien. Jede davon bezieht sich auf eine Fundierungsschicht bzw. auf eine Seinsregion. So zerfällt aber das Erscheinen der Welt, des Ganzen des Seienden, wonach die Phänomenologie als Transzendentalphilosophie fragt, in ein Erscheinen verschiedener Gegenstandsbereiche. Eigentlich geht es Husserl darum, zu verstehen, wie sich der natürliche Glaube an das Sein der *Welt* konstituiert. Das Ganze der Welt ist keine Summe selbständiger Gegenstandsbereiche, sondern der *Universalhorizont* für alle Horizonte. D. h., sie ist der schlechthin umfassende Spielraum meiner Vermöglichkeiten, die alle durch Verweisungsbezüge miteinander verbunden sind. Nach der Abfassung der *Ideen I* sah Husserl immer deutlicher die Aufgabe, zwischen den einzelnen Konstitutionstheorien einen systematischen Gesamtzusammenhang herzustellen, der erklären sollte, wodurch alle Horizonte des intentionalen Bewußtseins in einem Weltbewußtsein vereinigt sind.

Der Ansatz für den Zusammenschluß aller Konstitutionstheorien wurde in Abschnitt 3 schon erwähnt. Husserl konnte die Analyse der Gegenstandskonstitution so lange nicht energisch zu einer solchen der Weltkonstitution erweitern, als er von der Annahme passiv vorgegebener, bewußtseinsimmanent-weltloser Empfindungsdaten ausging und die Herstellung des Weltbezugs des Bewußtseins einer auf die Passivität aufgestockten Aktivität überließ. Deshalb mußte er die an Kants Unterscheidung von Rezeptivität und Spontaneität orientierte Vorstellung von zwei Stockwerken des Bewußtseins – Passivität und Aktivität – aufgeben und zweierlei zeigen: Die passiven Vorbedingungen der Wahrnehmung enthalten bereits Aktivität – darüber wurde hier schon gesprochen –, und alle aktiven, apperzeptiven Leistungen unterliegen ihrerseits der Passivität.

Husserl nennt diese aktiven Leistungen in seiner Spätzeit *»Urstiftungen«*. Eine Urstiftung findet statt, wenn das Bewußtsein – nicht irgendein Einzelner, sondern eine wie immer zu definierende Sprach- oder Kulturgemeinschaft – seinen bisherigen Gegenstandshorizont auf eine neue Art von Gegenständlichkeit hin überschreitet, also z. B., wenn ein neues Werkzeug erfunden wird. Alle Gegenstände der menschlichen Kultur haben sich einmal durch die gegenstandsbildende Leistung von Urstiftungen konstituiert. Mit jeder Urstiftung erwirbt das Bewußtsein die Vermöglichkeit, auf die neue Art von Gegenständlichkeit von nun an immer wieder zurückzukommen; d. h., die Erfahrung der betreffenden Gegenstände wird zur Gewohnheit. Diese *»Habitualisierung«* oder auch *»Sedimentierung«* ist ein passiver, d. h. kein von mir als Vollzieher aktiv in Gang gebrachter Prozeß. Der schöpferische Akt der Urstiftung gerät dabei normalerweise in Vergessenheit. Die Gewohnheit wird zur unthematischen Vertrautheit mit der Vermöglichkeit, Gegenstände der betreffenden Art zu erfahren. Das aber bedeutet: Durch die passive Habitualisierung der Urstiftung bildet sich ein Horizont, in dem das Bewußtsein fortan lebt, und zwar ohne die ursprüngliche Entstehung dieses Horizonts in der Aktivität der Urstiftung immer wieder neu vollziehen zu müssen.

Mit diesem Gedanken bekommt die Konstitutionstheorie eine ganz neue Dimension. Zu ihrem Grundthema wird die innere Geschichte, die *»Genesis«*, in der sich das Horizontbewußtsein bildet und bereichert. Die genetische Konstitutionstheorie verteilt sich auf zwei Hauptgebiete. Nicht jeder Horizont kann auf der Habitualisierung von Urstiftungen beruhen; denn dann würde jede Urstiftung voraussetzen, daß der Gegenstandshorizont, den sie auf eine neue Gegenständlichkeit hin transzendiert, auf eine Urstiftung zurückgeht, diese wiederum usw. So ginge die Rückfrage nach den vergangenen Urstiftungen ins Unendliche, und das ist unmöglich. Es muß Horizonte geben, über die das Bewußtsein »immer schon« verfügt, d. h. ohne daß sie eigens durch eine aktive apperzeptive Leistung gestiftet wurden. Die Aktivität des Urstiftens setzt deshalb eine *passive Genesis* elementarer Horizonte voraus. Diese Genesis hat in der inneren Geschichte des Bewußtseins keinen Anfang, mit dem sie einsetzt, sondern sie findet jederzeit statt. An dieser Genesis sind die Konstitutionsgeschehnisse »unterhalb« der Wahrnehmungsebene beteiligt, also vor allem die ursprüngliche Zeitbildung in der »lebendigen Gegenwart«, die »Assoziation« und das kinästhetische Bewußtsein. Alle diese fortwährend im Gange befindlichen passiven Prozesse sind aber schon von Vorgestalten der Aktivität durchsetzt. Deshalb geht die passive Genesis gleitend in den zweiten Bereich über, mit dem es die genetische Konstitutionstheorie zu tun hat: *die aktive Genesis* der Urstiftungen. Und diese Aktivität ihrerseits bleibt durch die »sekundäre Passivität« der Habitualisierung von der Passivität umfangen.

Erst die Phänomenologie der aktiven und passiven Genesis vereinigt systematisch alle Konstitutionsgeschehnisse zu einem Gesamtzusammenhang und bringt konsequent den Gedanken zum Tragen, daß das Bewußtsein nicht isolierte Gegenstände, sondern Horizonte und damit Welt konstituiert. So wird die phänomenologische Methode letztlich erst hierdurch zur Transzendentalphilosophie, d. h. zur Befragung des Ganzen des Seienden im Hinblick auf sein Erscheinen für das Bewußtsein.

Die Entdeckung der bewußtseinsgeschichtlichen Dimension durch die Theorie der genetischen Konstitution hat es Husserl möglich gemacht, in seiner spätesten Zeit noch einmal auf neue Weise in die Phänomenologie einzuführen. In der *Krisis* präsentiert er die transzendentale Phänomenologie als die einzige Instanz, die in der Sinnkrise, zu der die Verwissenschaftlichung unserer Welt und unseres Lebens in der Moderne geführt hat, eine zutreffende Diagnose stellen kann. Eine solche Diagnose setzt eine entsprechend gründliche Anamnese voraus: Husserl begreift die gesamte moderne Wissenschaft als Resultat einer Folge von wissenschafts- und

philosophiegeschichtlichen Urstiftungen, deren letzte und
für uns maßgebende die Stiftung der neuzeitlichen mathematisierten Naturwissenschaft war.

Jede Urstiftung überschreitet als aktive Konstitution von
neuer Gegenständlichkeit einen unthematisch vertrauten
Horizont von Gegenständen. Dabei entsteht der Seinsglaube
des in natürlicher Einstellung lebenden Bewußtseins: Den
Gegenständen wird ein objektiver Bestand zugeschrieben,
d. h., sie erscheinen als irrelativ auf die unthematischen Gegebenheitsweisen und damit auf das Horizontbewußtsein, in
das diese Vollzüge eingebettet sind. Mit der Urstiftung des
Kulturgebildes »Philosophie und Wissenschaft« wurde erstmals in der Menschheitsgeschichte das Ganze der Welt selbst
als etwas in diesem Sinne Objektives vergegenständlicht und
zum Thema der Forschung. Durch die Methode der neuzeitlichen Naturwissenschaft entstand dann in einer neuen
Urstiftung das moderne Ideal der unbedingten wissenschaftlichen Objektivität: Das wissenschaftlich Gültige soll von
jeder Relativität auf die jeweilige subjektive Gegebenheit frei
sein. Das Ansichsein der wissenschaftlich erkennbaren Welt
wird als eine radikale Unbezüglichkeit auf die subjektiven
Erfahrungshorizonte aufgefaßt.

Dieses Objektivitätsideal ist nun aber nichts Selbstverständliches, sondern Produkt der Auffassungsleistung, die mit der
Urstiftung der modernen Wissenschaft einherging. Das läßt
sich durch einen Vergleich mit der Haltung des antiken und
mittelalterlichen Wissenschaftlers zur Welt verdeutlichen.
Die antike Wissenschaft versteht sich als »*theoría*«, d. h. als
eine geistige Anschauung, die darin aufgeht, das zu Erkennende ohne Brauchbarkeitshintergedanken so zu betrachten,
wie es sich *von sich selbst her* zeigt. Das Verhältnis des neuzeitlichen Wissenschaftlers zu seinem Erkenntnisgegenstand
– und das ist in erster Linie die Natur – hat Kant in einem
bekannten Vergleich der *Kritik der reinen Vernunft* treffend
charakterisiert:[19] Der moderne Forscher läßt sich durchaus
von der Natur belehren, aber nicht wie ein »Schüler, der sich

alles vorsagen läßt, was der Lehrer will«, sondern wie ein »Richter, der die Zeugen nötigt, auf die Fragen zu antworten, die er ihnen vorlegt«. Was in diesem Bild als »Nötigung der Zeugen« bezeichnet wird, ist die methodisch geregelte Setzung der Beobachtungsbedingungen durch den modernen Forscher. Der experimentelle Eingriff in die Beobachtungsbedingungen verleiht der Forschung einen von Grund auf technischen Charakter. In der modernen Wissenschaft herrscht von vornherein ein technischer Geist noch vorab zu ihrer realen technischen Nutzbarmachung. Dieser Geist ist der des Erfolges, der Effektivität der Methoden. Der Erfolg stellt sich dann ein, wenn der Erkenntnisgegenstand veranlaßt wird, sich mehr zu zeigen, als er es von sich selbst her täte.

Weil die methodisch gewordene moderne Theorie die Gegenstände zum Sich-Zeigen zwingt, weckt sie notwendig die Zuversicht, daß sich im Prinzip nichts mehr dem Zugriff der Forschung entziehen kann. Das heißt nicht, daß alles bereits erforscht wäre, wohl aber, daß dem Optimismus der Wissenschaft grundsätzlich alles erforsch*bar* erscheint. Der Forschungsprozeß verläuft zwar ins Unendliche, aber er ist von der Überzeugung getragen, daß jeder Gegenstand mit Hilfe passender Methoden zum Sich-Zeigen gebracht werden *kann*. In diesem Sinne ist der vereinigte Forschergeist aller Einzelwissenschaften bezogen auf die Summe aller Gegenstände überhaupt. So wird die Welt zum Thema der Gesamtheit moderner Wissenschaften, aber »Welt« verstanden als der Inbegriff der Gegenstände. Die Welt als Thema der transzendentalen Phänomenologie hingegen ist der Universalhorizont, d. h. der als Verweisungszusammenhang organisierte Spielraum aller unserer Vermöglichkeiten, Gegenstände zu erfahren. Husserls These ist: In der vorneuzeitlichen Theorie erscheint die Welt zwar auch schon, wie in der Moderne, als Inbegriff von Gegenständen, aber sie behält dabei doch zugleich ihren Horizontcharakter.

Daß die Welt in der vormodernen Wissenschaft noch als Horizont verstanden wird, kommt darin zum Vorschein, daß diese Wissenschaft die vorgegebenen Bedingungen, unter denen das Sich-Zeigen der Gegenstände stattfindet, nicht antastet. Das heißt, sie bewahrt den Gegenständen ihre Einbettung in die zugehörigen Erfahrungshorizonte. Der Kanon der alten Wissenschaften ergab sich daraus, daß ihre Gebiete jeweils Horizonte des vorwissenschaftlichen Lebens widerspiegelten. Algebra beispielsweise gab es deswegen, weil schon der Alltag Lebenssituationen und darauf bezogene Berufe kennt, in denen vorwiegend gezählt und gerechnet wird. Entsprechend etwa bei der Geometrie, der Medizin, der Jurisprudenz usw. Diese alten Bezeichnungen drücken noch die Rückbindung an die Lebenshorizonte aus: Schon vor aller Philosophie und Wissenschaft muß man das Land vermessen, *geometreîn*, gegen die Krankheit das Heilmittel, die *medicina*, suchen, die rechtlich geregelten Beziehungen zu den Anderen mit Klugheit, *prudentia*, gestalten usw.

Mit ihrer Horizontgebundenheit knüpfen die alten Wissenschaften an die vorwissenschaftlichen »praktischen Künste« des Menschen an, die Meßkunst, die Heilkunst usw. Die Griechen nannten die Art des Wissens, das Sich-Auskennen, auf dem solche Künste beruhen, *téchne*. Mit der radikalen Aufhebung der Horizontgebundenheit muß sich die Verfahrensweise des wissenschaftlichen Erkennens *als* Verfahren verselbständigen: Weil es gleichgültig gegen die vorgegebenen Horizonte wird, kann es seine Regelung nur noch aus sich selbst finden. In diesem Sinne wird es, wie Husserl im I. Kapitel des hier abgedruckten Textes zum Lebensweltproblem sagt, zu einer »bloßen« *téchne*. Das »bloß« besagt, daß es sich nicht mehr um das horizontgebundene Sich-Auskennen im Sinne des griechischen *téchne*-Begriffs handelt, sondern um ein immanent an seiner eigenen Effektivität ausgerichtetes, im modernen Sinne »technisches« Operieren.

Wegen ihrer Bindung an die Horizonte konnte sich die vorneuzeitliche Wissenschaft nur *endliche* Erkenntnisaufgaben stellen. »Horizont« heißt wörtlich »Begrenzungslinie«, »Grenze«. Ein Horizont legt zwar nicht fest, was faktisch alles in ihm an Gegenständen vorkommt, aber er bestimmt doch, was überhaupt in ihm auftreten *kann*. Die Grenzen der wissenschaftlichen Erkenntnisgebiete und die entsprechend endlichen Aufgabenstellungen ergaben sich in der alten Wissenschaft aus den Grenzen, die die Horizonte vorzeichneten. Mit der Lockerung und in der Endabsicht völligen Aufhebung der Horizontgebundenheit fallen die aus der vorwissenschaftlichen Lebenspraxis vorgegebenen Grenzlinien für eine Einteilung der Wissenschaft in eine überschaubare Anzahl von Disziplinen weg. Deshalb ist heutzutage der unbeschränkten Spezialisierung Tür und Tor geöffnet. Gesamtgebiet und Aufgabenstellung der Wissenschaften überhaupt entledigen sich der Schranken, die die Horizontgebundenheit ihnen setzte. Die entschränkte Wissenschaft kann sich zum Ziel setzen, das Ganze des Seienden in seiner alle Teilhorizonte transzendierenden *Unendlichkeit* zu erforschen.

Wie die horizontindifferente Methode moderner Forschung aus der vorneuzeitlichen horizontgebundenen Wissenschaft hervorgeht, zeigt Husserl im zweiten Abschnitt des hier abgedruckten Lebenswelt-Textes an der Mathematisierung der neuzeitlichen Naturerkenntnis. Husserl interpretiert diese Mathematisierung als eine radikale Aufhebung der Anschaulichkeit der natürlichen Welterkenntnis. Diese Aufhebung ist aber nur möglich, weil schon in der natürlichen Welterkenntnis eine Spannung zwischen Anschaulichkeit und Unanschaulichkeit herrscht – eine Spannung, von der im Abschnitt über die Wahrnehmung bereits die Rede war.

Die Welterfahrung hat ein doppeltes Gesicht: Im aktuellen Vollzug unthematischer Gegebenheitsweisen verläßt sich das intentionale Bewußtsein auf den ebenso unthematisch vertrauten Verweisungszusammenhang seiner Vermöglichkeiten; denn jede Gegebenheitsweise ist in diesen Verweisungszusammenhang eingebettet. Im aktuellen Vollzug originärer Gegebenheitsweisen erlebt das Bewußtsein aber Anschaulichkeit. So ist ihm die Welt anschaulich gegeben, sofern es sich im unthematischen Verweisungszusammenhang bewegt.

Durch Horizonte und Gegebenheitsweisen erscheint die Welt dem Bewußtsein – in dem schon erwähnten weiten Sinne des Wortes – »*perspektivisch*«. Das Bewußtsein »entperspektiviert« beständig die Perspektivität seiner Welterfahrung, indem es auf »das Ding«, den ganzen Gegenstand in der Vollständigkeit seiner Gegebenheitsweisen vorgreift. Jedes Bewußtsein vom einen identischen Gegenstand, jede so verstandene Objektivierung ist eine Entperspektivierung. Die entperspektivierende Antizipation der Identität des Dings ist keine Anschauung; denn »das Ding« ist dem Bewußtsein nie vollständig gegeben. So wird die Welt als das Ganze der antizipierten Identitäten unanschaulich erfahren. Die beständige Entperspektivierung durch Antizipation von Identitäten bezeichnet Husserl in der *Krisis* als die »*Induktivität*« des Lebens: Der Mensch läßt sich bei seiner Welterkenntnis von antizipierten Identitäten leiten und kann deshalb – wenigstens im Groben – voraussehen und planen, wie seine Erfahrung verlaufen wird. Die Mathematisierung der neuzeitlichen Naturwissenschaft hat – so ist Husserls These – ihre letzte Wurzel in einer Übersteigerung dieser vorwissenschaftlichen Induktivität.

In der natürlichen Einstellung ist die Welt als Horizont der Horizonte das schlechthin Unthematische; der Universalhorizont entzieht sich jeder objektivierenden Thematisierung. Gleichwohl ist er dem Bewußtsein in seinem Weltglauben bewußt. Die unthematisch selbstverständliche Überzeugung vom Ansichbestehen der Welt konkretisiert sich in dem Glauben an das objektive Sein der einzelnen Gegenstände, auf die das Bewußtsein durch entperspektivierende Identitätsantizipation seine Aufmerksamkeit richtet. Mit der Entstehung von Philosophie und Wissenschaft wird die Welt selbst zum Thema, d. h., das Unanschauliche schlechthin wird objektiviert. Die Identität der ansichbestehenden Welt, auf die das natürliche Bewußtsein bei seiner jeweiligen Gegenstandserkenntnis nur unthematisch sein Vertrauen setzt, ohne sie je durch eine Objektivierung einzuholen, wird nun zum Gegenstand einer Antizipation, die alle natürliche Induktivität transzendiert. Sofern die antizipierte Identität von Gegenstand und Welt nie real in Anschauung gegeben sein kann, ist sie etwas Ideales. In diesem Sinne kann Husserl sowohl den Gegenstand wie die Welt als *Idee* bezeichnen. Jede *téchne* im Sinne des vorwissenschaftlichen Sich-Auskennens in der Welt bezieht sich auf bestimmte Gegenstände und läßt sich deshalb von Antizipationen ihrer Identität leiten. So lebt die natürliche induktive Voraussicht in den »praktischen Künsten« vom Vorgriff auf Ideen.

Solange die Wissenschaft ihre Rückbindung an die Horizonte vorwissenschaftlicher *téchne* nicht aufgab, konnte die Thematisierung der Welt als Idee in Philosophie und Wissenschaft noch nicht ihre volle Sprengkraft entfalten. Mit der Entgrenzung der Wissenschaft erscheint ihr Gegenstand, die Welt, in ihrer Unendlichkeit. So wird die Welt für die moderne Wissenschaft zur »*unendliche Idee*«. Die Objektivierung der Welt als unendlicher Idee färbt nun ab auf das Verfahren der wissenschaftlichen Gegenstandserkenntnis. Es wird »*idealisiert*«. Die natürliche Voraussicht wird zur wissenschaftlichen »Induktion«. Der induktive Vorgriff auf die als Idee vorschwebende Identität der Gegenstände sprengt in der modernen Wissenschaft alle Grenzen der Bindung an vorgegebene Horizonte. Alle Antizipationsmöglichkeiten werden, wie Husserl im dritten Abschnitt unseres Lebenswelt-Textes sagt, »als durchlaufen gedacht«[20]. In der konkreten Praxis der Wissenschaft besteht die so verstandene »*Idealisierung*« in der Mathematisierung der Naturerkenntnis, wie sie die neuzeitliche Naturwissenschaft kennzeichnet.

Die methodisierte und konsequent auf mathematische Grundlagen gestellte Forschungsarbeit wird zu einer niemals abschließenden Annäherung an die Welt als »unendliche Idee«, d. h., sie bekommt den Charakter eines ins Unendliche gehenden Fortschritts. Dies setzt voraus, daß »die Welt«, der sich die Wissenschaft mit ihrem Fortschreiten annähert, vorab zu diesem Fortschreiten und unabhängig davon besteht. So erscheint die Welt als »unendliche Idee« der Wissenschaft als ein Gegenstand, der von jeder Einbettung in Horizonte frei ist. Der natürliche Seinsglaube steigert sich in der modernen Wissenschaft ins Extrem: Im Ansichsein der Welt werden alle Spuren der Bezogenheit auf das Subjekt und die Perspektivität seiner Welterfahrung getilgt. Die radikale Befreiung wissenschaftlicher Erkenntnis von der Beschränkung durch subjekt-relative Gegebenheitsweisen, die unbedingte »Objektivität« wird zur höchsten Norm.

7. Objektivismuskritik und Lebenswelt

So weit die Grundzüge der Urstiftung moderner Wissenschaft: Welt wird als unendliche Idee aufgefaßt. Weil nun diese wie jede Urstiftung aufgrund der passiven Sedimentierung aller Apperzeptionen zur Gewohnheit wird, gerät die bewußtseinsgeschichtliche Herkunft des Objektivitätsideals in Vergessenheit. Die Norm der unbedingten Objektivität wird zur Selbstverständlichkeit. Es entsteht die Erkenntnishaltung des »*Objektivismus*«. Sie aber führt zu einer Sinnkrise der modernen Wissenschaft und mit ihr des Lebens in der verwissenschaftlichten Welt.

Die hinsichtlich ihrer Horizonthaftigkeit radikal neutralisierte Welt ist etwas Unmenschliches. Das eigentlich Menschliche ist für Husserl die Freiheit, verstanden als die Verantwortlichkeit, die ich als transzendentales Ur-Ich besitze, das sich durch keine Vergegenständlichung einholen läßt. Verantwortlich bin ich für mein Handeln, und Handeln bedeutet ein Ergreifen von Möglichkeiten. Diese Möglichkeiten sind Möglichkeiten-in-der-Welt, d. h., sie liegen als Vermöglichkeiten des Horizontbewußtseins bereit: So sind die Horizonte Erfahrungsspielräume, die sich darin und dadurch eröffnen, daß jemand handelt; sie sind vom Menschen als verantwortlich handelndem Subjekt nicht ablösbar. Der Ver-

such der modernen Forschung, das Sein der Welt radikal von
ihrem horizonthaft-perspektivischen Erscheinen abzulösen,
muß dazu führen, daß die Rückbindung der Forschung an die
Verantwortlichkeit des Handelns verlorengeht. Die Forschung, verstanden als ein unendlicher Prozeß von metho-
disch-technischen Maßnahmen, um die Welt als unendliche
Idee zum uneingeschränkten Sich-Zeigen zu zwingen, wird
zu einem freischwebenden, der Verantwortlichkeit entho-
benen Tun. Deshalb entwickelt der moderne Forschungsbe-
trieb eine erschreckende Selbstgesetzlichkeit. Die »Krise der
europäischen Wissenschaften«, von der Husserl im Titel seines Spätwerks spricht, ist der Sinnverlust, der dadurch entsteht, daß eine schlechthin subjekt-irrelative Welt, wenn es
sie wirklich gäbe, die Verantwortlichkeit des Menschen aufheben würde.

Das Unbehagen am Leben in einer total verwissenschaftlichten Welt ist seit Husserl noch gewachsen. Aber zugleich sieht
man aus der Sinnkrise der modernen Wissenschaft keinen
Ausweg, weil die Herkunft des Objektivismus aus einer
bewußtseinsgeschichtlichen Urstiftung vergessen ist. Man
durchschaut nicht, daß auch die vermeintlich gänzlich subjekt-irrelative Welt als unendliche Idee nur das Korrelat einer
spezifischen, geschichtlich entstandenen Erkenntnishaltung
ist. Diese Vergessenheit deckt Husserl in der *Krisis* auf und
erinnert daran, daß die Überzeugung von einer total entper-
spektivierten, absolut an sich bestehenden Welt nur urgestiftet werden konnte in der Transzendierung eines umfassenden, wenngleich unthematischen Horizonts von Subjektrelativität.

Diesen umfassenden Horizont nennt Husserl in Abgrenzung
gegen die Welt als wissenschaftlichen Forschungsgegenstand
überhaupt und gegen die neuzeitlich verwissenschaftlichte
Welt insbesondere die *Lebenswelt*. Die moderne wissenschaftliche Welt verweist durch ihren Sinn, die absolut subjekt-irrelative Welt zu sein, den sie bei ihrer Urstiftung
bekommen hatte, zurück auf die vorwissenschaftliche

Lebenswelt; ohne den Kontrast zu dieser subjekt-relativen Welt hinge sie in der Luft. Die neuartige Transzendenz des wissenschaftlich Objektiven bleibt in diesem Sinne bezogen auf die subjektiven Vollzüge; auch sie entzieht sich nicht der universalen Korrelation von Gegenständlichkeit und subjektiv-situativem Erscheinen in Gegebenheitsweisen. Die wissenschaftliche Welt, die die Subjektrelativität des lebensweltlichen Horizonts überschreitet, wird so doch von ihr eingeholt. Die Gegenstände der Wissenschaft sind Sinngebilde, die ihre Existenz den subjektiven Leistungen einer eigenen theoretisch-logischen Praxis verdanken, und diese Praxis selbst gehört zum Leben in der Lebenswelt.

Die Einbettung auch der modernen Forschungspraxis in das lebensweltliche Leben belegt Husserl im II. Kapitel des hier abgedruckten Textes durch zwei Indizien. Beide sind triviale Beobachtungen, aber sie bekommen eine nichttriviale Bedeutung, wenn man sie vor den Hintergrund der Rekonstruktion der mathematisierten Erkenntnispraxis aus der natürlichen Induktivität und ihrer Idealisierung stellt.

Die erste Beobachtung: Der moderne Forscher bedarf zur Ausübung seiner wissenschaftlichen Erkenntnispraxis vielfältiger Mittel, die ihm in der Weise der Anschauung gegeben sind. Beispielsweise benutzt er Meßapparaturen mit irgendwelchen Teilstrichen, die er abliest, wobei er sich auf seine unmittelbaren optischen Eindrücke verläßt. Oder er spricht mit anderen Forschern, er liest deren Aufsätze. Immer ist er dabei überzeugt, daß das, was er unmittelbar hört oder sieht, als etwas Seiendes vorliegt. Dieser Seinsglaube beruht wie jeder Seinsglaube auf der fraglos vorausgesetzten Selbstverständlichkeit, daß der Forscher weiß: ich könnte mich vom Sein dessen, was mir da so unmittelbar begegnet, gegebenenfalls durch Aktualisierung geeigneter originärer Gegebenheitsweisen überzeugen. Aber die Aktualisierbarkeit dieser horizonthaft bereitliegenden Möglichkeiten bleibt unthematisch. Im Thema steht allein das unanschaulich Erkannte. Das Verfügenkönnen über Anschauungsmöglichkeiten ist etwas

so Selbstverständliches, daß deshalb auch die gerade ange-
führte Beobachtung, die an diese Selbstverständlichkeit erinnert, trivial klingt. Diese Trivialität[21] ist aber nur der Wider-
schein der Tatsache, daß die Anschauungswelt, in der sich der
moderne Forscher bewegt und die er selbstverständlich voraussetzt, den Charakter der Unthematizität hat.[22]

Den Begriff »Lebenswelt« führt Husserl in der *Krisis* zunächst als Titel für diese unthematische Anschauungswelt
ein.[23] Sofern der Forscher mit seiner unanschaulichen
Erkenntnispraxis unaufhebbar in der Situation steht, sich auf
anschauliche Gegebenheiten verlassen zu müssen, bildet der in
diesen Gegebenheitsweisen bewußte Horizont von
Anschaulichkeit den Boden, auf dem er bei seinen Forschungen steht. In diesem Sinne ist die Lebenswelt der »*Anschau-
ungsboden*«, wie Husserl sagt. Obwohl der neuzeitliche Wissenschaftler es mit einer Welt zu tun hat, die in ihrer Unendlichkeit alle Anschauungshorizonte der natürlichen Erkenntnispraxis transzendiert, bleibt sein auf diese Unendlichkeit
bezogenes Erkennen doch rückgebunden an eine Welt, die in
Anschauungshorizonten außerwissenschaftlicher Praxis erscheint. Diese Welt ist die Lebenswelt.

Nun das zweite Indiz für die Verwurzelung der modernen
Forschungspraxis im lebensweltlichen Leben: Obwohl wir in
der vorwissenschaftlichen Praxis über alle unsere Gegenstände genaugenommen nur aufgrund von anschauungstranszendierenden Identitätsantizipationen verfügen, ermöglicht
uns das Horizontbewußtsein, uns dieser Gegenstände doch
so zu bedienen, als seien sie uns unmittelbar anschaulich
gegeben. Das heißt, sie gehören nun ihrerseits zum horizonthaft unthematischen Vorrat unserer Erfahrungsmöglichkei-
ten. Dies gilt sogar – so Husserls trivial erscheinende Beobachtung – für die Gegenstände, die uns nur deswegen zur
Verfügung stehen, weil wir unsere unanschauliche Kenntnis
der mathematisierten Natur zur industriellen Anfertigung
technischer Produkte benutzt haben. Wir betätigen den
Lichtschalter und knipsen das Fernsehgerät an, und wir

ergreifen diese Verhaltensmöglichkeiten, ohne eigens thematisieren zu müssen, was diese Gegenstände eigentlich, d. h. wissenschaftlich-technisch gesehen, sind. Dies ist im Prinzip deshalb möglich, weil alle Resultate von entperspektivierender, anschauungstranszendierender Identitätsantizipation und damit auch alle aufgrund wissenschaftlicher Idealisierung gewonnenen Gegenstände in den Vorrat der unthematisch horizonthaft vorgegebenen Möglichkeiten unserer Praxis absinken. Hier kommt der Gedanke der »Sedimentierung« aus der genetischen Konstitutionstheorie zum Zuge. Das durch Entperspektivierung Erworbene jeder Idealisierungsaktivität »reperspektiviert« sich und wird zum Bestandteil der Welt, die in den Anschauungshorizonten unserer außerwissenschaftlichen Praxis erscheint. Husserl bezeichnet diesen Prozeß in der *Krisis* als ein *»Einströmen«* in die Lebenswelt.[24] Das Einströmen zeigt: Die methodisierte Erkenntnispraxis bleibt in die außerwissenschaftliche Praxis eingebettet; denn sonst könnten ihre Ergebnisse nicht in Form einer unthematischen Vertrautheit mit ihnen in den Horizont dieser Praxis eingehen und in ihr auf dieser Grundlage verwendbar werden.

Mit der Theorie des Einströmens enthüllt sich ein neuer Aspekt der Lebenswelt. In ihrer Grundbedeutung als Anschauungswelt läßt sich »Lebenswelt« als Kontrastbegriff zur unanschaulichen Welt der Wissenschaft verwenden. Zufolge der genetischen Sedimentierung gehen aber die vergegenständlichten Resultate jeglicher anschauungstranszendierenden Praxis und so auch die der modernen auf Idealisierung beruhenden technischen Praxis in die Anschauungshorizonte der außerwissenschaftlichen Praxis ein, und die in diesen Horizonten unthematisch erscheinende Welt ist die Lebenswelt. Damit verliert »Lebenswelt« ihren Charakter als Kontrastbegriff. Der Universalhorizont sowohl für die horizont- und damit anschauungsgebundene vorwissenschaftliche Praxis als auch für die radikal anschauungstranszendierende Erkenntnispraxis der modernen Forschung ist die Lebenswelt. Das bedeutet aber: Lebenswelt in diesem Sinne, in ihrer »universalen Konkretion«, wie Husserl sagt[25], ist nichts anderes als die eine umfassende Welt, der Universalhorizont, auf den sich der Seinsglaube der natürlichen Einstellung bezieht. Freilich hat der Weltbegriff nun eine wesentliche Bereicherung gegenüber seiner früheren Fassung erfahren: Die Welt der natürlichen Einstellung ist nun eine Welt, die sich geschichtlich durch die in ihr stattfindende Praxis und ihre Sedimentierungen, durch das »Einströmen«, anreichert. Es ist die konkrete geschichtliche Welt.

Weil die neuzeitliche Wissenschaft die Welt als unendliche Idee, also das Ganze des Seienden, in methodischer Einzelforschung zum Thema macht, könnte der Eindruck entstehen, als sei die Philosophie überflüssig geworden; denn Philosophie ist nach ihrem traditionellen Selbstverständnis die Frage nach dem Ganzen schlechthin. Die spezialisierten Einzelwissenschaften scheinen ihr diese Frage abzunehmen und sie effektiver als die philosophische Tradition zu beantworten. Husserl wählt in der *Krisis* für seine letzte Einführung in die transzendentale Phänomenologie den Weg über die Kritik an der Haltung der modernen Wissenschaft. Die Kritik zeigt: Thema der Philosophie ist die Welt als subjekt-relativer, sich geschichtlich anreichernder Universalhorizont, als Lebenswelt. Die so verstandene Welt ist in der modernen objektivistischen Forschungspraxis vergessen. Transzendentalphilosophie beruht auf Reflexion; sie ist Besinnung auf das verantwortliche Subjekt, dem die Welt erscheint. Die verwissenschaftlichte Einstellung zur Welt vergißt mit der Subjektrelativität des Horizontbewußtseins auch das Subjekt. Philosophie ist auch heute noch nötig, weil die Verantwortlichkeit des handelnden Subjekts wachgehalten werden muß, und sie ist möglich, weil sich auf der Grundlage der Theorie der genetischen Horizontkonstitution die Rückbezogenheit und Angewiesenheit der objektivistischen Wissenschaft auf lebensweltliche Erfahrung nachweisen läßt.

Die Aufhebung der Lebensweltvergessenheit der neuzeitlichen Wissenschaft bedeutet für Husserl keine Preisgabe der Bemühung um wissenschaftliche Erkenntnis überhaupt. Mit der phänomenologischen *» Wissenschaft von der Lebenswelt«* soll vielmehr der Anspruch auf vorurteilsfreie Welterkenntnis, der mit der Entstehung von Philosophie und Wissenschaft urgestiftet wurde, konkret zur Erfüllung gelangen. Geschichtlich relativiert wird freilich die Deformation dieses Anspruchs durch den Objektivismus der neuzeitlichen Wissenschaft. Der Objektivismus verstößt als Vergessenheit der subjektiven Genesis aller Horizonte, d. h. als ein einseitig zugunsten der objektiven Seite von Erkenntnis ausfallendes Wahrheitsverständnis,[26] gegen das ursprüngliche Wissenschaftsideal der Vorurteilslosigkeit. Mit der Urstiftung der wissenschaftlichen Intention auf vorurteilsfreie Welterkenntnis wurde nach Husserl eine für die gesamte Menschheit gültige Erkenntnisnorm aufgestellt. Die transzendentalphänomenologisch denkenden Philosophen legen als »Funktionäre der Menschheit« Rechenschaft darüber ab, inwieweit das philosophisch-wissenschaftliche Denken der in seiner Urstiftung angelegten Intention bisher gerecht geworden ist. In diesem historisch-phänomenologischen Vergleich zwischen der ursprünglichen Intention der Wissenschaft und ihrer bisherigen Erfüllung verwirklicht sich die rationale Selbstverantwortung des Menschen.

Klaus Held

Analyse der Wahrnehmung[1]

[3]   1. *Originalbewußtsein und perspektivische Abschattung*
der Raumgegenstände

Die äußere Wahrnehmung ist eine beständige Prätention,
etwas zu leisten, was sie ihrem eigenen Wesen nach zu leisten
außerstande ist. Also gewissermaßen ein Widerspruch gehört
zu ihrem Wesen. Was damit gemeint ist, wird Ihnen alsbald
klarwerden, wenn Sie schauend zusehen, wie sich der objektive Sinn als Einheit ⟨in⟩ den unendlichen Mannigfaltigkeiten
möglicher Erscheinungen darstellt und wie die kontinuierliche Synthese näher aussieht, welche als Deckungseinheit denselben Sinn erscheinen läßt, und wie gegenüber den faktischen, begrenzten Erscheinungsabläufen doch beständig ein
Bewußtsein von darüber hinausreichenden, von immer neuen
Erscheinungsmöglichkeiten besteht.
Worauf wir zunächst achten, ist, daß der Aspekt, die perspektivische Abschattung, in der jeder Raumgegenstand unweigerlich erscheint, ihn immer nur einseitig zur Erscheinung
bringt. Wir mögen ein Ding noch so vollkommen wahrnehmen, es fällt nie in der Allseitigkeit der ihm zukommenden
und es sinnendinglich ausmachenden Eigenheiten in die
Wahrnehmung. Die Rede von diesen und jenen Seiten des
Gegenstandes, die zu wirklicher Wahrnehmung kommen, ist
unvermeidlich. Jeder Aspekt, jede noch so weit fortgeführte
Kontinuität von einzelnen Abschattungen gibt nur Seiten,
und das ist, wie wir uns überzeugen, kein bloßes Faktum:
Eine äußere Wahrnehmung ist undenkbar, die ihr Wahrgenommenes in ihrem sinnendinglichen Gehalt erschöpfte, ein
Wahrnehmungsgegenstand ist undenkbar, der in einer abgeschlossenen Wahrnehmung im strengsten Sinn allseitig, nach
der Allheit seiner sinnlich anschaulichen Merkmale gegeben
sein könnte.
[4] So gehört zum Urwesen der Korrelation äußere Wahrneh-

mung und körperlicher »Gegenstand« diese fundamentale
Scheidung von eigentlich Wahrgenommenem und eigentlich
Nichtwahrgenommenem. Sehen wir den Tisch, so sehen wir
ihn von irgendeiner Seite, und diese ist dabei das eigentlich
Gesehene; er hat noch andere Seiten. Er hat eine unsichtige
Rückseite, er hat unsichtiges Inneres, und diese Titel sind
eigentlich Titel für vielerlei Seiten, vielerlei Komplexe mögli-
cher Sichtigkeit. Das ist eine sehr merkwürdige Wesensan-
lage. Denn zu dem eigenen Sinn jeder Wahrnehmung gehört
ihr wahrgenommener Gegenstand als ihr gegenständlicher
Sinn, also dieses Ding: der Tisch, der gesehen ist. Aber dieses
Ding ist nicht die jetzt eigentlich gesehene Seite, sondern ist
(und dem eigenen Sinn der Wahrnehmung gemäß) eben das
Vollding, das noch andere Seiten hat, Seiten, die nicht in
dieser, sondern in anderen Wahrnehmungen zur eigentlichen
Wahrnehmung kommen würden. Wahrnehmung, ganz allgemein gesprochen, ist Originalbewußtsein. Aber in der äußeren Wahrnehmung haben wir den merkwürdigen Zwiespalt,
daß das Originalbewußtsein nur möglich ist in der Form eines
wirklich und eigentlich original Bewußthabens von Seiten
und eines Mitbewußthabens von anderen Seiten, die eben
nicht original da sind. Ich sage mitbewußt, denn auch die
unsichtigen Seiten sind doch für das Bewußtsein irgendwie
da, »mitgemeint« als mitgegenwärtig. Aber sie erscheinen
eigentlich nicht. Es sind nicht etwa reproduktive Aspekte als
darstellende Anschauungen von ihnen da, wir können nur
jederzeit solche anschaulichen Vergegenwärtigungen herstellen. Die Vorderseite des Tisches sehend, können wir, wenn
wir gerade wollen, einen anschaulichen Vorstellungsverlauf,
einen reproduktiven Verlauf von Aspekten inszenieren,
durch den eine unsichtige Seite des Dings vorstellig würde.
Was wir dabei aber tun, ist nichts anderes, als uns einen
Wahrnehmungsverlauf vergegenwärtigen, in dem wir, von
Wahrnehmung zu neuen Wahrnehmungen übergehend, den
Gegenstand von immer neuen Seiten in den originalen Aspekten sehen würden. Das geschieht aber nur ausnahmsweise. Es

ist klar, daß, was die wirklich gesehene Seite als bloße Seite
charakterisiert und es macht, daß nicht sie als das Ding
genommen wird, sondern daß etwas über sie Hinausreichen-
des bewußt ist als wahrgenommen, von dem gerade nur [5]
das wirklich gesehen ist, in einem unanschaulichen Hinaus-
weisen, Indizieren besteht. Das Wahrnehmen ist, noetisch
gesprochen, ein Gemisch von wirklicher Darstellung, die das
Dargestellte in der Weise originaler Darstellung anschaulich
macht, und leerem Indizieren, das auf mögliche neue Wahrnehmungen verweist. In noematischer Hinsicht ist das Wahrgenommene derart abschattungsmäßig Gegebenes, daß die
jeweilige gegebene ⟨Seite⟩ auf anderes Nichtgegebenes verweist, als nicht gegeben von demselben Gegenstand. Das gilt
es zu verstehen.

Zunächst werden wir darauf aufmerksam, daß jede Wahrnehmung, noematisch: jeder einzelne Aspekt des Gegenstandes
in sich selbst auf eine Kontinuität, ja auf vielfältige Kontinua
möglicher neuer Wahrnehmungen verweist, eben diejenigen,
in denen sich derselbe Gegenstand von immer neuen Seiten
zeigen würde. Das Wahrgenommene in seiner Erscheinungsweise ist, was es ist, in jedem Momente des Wahrnehmens,
⟨als⟩ ein System von Verweisen, mit einem Erscheinungs-
kern, an dem sie ihren Anhalt haben, und in diesen Verweisen
ruft es uns gewissermaßen zu: Es gibt hier noch Weiteres zu
sehen, dreh mich doch nach allen Seiten, durchlaufe mich
dabei mit dem Blick, tritt näher heran, öffne mich, zerteile
mich. Immer von neuem vollziehe Umblick und allseitige
Wendung. So wirst du mich kennenlernen nach allem, was
ich bin, all meinen oberflächlichen Eigenschaften, meinen
inneren sinnlichen Eigenschaften usw. Sie verstehen, was
diese andeutende Rede besagen soll. In der jeweiligen aktuellen Wahrnehmung habe ich gerade die und keine anderen
Aspekte und Aspektwandlungen, und immer nur begrenzte
Aspektwandlungen. In jedem Moment ist der gegenständliche Sinn derselbe hinsichtlich des Gegenstandes schlechthin,
der gemeinter ist, und ist in der kontinuierlichen Abfolge der

Momentanerscheinungen in Deckung. So etwa dieser Tisch
da. Aber dieses Identische ist ein beständiges x, ist ein beständiges Substrat von wirklich erscheinenden Tisch-Momenten,
aber auch von Hinweisen auf noch nicht erscheinende. Diese
Hinweise sind zugleich Tendenzen, Hinweistendenzen, die
zu den nicht gegebenen Erscheinungen forttreiben. Aber es
sind nicht einzelne Hinweise, sondern ganze Hinweis-
systeme, Strahlensysteme von Hinweisen, die auf entsprechende mannigfaltige Erscheinungssysteme deuten. Es sind
Zeiger in eine Leere, da ja die nicht aktualisierten [6] Erscheinungen nicht als wirkliche, auch nicht als vergegenwärtigte
Erscheinungen bewußt sind. Mit andern Worten, alles
eigentlich Erscheinende ist nur dadurch Dingerscheinendes,
daß es umflochten und durchsetzt ist von einem intentionalen
Leerhorizont, daß es umgeben ist von einem Hof erschei-
nungsmäßiger Leere. Es ist eine Leere, die nicht ein Nichts
ist, sondern eine auszufüllende Leere, es ist eine bestimmbare
Unbestimmtheit. – Denn nicht beliebig ist der intentionale
Horizont auszufüllen; es ist ein Bewußtseinshorizont, der
selbst den Grundcharakter des Bewußtseins als Bewußtseins
von etwas hat. Seinen Sinn hat dieser Bewußtseinshof, trotz
seiner Leere, in Form einer Vorzeichnung, die dem Übergang
in neue aktualisierende Erscheinungen eine Regel vor-
schreibt. Die Vorderseite des Tisches sehend, ist die Rückseite, ist alles von ihm Unsichtige in Form von Leervorweisen
bewußt, wenn auch recht unbestimmt; aber wie unbestimmt,
so ist es doch Vorweis auf eine körperliche Gestalt, auf eine
körperliche Färbung usw., und nur Erscheinungen, die dergleichen abschatten, die im Rahmen dieser Vorzeichnung das
Unbestimmte näher bestimmen, können sich einstimmig einfügen; nur sie können ein identisches x der Bestimmung
durchhalten als dasselbe, sich hierbei neu und näher bestim-
mende. Bei jeder Wahrnehmungsphase des strömenden
Wahrnehmens, bei jeder neuen Erscheinung gilt immer wieder dasselbe, nur daß der intentionale Horizont sich geändert
und verschoben hat. Zu jedem Dingerscheinenden einer

jeden Wahrnehmungsphase gehört ein neuer Leerhorizont, ein neues System bestimmbarer Unbestimmtheit, ein neues System von Fortschrittstendenzen mit entsprechenden Möglichkeiten, in bestimmt geordnete Systeme möglicher Erscheinungen einzutreten, möglicher Aspektverläufe mit untrennbar zugehörigen Horizonten, die in einstimmiger Sinnesdeckung denselben Gegenstand als sich immer neu bestimmenden zu wirklicher, erfüllender Gegebenheit bringen würden. Die Aspekte sind, wie wir sehen, nichts für sich, sie sind Erscheinungen-von nur durch die von ihnen nicht abtrennbaren intentionalen Horizonte.

Wir unterscheiden dabei zwischen Innenhorizont und Außenhorizont der jeweiligen Aspekterscheinung. Es ist nämlich zu beachten, daß die Scheidung von eigentlich Wahrgenommenem und nur Mitgegenwärtigem zwischen inhaltlichen Bestimmt[7]heiten des Gegenstandes unterscheidet, die wirklich erscheinungsmäßig und leibhaft dastehen, und solchen, die in völliger Leere und noch vieldeutig vorgezeichnet sind; daß auch das wirklich Erscheinende in sich selbst mit einem ähnlichen Unterschied behaftet ist. Auch hinsichtlich der schon wirklich gesehenen Seite ertönt ja der Ruf: Tritt näher und immer näher, sieh mich dann unter Änderung deiner Stellung, deiner Augenhaltung usw. fixierend an, du wirst an mir selbst noch vieles neu zu sehen bekommen, immer neue Partialfärbungen usw., vorhin unsichtige Strukturen des nur vordem unbestimmt allgemein gesehenen Holzes usw. Also auch das schon Gesehene ist mit vorgreifender Intention behaftet. Es ist, was schon gesehen ist, immerfort ein vorzeichnender Rahmen für immer Neues, ein x für nähere Bestimmung. Immerfort ist antizipiert, vorgegriffen. Neben diesem Innenhorizont dann aber die Außenhorizonte, die Vorzeichnungen für solches, das noch jedes anschaulichen Rahmens entbehrt, der nur differenziertere Einzeichnungen forderte.

2. *Das Verhältnis von Fülle und Leere im Wahrnehmungs- prozeß und die Kenntnisnahme*

Um jetzt ein tieferes Verständnis zu gewinnen, müssen wir auf die Art achten, wie in jedem Momente Fülle und Leere zueinander stehen und wie im Wahrnehmungsverlauf die Leere sich Fülle zueignet und die Fülle wieder zur Leere wird. Wir müssen die Zusammenhangsstruktur in jeder Erscheinung und die alle Erscheinungsreihen einigende Struktur verstehen. Im kontinuierlichen Fortgang der Wahrnehmung haben wir, wie bei jeder Wahrnehmung, Protentionen, die sich stetig erfüllen im neu Eintretenden, eintretend in der Form des urimpressionalen Jetzt. So auch hier. In jedem Fortgang äußeren Wahrnehmens hat die Protention die Gestalt von stetigen Vorerwartungen, die sich erfüllen, und das sagt: Aus den Hinweissystemen der Horizonte ak- tualisieren sich gewisse Hinweislinien kontinuierlich als Er- wartungen, die sich stetig erfüllen in näherbestimmenden Aspekten.

In der letzten Vorlesung lernten wir die Einheit jeder äußeren Wahrnehmung nach verschiedenen Richtungen verstehen. Die äußere Wahrnehmung ist ein zeitlicher Erlebnisabfluß, in dem [8] Erscheinungen in Erscheinungen einstimmig ineinan- der übergehen, in die Deckungseinheit, der Einheit eines Sin- nes entspricht. Diesen Fluß lernten wir verstehen als ein systematisches Gefüge fortschreitender Erfüllung von Inten- tionen, womit freilich nach anderer Seite wieder Hand in Hand geht eine Entleerung schon voller Intentionen. Jede Momentanphase der Wahrnehmung ist in sich selbst ein Gefüge von partiell vollen und partiell leeren Intentionen. Denn in jeder Phase haben wir eigentliche Erscheinung, und das ist erfüllte Intention, aber doch nur graduell erfüllte, da ein Innenhorizont der Unerfülltheit und einer noch bestimm- baren Unbestimmtheit da ist. Außerdem aber gehört zu jeder Phase ein völlig leerer Außenhorizont, der nach Erfüllung tendiert und im Übergang nach einer bestimmten Fort-

schrittsrichtung danach in der Weise der leeren Vorerwartung
langt.

Genauer besehen müssen wir aber Erfüllung und Näherbestimmung noch (und in folgender Weise) unterscheiden und
müssen jetzt den Prozeß der Wahrnehmung als einen Prozeß
der Kenntnisnahme beschreiben. Indem im Fortschritt der
Wahrnehmung sich der Leerhorizont, der äußere und innere,
seine nächste Erfüllung schafft, besteht diese Erfüllung nicht
bloß darin, daß die leer bewußte Sinnesvorzeichnung eine
anschauliche Nachzeichnung erfährt. Zum Wesen der leeren
Vordeutung, die sozusagen eine Vorahnung des Kommenden
ist, gehört, wie wir sagten, Unbestimmtheit, und wir spra-
chen von bestimmbarer Unbestimmtheit. Unbestimmtheit ist
eine Urform von Allgemeinheit, deren Wesen es ist, sich in
der Sinnesdeckung nur durch »Besonderung« zu erfüllen;
soweit diese selbst den Charakter der Unbestimmtheit hat,
aber der besonderen Unbestimmtheit gegenüber der vorangegangenen allgemeinen, gewinnt sie eventuell in neuen Schritten weitere Besonderung usf. Nun ist aber zu beachten, daß
dieser Prozeß der Erfüllung, die besondernde Erfüllung ist,
auch ein Prozeß der näheren Kenntnisnahme ist, und nicht
nur einer momentanen Kenntnisnahme, sondern zugleich ein
Prozeß der Aufnahme in die bleibende, habituell werdende
Kenntnis. Das werden wir sogleich besser verstehen. Im voraus merken wir schon, daß die Urstätte dieser Leistung die
immerfort mitfungierende Retention ist. Zunächst sei daran
erinnert, daß kontinuierlich fortschreitende Erfüllung [9]
zugleich kontinuierlich fortschreitende Entleerung ist. Denn
sowie eine neue Seite sichtig wird, wird eine eben sichtig
gewordene allmählich unsichtig, um schließlich ganz unsichtig zu werden. Aber was unsichtig geworden ist, ist für unsere
Kenntnis nicht verloren. Worauf das thematisch sich vollziehende Wahrnehmen hinauswill, ist ja nicht bloß, von
Moment zu Moment immer Neues vom Gegenstand anschaulich zu haben, als ob das Alte dem Griff des Interesses
entgleiten dürfte, sondern im Durchlaufen eine Einheit origi-

närer Kenntnisnahme zu schaffen, durch die der Gegenstand nach seinem bestimmten Inhalt zur ursprünglichen Erwerbung und durch sie zum bleibenden Kenntnisbesitz würde.[2] Und in der Tat: die ursprüngliche Kenntniserwerbung verstehen wir in der Beachtung des Umstandes, daß die mit der Erfüllung sich vollziehende Näherbestimmung ein bestimmtes Sinnesmoment neu beibringt, das zwar im Fortgang zu neuen Wahrnehmungen aus dem eigentlichen Wahrnehmungsfeld entschwindet, aber retentional erhalten bleibt. (Das geschieht schon vorthematisch, schon im Hintergrundwahrnehmen. Im thematischen Wahrnehmen hat die Retention den thematischen Charakter des Im-Griff-Bleibens.) Demgemäß hat der Leerhorizont, in den das Neue dank der Retention jetzt eingeht, einen anderen Charakter als der Leerhorizont der Wahrnehmungsstrecke, bevor sie originär aufgetreten war. Habe ich die Rückseite eines unbekannten Gegenstandes einmal gesehen und kehre ich wahrnehmend zur Vorderseite zurück, so hat die leere Vordeutung auf die Rückseite nun eine bestimmte Vorzeichnung, die sie vordem nicht hatte. Im Wahrnehmungsprozeß verwandelt sich dadurch der unbekannte Gegenstand in einen bekannten; am Ende habe ich zwar genau wie am Anfang nur eine einseitige Erscheinung, und ist das Objekt gar aus unserem Wahrnehmungsfeld ganz herausgetreten, so haben wir von ihm überhaupt eine völlig leere Retention. Aber trotzdem, den ganzen Kenntniserwerb haben wir noch, und bei thematischem Wahrnehmen noch im Griff. Unser Leerbewußtsein hat jetzt eine gegliederte, systematische Sinneseinzeichnung, welche vordem, und vor allem [10] bei Beginn der Wahrnehmung, nicht bestand. Was damals ein bloßer Sinnesrahmen war, eine weit gespannte Allgemeinheit, ist jetzt eine sinnvoll gegliederte Besonderheit, die freilich weiterer Erfahrung harrt, um noch reichere Kenntnisgehalte als Bestimmungsgehalte anzunehmen. Kehre ich zu Wahrnehmungen der früheren Bestimmung wieder zurück, so laufen sie nun ab im Bewußtsein des Wiedererkennens, im Bewußtsein: »all das kenne ich schon«.

Nun findet bloß Veranschaulichung, und mit ihr erfüllende Bestätigung der leeren Intentionen statt, aber nicht mehr Näherbestimmung.

3. *Die Möglichkeit der freien Verfügung über das zur Kenntnis Kommende*

Indem die Wahrnehmung ursprünglich Kenntnis erwirbt, erwirbt sie auch ein für die Dauer bleibendes Eigentum des Erworbenen, einen jederzeit verfügbaren Besitz. Worin besteht diese freie Verfügbarkeit? Frei verfügbar ist dieses schon Bekannte, obschon Leergewordene insofern, als die nachgebliebene leere Retention jederzeit frei erfüllbar ist, jederzeit zu aktualisieren ist durch Wiederwahrnehmung im Charakter des Wiedererkennens. Herumgehend, nähertretend, mit den Händen tastend etc., kann ich alle schon bekannten Seiten wiedersehen, wieder erfahren, sie sind wahrnehmungsbereit; und dasselbe gilt für die Folgezeit. Das bezeichnet den Grundcharakter der transzendenten Wahrnehmung, durch den allein eine bleibende Welt für uns da, für uns vorgegebene und eben frei verfügbare Wirklichkeit sein kann, daß für die Transzendenz eine Wiederwahrnehmung, erneute Wahrnehmung desselben möglich ist.

Doch noch ein weiteres ist als wesentlich beizufügen. Haben wir ein Ding kennengelernt und tritt ein zweites Ding in unseren Gesichtskreis, das nach der eigentlich gesehenen Seite mit dem früheren und bekannten übereinstimmt, so erhält nach einem Wesensgesetz des Bewußtseins (vermöge einer inneren Deckung mit dem durch »Ähnlichkeitsassoziation« geweckten früheren) das neue Ding die ganze Kenntnisvorzeichnung vom früheren her. Es wird, wie man sagt, apperzipiert mit gleichen unsichtigen Eigenschaften wie das alte. Und auch diese Vorzeichnung, dieser [11] Erwerb innerer Tradition ist zu unserer freien Verfügung in Form aktualisierender Wahrnehmung.

Aber wie sieht nun des näheren diese freie Verfügung aus? Was macht das freie Eindringen in unsere durch und durch von Antizipationen übersponnene Welt, was macht alle bestehende Kenntnis und neue Kenntnis möglich? Wir bevorzugen hierbei den normalen und Grundfall der Konstitution von äußerem Dasein, nämlich den von unveränderten Raumdingen. Die Klarlegung der Möglichkeit, daß Veränderungen von Dingen vonstatten gehen können, ohne daß sie wahrgenommen sind, und doch in mannigfachen nachkommenden Wahrnehmungen und Erfahrungen der Kenntnis, nach allen ihren unwahrgenommenen Stücken, zugänglich sind, ist ein höher liegendes Thema, das schon die Aufklärung der Möglichkeit einer Erkenntnis von ruhendem Dasein voraussetzt.

Wir fragen also, um wenigstens dieses Grundstück der konstitutiven Problematik zum Verständnis zu bringen, wie sieht die freie Verfügung über Kenntnis aus, die ich schon habe, wenn auch noch so unvollkommen habe, und zwar im Fall unveränderter Dinglichkeit? Was macht sie möglich?

Aus dem Bisherigen ersehen wir, daß jede Wahrnehmung *implicite* ein ganzes Wahrnehmungssystem mit sich führt, jede in ihr auftretende Erscheinung ein ganzes Erscheinungssystem, nämlich in Form von intentionalen Innen- und Außenhorizonten. Keine erdenkliche Erscheinungsweise gibt darum den erscheinenden Gegenstand vollkommen, in keiner ist er letzte Leibhaftigkeit, die das vollkommen erschöpfende Selbst des Gegenstandes brächte, jede Erscheinung führt im Leerhorizont ein *plus ultra* mit sich. Und da mit jeder die Wahrnehmung doch prätendiert, den Gegenstand leibhaft zu geben, so prätendiert sie in der Tat beständig mehr, als sie ihrem eigenen Wesen nach leisten kann. In eigentümlicher Weise ist jede Wahrnehmungsgegebenheit ein beständiges Gemisch von Bekanntheit und Unbekanntheit, die auf neue mögliche Wahrnehmung verweist, die zur Bekanntheit bringen würde. Und das wird noch in einem neuen Sinn gelten als in dem, der bisher hervorgetreten ist.

Sehen wir nun zu, wie im Übergang der Erscheinungen, etwa im Nähertreten, Herumgehen, Augenbewegen, die Deckungseinheit nach dem Sinn aussieht. Das Grundverhältnis in diesem be[12]weglichen Übergang ist das zwischen Intention und Erfüllung. Die leere Vorweisung eignet sich die ihr entsprechende Fülle an. Sie entspricht der mehr oder minder reichen Vorzeichnung, bringt aber, da ihr Wesen unbestimmbare Unbestimmtheit ist, in eins mit der Erfüllung auch Näherbestimmung. Also damit ist eine neue »Urstiftung« vollzogen, eine Urimpression, wie wir hier wieder sagen können, denn ein Moment ursprünglicher Originalität tritt auf. Das schon urimpressional Bewußte weist durch seinen Hof auf neue Erscheinungsweisen vor, die, eintretend, teils als bestätigende, teils als näherbestimmende auftreten. Vermöge der unerfüllten und jetzt sich erfüllenden Innenintentionen bereichert sich das schon Erscheinende in sich selbst. Dazu schafft sich im Fortgang der leere Außenhorizont, der mit der Erscheinung verflochten war, seine nächste Erfüllung, mindestens eine partielle. Der unerfüllt bleibende Teil des Horizonts geht über in den Horizont der neuen Erscheinung, und so geht es stetig weiter. Dabei verliert sich, was schon vom Gegenstand in die Erscheinung getreten war, partiell wieder im Fortgang aus der Erscheinungsgegebenheit, das Sichtige wird wieder unsichtig. Aber es ist nicht verloren. Es bleibt retentional bewußt und in der Form, daß der Leerhorizont der Erscheinung, die gerade aktuell ist, nun eine neue Vorzeichnung erhält, die bestimmt auf das schon früher gegeben Gewesene als Mitgegenwärtiges verweist. Habe ich die Rückseite gesehen und bin zur Vorderseite zurückgekehrt, so hat der Wahrnehmungsgegenstand für mich eine Sinnesbestimmung erhalten, die auch im Leeren auf das vordem Gesehene verweist. Es bleibt dem Gegenstand zugeeignet. Der Prozeß der Wahrnehmung ist ein Prozeß beständiger Kenntnisnahme, der das in Kenntnis Genommene im Sinn festhält und so einen immer neu gewandelten und immer mehr bereicherten Sinn schafft. Dieser Sinn ist während des fortdauernden

Wahrnehmungsprozesses zugeschlagen zu dem vermeintlich in Leibhaftigkeit erfaßten Gegenstand selbst.

Es hängt nun von der Richtung des Wahrnehmungsprozesses ab, welche Linien aus dem System der unerfüllten Intentionen zur Erfüllung gebracht, also welche kontinuierlichen Reihen von möglichen Erscheinungen aus dem gesamten System möglicher Erscheinungen vom Gegenstand zur Verwirklichung gebracht werden. Im Fortgang in dieser Linie verwandeln sich die ent[13]sprechenden Leerintentionen in Erwartungen. Ist die Linie einmal eingeschlagen, so verläuft die Erscheinungsreihe im Sinne sich von der aktuellen Kinästhese her stetig erregender und stetig sich erfüllender Erwartungen, während die übrigen Leerhorizonte in toter Potentialität verbleiben. Schließlich ist noch zu erwähnen, daß die Zusammengehörigkeit in der Deckung der ineinander nach Intention und Erfüllung übergehenden Abschattungserscheinungen nicht nur die ganzen Erscheinungen betrifft, sondern alle ihre unterscheidbaren Momente und Teile. So entspricht jedem erfüllten Raumpunkt des Gegenstandes etwas Entsprechendes in der ganzen Linie kontinuierlich ineinander übergehender Erscheinungen, in welchen dieser Punkt sich als Moment der erscheinenden Raumgestalt darstellt.

Fragen wir endlich, was innerhalb jedes Zeitpunktes der Momentanerscheinung Einheit gibt, Einheit als Gesamtaspekt, in dem sich die jeweilige Seite darstellt, so werden wir auch da auf wechselseitige Intentionen stoßen, die sich zugleich wechselseitig erfüllen. Im Übergang der Erscheinungen der Aufeinanderfolge sind sie alle in beweglicher Verschiebung, Bereicherung und Verarmung.

In diesen überaus komplizierten und wundersamen Systemen der Intention und Erfüllung, die die Erscheinungen machen, konstituiert sich der immer neu immer anders erscheinende Gegenstand als derselbe. Aber er ist nie fertig, nie fest abgeschlossen.

Wir müssen hier auf eine für die Objektivation des Wahrnehmungsgegenstandes wesentliche Seite der noematischen Konstitution hinweisen, auf die Seite der kinästhetischen Motivation. Nebenbei war immer wieder die Rede davon, daß die Erscheinungsabläufe mit inszenierenden Bewegungen des Leibes Hand in Hand gehen. Aber das darf nicht als ein zufälliges Nebenbei verbleiben. Der Leib fungiert beständig mit als Wahrnehmungsorgan und ist dabei in sich selbst wieder ein ganzes System aufeinander abgestimmter Wahrnehmungsorgane. Der Leib ist in sich charakterisiert als Wahrnehmungsleib. Wir betrachten ihn dabei rein als subjektiv beweglichen und sich im wahrnehmenden Tun subjektiv bewegenden Leib. In dieser Hinsicht kommt er nie in Betracht als wahrgenommenes Raumding, sondern hinsichtlich des Systems von sogenannten »Bewegungsempfindun-[14]gen«, die im Bewegen der Augen, des Kopfes usw. während der Wahrnehmung ablaufen, und sie sind nicht nur parallel mit den ablaufenden Erscheinungen da, sondern bewußtseinsmäßig sind die betreffenden kinästhetischen Reihen und die Wahrnehmungserscheinungen aufeinander bezogen. Blicke ich auf einen Gegenstand, so habe ich ein Bewußtsein meiner Augenstellung und zugleich, in Form eines neuartigen systematischen Leerhorizonts, ein Bewußtsein des ganzen Systems möglicher, mir frei zu Gebote stehender Augenstellungen. Und nun ist das in der gegebenen Augenstellung Gesehene mit dem ganzen System verknüpft, daß ich evidenterweise sagen kann: Würde ich die Augen nach der und der Richtung bewegen, so würden demgemäß in bestimmter Ordnung die und die visuellen Erscheinungen ablaufen; würde ich die Augenbewegung nach der und der andern Richtung laufen lassen, so würden andere, und entsprechend zu erwartende Erscheinungsreihen verlaufen. Ebenso für die Kopfbewegungen im System eben dieser Bewegungsmöglichkeiten, wieder ebenso, wenn ich die Bewegungen des Gehens hereinziehen würde usw. Jede Linie der Kinästhese läuft in eigener Weise ab, in total anderer als eine Reihe von sinnlichen Daten. Sie verläuft als mir frei verfügbar, als frei zu inhibieren, frei wieder zu inszenieren, als ursprünglich subjektive Realisation ab. Also in der Tat in besonderer Weise ist das System der Leibesbewegungen bewußtseinsmäßig charakterisiert als ein subjektiv-freies System. Ich durchlaufe es im Bewußtsein des freien »Ich kann«. Ich mag unwillkürlich mich darin ergehen, meine Augen etwa unwillkürlich dahin und dorthin wenden; jederzeit kann ich aber in Willkür eine solche und jede beliebige Bewegungslinie einschlagen. Sowie ich mit einer solchen Stellung eine Dingerscheinung habe, ist aber dadurch im ursprünglichen Bewußtsein des Infolge ein System der Zugehörigkeit der mannigfaltigen Erscheinungen von demselben Ding vorgezeichnet. Ich bin hinsichtlich der Erscheinungen nicht frei: Wenn ich eine Linie im freien System des »Ich bewege mich« realisiere, so sind im voraus die kommenden Erscheinungen vorgezeichnet. Die Erscheinungen bilden abhängige Systeme. Nur als Abhängige der Kinästhese können sie kontinuierlich ineinander übergehen und Einheit eines Sinnes konstituieren. Nur in solchen Verläufen entfalten sie ihre intentionalen Hinweise. Nur durch dieses Zusammenspiel unabhängiger und abhängiger Vari[15]ablen konstituiert sich das Erscheinende als transzendenter Wahrnehmungsgegenstand, und zwar als ein Gegenstand, der mehr ist, als was wir gerade wahrnehmen, als ein Gegenstand, der ganz und gar meiner Wahrnehmung entschwunden und doch fortdauernd sein kann. Wir können auch sagen, er konstituiert sich als solcher nur dadurch, daß seine Erscheinungen kinästhetisch motivierte sind und ich somit es in meiner Freiheit habe, gemäß meiner erworbenen Kenntnis, die Erscheinungen willkürlich als originale Erscheinungen in ihrem System der Einstimmigkeit ablaufen zu lassen. Durch entsprechende Augenbewegungen und sonstige Leibesbewegungen kann ich jederzeit für einen bekannten Gegenstand zu den alten Erscheinungen, die mir den Gegenstand von denselben Seiten wiedergeben, zurückkehren, oder ich kann den nicht mehr wahrgenommenen Gegenstand durch freie Rückkehr in die passende Stellung wieder in die Wahrnehmung bringen und wieder identifizieren. Wir sehen also, in jedem Wahrnehmungsprozeß wird ein konstitutives Doppelspiel gespielt: Intentional konstituiert ist als ein praktischer kinästhetischer Horizont 1) das System meiner freien Bewegungsmöglichkeiten, das sich in jedem aktuellen Durchlaufen nach einzelnen Linien von Bewegungen im Charakter der Bekanntheit, also der Erfüllung aktualisiert. Jede Augenstellung, die wir gerade haben, jede Körperstellung ist dabei nicht nur bewußt als die momentane Bewegungsempfindung, sondern bewußt als Stelle in einem Stellensystem, also bewußt mit einem Leerhorizont, der ein Horizont der Freiheit ist. 2) Jede visuelle Empfindung bzw. visuelle Erscheinung, die im Sehfeld auftritt, jede taktuelle, die im Tastfeld auftritt, hat eine bewußtseinsmäßige Zuordnung zur momentanen Bewußtseinslage der Leibesglieder und schafft einen Horizont weiterer, zusammengeordneter Möglichkeiten, möglicher Erscheinungsreihen, zugehörig zu den frei möglichen Bewegungsreihen. Dabei ist noch in Hinsicht auf die Konstitution der transzendenten Zeitlichkeit zu bemerken: Jede Linie der Aktualisierung, die wir, diese Freiheit realisierend, faktisch einschlagen würden, lieferte kontinuierliche Erscheinungsreihen vom Gegenstand, die ihn alle für eine und dieselbe Zeitstrecke darstellen würden, die also alle denselben Gegenstand in derselben Dauer und nur von verschiedenen Seiten darstellen würden. Alle Bestimmungen, die dabei zur Kenntnis kämen, wären, dem Sinn des Konstituierten gemäß, koexistent.

[16]   4. *Die Beziehung von* esse *und* percipi *bei immanenter und transzendenter Wahrnehmung*

All dergleichen gibt es nur für transzendente Gegenstände. Ein immanenter Gegenstand, wie ein Schwarz-Erlebnis, bietet sich als dauernder Gegenstand dar, und in gewisser Weise auch durch »Erscheinungen«, aber nur so wie jeder Zeitgegenstand überhaupt. Die zeitlich sich extendierende Dauer erfordert die beständige Abwandlung der Gegebenheitsweise nach Erscheinungsweisen der zeitlichen Orientierung. Nun, ein zeitlicher Gegenstand ist auch der Raumgegenstand, also dasselbe gilt auch von ihm. Aber er hat noch eine zweite, besondere Weise zu erscheinen. Achten wir aber auf die Zeit- fülle und im besonderen auf die urimpressionalen Phasen, so tritt uns der radikale Unterschied der Erscheinung von tran- szendenten und von immanenten Gegenständen entgegen. Der immanente Gegenstand hat in jedem Jetzt nur eine mög- liche Weise, im Original gegeben zu sein, und darum hat auch jeder Vergangenheitsmodus nur eine einzige Serie zeitmoda- ler Abwandlungen, eben die der Vergegenwärtigung mit dem sich darin wandelnd konstituierenden Vergangen. Der Raumgegenstand aber hat unendlich viele Weisen, da er nach seinen verschiedenen Seiten im Jetzt, also in originaler Weise erscheinen kann. Erscheint er faktisch von der Seite, so hätte er von andern doch erscheinen können, und demgemäß hat jede seiner Vergangenheitsphasen unendlich viele Weisen, wie sich seine vergangenen erfüllten Zeitpunkte darstellen könnten. Wir können danach auch sagen: Für den transzen- denten Gegenstand hat der Begriff Erscheinung einen neuen und eigenen Sinn.

Betrachten wir ausschließlich die Jetztphase, so gilt, daß für sie bei dem immanenten Gegenstand Erscheinung und Erscheinendes sich nicht sondern läßt. Was im Original neu auftritt, ist die jeweilige neue Schwarzphase selbst, und ohne Darstellung. Und das Erscheinen sagt hier nichts anderes als ein ohne jede hinausmeinende Darstellung Zu-sein und im Original Bewußt-zu-sein. Andererseits: Hinsichtlich des transzendenten Gegenstandes ist es aber klar, daß das im neuen Jetzt als Ding leibhaft Bewußte bewußt ist nur durch eine Erscheinung hindurch, das ist, es scheidet sich Darstel- lung und Dargestelltes, Abschattung und [17] Abgeschattetes. Vertauschen wir die bisher bevorzugte noematische Einstel- lung mit der noetischen, in der wir auf das Erlebnis und seine reellen Gehalte den reflektiven Blick wenden, so können wir auch so sagen: Ein transzendenter Gegenstand, wie ein Ding, kann sich nur dadurch konstituieren, daß als Unterlage ein immanenter Gehalt konstituiert wird, der nun seinerseits sozusagen substituiert ist für die eigentümliche Funktion der »Abschattung«, einer darstellenden Erscheinung, eines sich durch ihn hindurch Darstellens. Die in jedem Jetzt neu auftretende Dingerscheinung, sagen wir, die optische Erscheinung, ist, wenn wir nicht auf den erscheinenden Dinggegenstand achten, sondern auf das optische Erlebnis selbst, ein Komplex so und so sich ausbreitender Farbenflächenmomente, die immanente Daten sind, also in sich selbst so original bewußt wie etwa Rot oder Schwarz. Die mannigfaltig wechselnden Rotdaten, in denen sich z. B. irgendeine Seitenfläche eines roten Würfels und ihr unverändertes Rot darstellt, sind immanente Daten. Andererseits hat es aber mit diesem bloß immanenten Dasein nicht sein Bewenden. In ihnen stellt sich in der eigenen Weise der Abschattung etwas dar, was sie nicht selbst sind, im Wechsel der im Sehfeld immanent empfundenen Farben stellt sich ein Selbiges dar, eine identische räumlich extendierte Körperfarbe. All die noematischen Momente, die wir in der noematischen Einstellung auf den Gegenstand und als an ihm aufweisen, konstituieren sich mittels der immanenten Empfindungsdaten und vermöge des sie gleichsam beseelenden Bewußtseins. Wir sprechen in dieser Hinsicht von der Auffassung als von der transzendenten Apperzeption, die eben die Bewußtseinsleistung bezeichnet, die den bloß immanenten Gehalten sinnlicher Daten, der sogenannten Empfindungsdaten oder hyletischen Daten, die Funktion verleiht, objektives »Transzendentes« darzustellen. Es ist gefährlich, hierbei von Repräsentanten und Repräsentiertem, von einem Deuten der Empfindungsdaten, von einer durch dieses »Deuten« hinausdeutenden Funktion zu sprechen. Sich abschatten, sich in Empfindungsdaten darstellen ist total anderes als signitives Deuten.

»Immanente« Gegenständlichkeiten sind ihrerseits also nicht '
bewußt durch Apperzeption; »im Original bewußt sein« und
»sein«, *»percipi«* und *»esse«* fällt bei ihnen zusammen. Und
zwar für jedes Jetzt. Hingegen in weitem Umfang sind sie
Träger von [18] apperzeptiven Funktionen, und dann stellt
sich durch sie und in ihnen ein Nicht-Immanentes dar. Jetzt
trennt sich das *esse* (für transzendente Gegenstände) prinzipiell vom *percipi*. In jedem Jetzt der äußeren Wahrnehmung
haben wir zwar ein Originalbewußtsein, aber das eigentliche
Perzipieren in diesem Jetzt, also das, was daran Urimpression
ist (und nicht bloß retentionales Bewußtsein der vergangenen
Phasen des Wahrnehmungsgegenstandes), ist Bewußthaben
von einem sich *originaliter* Abschattenden.[3] Es ist nicht ein
schlichtes Haben des Gegenstands, in dem Bewußthaben und
Sein sich deckt, sondern ein mittelbares Bewußtsein, sofern
unmittelbar nur eine Apperzeption gehabt ist, ein Bestand
von Empfindungsdaten, bezogen auf kinästhetische Daten,
und eine apperzeptive Auffassung, durch die eine darstellende Erscheinung sich konstituiert; und durch sie hindurch
ist also der transzendente Gegenstand bewußt als originaliter
sich abschattender oder darstellender. Im Prozeß des kontinuierlichen Wahrnehmens haben wir in jedem Jetzt immer
wieder diese Sachlage, prinzipiell bleibt es dabei, daß in keinem Moment der äußere Gegenstand in seiner originalen
Selbstheit schlicht gehabt ist. Prinzipiell erscheint er nur
durch apperzeptive Darstellung und in immer neuen Darstellungen, die im Fortgang aus ihren Leerhorizonten immer
Neues zur originalen Darstellung bringen. Indessen, wichtiger ist für unsere Zwecke zu beachten: Es ist undenkbar, daß
so etwas wie ein Raumgegenstand, der eben nur durch äußere
Wahrnehmung als abschattende Wahrnehmung seinen ursprünglichen Sinn erhält, durch immanente Wahrnehmung
gegeben wäre, gleichgültig ob einem menschlichen oder über-
menschlichen Intellekt. Das aber beschließt in sich, daß es
undenkbar ist, daß ein Raumgegenstand, daß all dergleichen
wie Gegenstand der Welt im natürlichen Sinn sich von Zeit-

punkt zu Zeitpunkt abgeschlossen darstellen könnten, mit
ihrem gesamten Merkmalgehalt (als voll bestimmtem), der in
diesem Jetzt ihren zeitlichen Inhalt ausmacht. Man spricht in
dieser Hinsicht auch von adäquater Gegebenheit gegenüber
der inadäquaten. Man erweist, um dies drastisch auszudrük-
ken, und in theologischer [19] Wendung, Gott einen schlech-
ten Dienst, wenn man es ihm zubilligt, 5 gerade sein zu lassen
und jeden Widersinn zur Wahrheit machen zu können.
Wesensmäßig gehört der Raumdinglichkeit die inadäquate
Gegebenheitsweise zu, eine andere ist widersinnig. In keiner
Phase der Wahrnehmung ist der Gegenstand als gegeben zu
denken ohne Leerhorizonte und, was dasselbe sagt, ohne
apperzeptive Abschattung und mit der Abschattung zugleich
Hinausdeutung über das sich eigentlich Darstellende. Eigentliche Darstellung selbst ist wieder nicht schlichtes Haben
nach Art der Immanenz mit ihrem *esse = percipi*, sondern
partiell erfüllte Intention, ⟨die⟩ also unerfüllte Hinausweis-
ungen enthält. Originalität der leibhaften Darstellung von
Transzendentem beschließt notwendig dies, daß der Gegenstand als Sinn die Originalität der apperzeptiven Erfüllung
hat und daß diese unabtrennbar ein Gemisch von wirklich
sich erfüllenden und noch nicht erfüllten Sinnesmomenten in
sich birgt, sei es nur der allgemeinen Struktur nach vorgezeichneten und im übrigen offen unbestimmten und möglichen, sei es schon durch Sondervorzeichnung ausgezeichneten. Darum ist die Rede von Inadäquation, zu deren Sinn der
Gedanke eines zufälligen Manko gehört, das ein höherer
Intellekt überwinden könnte, eine unpassende, ja völlig verkehrte.
Wir können hier einen Satz formulieren, der in unseren weiteren Analysen zu immer reinerer Klarheit kommen wird:
Wo immer wir von Gegenständen sprechen, sie mögen welcher Kategorie immer sein, da stammt der Sinn dieser Gegen-
standsrede ursprünglich her von Wahrnehmungen, als den
ursprünglich Sinn und damit Gegenständlichkeit konstituierenden Erlebnissen. Konstitution eines Gegenstandes als

Sinnes ist aber eine Bewußtseinsleistung, die für jede Grundart von Gegenständen eine prinzipiell eigenartige ist. Wahrnehmung ist nicht ein leeres Hinstarren auf ein im Bewußtsein Darinsteckendes und durch irgendein sinnloses Wunder je Hineinzusteckendes: als ob zuerst etwas da wäre und dann das Bewußtsein es irgendwie umspannte; vielmehr für jedes erdenkliche Ichsubjekt ist jedes gegenständliche Dasein mit dem und dem Sinnesgehalt eine Bewußtseinsleistung, die für jeden neuartigen Gegenstand eine neue sein muß. Für jede Grundart von Gegenständen ist dafür eine prinzipiell verschiedene intentionale Struktur erfordert. Ein Gegenstand, der ist, aber nicht, und prinzipiell nicht Gegenstand eines Bewußtseins [20] sein könnte, ist ein Nonsens. Jeder mögliche Gegenstand eines möglichen Bewußtseins ist aber auch Gegenstand für ein mögliches originär gebendes Bewußtsein, und das nennen wir, mindestens für individuelle Gegenstände, »Wahrnehmung«. Von einem materiellen Gegenstand eine Wahrnehmung von der allgemeinen Struktur einer immanenten verlangen, umgekehrt von einem immanenten Gegenstand eine Wahrnehmung von der Struktur der äußeren Wahrnehmung verlangen, ist absurd. Sinngebung und Sinn fordern einander wesensmäßig, was die Wesenstypik ihrer korrelativen Strukturen anbelangt.

So gehört auch zum Wesen der ursprünglich transzendenten Sinngebung, die die äußere Wahrnehmung vollzieht, daß die Leistung dieser originalen Sinngebung im Fortgang von Wahrnehmungsstrecke zu Wahrnehmungsstrecke und so in beliebiger Fortführung des Wahrnehmungsprozesses eine nie abgeschlossene ist. Diese Leistung besteht nicht nur darin, immer Neues vom fest vorgegebenen Sinn anschaulich zu machen, als ob der Sinn von Anfang an schon fertig vorgezeichnet wäre, sondern im Wahrnehmen baut sich der Sinn selbst weiter aus und ist so eigentlich in beständigem Wandel und läßt immerfort neuen Wandel offen.

Es ist hier zu beachten, daß wir im Sinn einer einstimmig synthetisch fortschreitenden Wahrnehmung immerfort unterscheiden können unaufhörlich wechselnden Sinn und einen durchgehenden identischen Sinn. Jede Phase der Wahrnehmung hat insofern ihren Sinn, als sie den Gegenstand im Wie der Bestimmung der originalen Darstellung und im Wie des Horizontes gegeben hat. Dieser Sinn ist fließend, er ist in jeder Phase ein neuer. Aber durch diesen fließenden Sinn, durch all die Modi »Gegenstand im Wie der Bestimmung« geht die Einheit des sich in stetiger Deckung durchhaltenden, sich immer reicher bestimmenden Substrates x, des Gegenstandes selbst, der all das ist, als was ihn der Prozeß der Wahrnehmung und alle weiteren möglichen Wahrnehmungsprozesse zur Bestimmung bringen und bringen würden. So gehört zu jeder äußeren Wahrnehmung eine im Unendlichen liegende Idee, die Idee des voll bestimmten Gegenstandes, des Gegenstandes, der durch und durch bestimmter, durch und durch gekannter wäre und jede Bestimmung an ihm rein von aller Unbestimmtheit; und die volle Bestimmung selbst ohne jedes *plus ultra* an noch zu Bestimmendem, offen Verblei[21]bendem. Ich sprach von einer im Unendlichen liegenden, also unerreichbaren Idee, denn daß es eine Wahrnehmung geben könnte, (als einen abgeschlossenen Prozeß kontinuierlich ineinander übergehender Erscheinungsverläufe), die eine absolute Kenntnis des Gegenstandes schüfe, in der die Spannung zwischen dem Gegenstand im Wie der sich wandelnden relativen und unvollkommenen Bestimmtheit und dem Gegenstand selbst dahinfiele, das ist durch die Wesensstruktur der Wahrnehmung selbst ausgeschlossen; denn evidenterweise ist die Möglichkeit eines *plus ultra* prinzipiell nie ausgeschlossen. Es ist also die Idee des absoluten Selbst des Gegenstandes und seiner absoluten und vollständigen Bestimmtheit oder, wie wir auch sagen, seines absoluten individuellen Wesens. In Relation zu dieser herauszuschauenden unendlichen Idee, die aber als solche nicht realisierbar ist, ist jeder Wahrnehmungsgegenstand im Kenntnisprozeß eine fließende Approximation. Den äußeren Gegenstand haben wir immerfort leibhaft (wir sehen, fassen, umgreifen ihn), und

immerfort liegt er doch in unendlicher Geistesferne. Was wir
von ihm fassen, prätendiert sein Wesen zu sein; es ist es auch,
aber immer nur unvollkommene Approximation, die etwas
von ihm faßt und immerfort auch mit in eine Leere faßt, die
nach Erfüllung schreit. Das immerfort Bekannte ist immerfort
Unbekanntes, und alle Erkenntnis scheint von vornherein
hoffnungslos. Doch ich sagte »scheint«, und wir wollen uns
hier ⟨nicht⟩ gleich an einen voreiligen Skeptizismus binden.
(Ganz anders verhält es sich natürlich mit den immanenten
Gegenständen, die Wahrnehmung konstituiert sie und macht
sie mit ihrem absoluten Wesen zu eigen. Sie konstituieren sich
nicht durch beständige Sinneswandlung im Sinn einer Approximation – nur sofern sie in eine Zukunft hinein werden,
haben sie Behaftung mit Protentionen und protentionalen
Unbestimmtheiten. Was aber als Gegenwart im Jetzt konstituiert worden ist, das ist ein absolutes Selbst, das keine unbekannten Seiten hat.)
Wir versagten uns einem voreiligen Skeptizismus. In dieser
Hinsicht müßte jedenfalls zunächst folgendes unterschieden
werden. Wenn ein Gegenstand zur Wahrnehmung kommt
und im Wahrnehmungsprozeß zu fortschreitender Kenntnis,
so mußten wir unterscheiden den jeweiligen Leerhorizont,
der durch den verlaufenen Prozeß vorgezeichnet ist und mit
dieser Vorzeich[22]nung der momentanen Wahrnehmungsphase anhängt, und einen Horizont leerer Möglichkeiten
ohne Vorzeichnung. Die Vorzeichnung besagt, daß eine leere
Intention da ist, die ihren allgemeinen Sinnesrahmen mit sich
führt. Zum Wesen solcher vorzeichnenden Intention gehört,
daß bei Einschlagen passend zugehöriger Wahrnehmungs-
richtung erfüllende Näherbestimmung oder, wie wir noch
besprechen werden, als Gegenstück Enttäuschung, Sinnes-
aufhebung und Durchstreichung eintreten müßte. Es gibt
aber auch partiale Horizonte ohne solche feste Vorzeichnung; das sagt, neben den bestimmt vorgezeichneten Möglichkeiten bestehen Gegenmöglichkeiten, für die aber nichts
spricht und die immerfort offenbleiben. Z. B., daß in meinem

Sehfeld, etwa bei der Wahrnehmung des gestirnten Himmels, irgendeine Lichterscheinung aufleuchtet, eine Sternschnuppe u. dgl., das ist, rein aus der Sinngebung der Wahrnehmung selbst heraus gesprochen, eine völlig leere Möglichkeit, die im Sinn nicht vorgezeichnet, aber durch ihn eben offengelassen ist. Halten wir uns also an die positive Sinngebung der Wahrnehmung mit ihren positiven Vorzeichnungen, so ist die Frage verständlich und naheliegend, ob denn im Überleiten der unanschaulichen, leeren Vorzeichnung in erfüllende Näherbestimmung gar kein stehendes und endgültig bleibendes Selbst des Gegenstandes erreichbar ist, ob m. a. W. nicht nur immer neue gegenständliche Merkmale in den Horizont der Wahrnehmung eintreten können, sondern im Prozeß der Näherbestimmung auch diese schon erfaßten Merkmale *in infinitum* eine weitere Bestimmbarkeit mit sich führen, also selbst wieder und immerfort den Charakter von unbekannten x behalten, die nie eine endgültige Bestimmung gewinnen können. Ist denn die Wahrnehmung ein »Wechsel«, der prinzipiell nie einlösbar ist durch neue, ebensolche Wechsel, deren Einlösung also wieder auf Wechsel führt und so *in infinitum*? Erfüllung der Intention vollzieht sich durch leibhaftes Darstellen, freilich mit leeren Innenhorizonten. Aber ist an dem schon leibhaft Gewordenen gar nichts, was Endgültigkeit mit sich führt, so daß wir in der Tat in einem wie es scheint leeren Wechselgeschäft steckenbleiben?

Wir fühlen, daß es so nicht sein kann, und in der Tat stoßen wir, uns in das Wesen der Wahrnehmungsreihen tiefer hineinschauend, auf eine Eigentümlichkeit, die dazu berufen ist, zunächst für die Praxis und ihre anschauliche sinnliche Welt die [23] Schwierigkeit zu lösen. Im Wesen der eigentlichen Erscheinungen als Erfüllungen vorgezeichneter Intentionen liegt es, daß sie auch bei unvollkommener, also mit Vorweisungen behafteter Erfüllung auf ideale Grenzen als Erfüllungsziele vordeuten, die durch stetige Erfüllungsreihen zu erreichen wären. Das aber nicht gleich für den ganzen Gegenstand, sondern für die jeweils schon zu wirklicher Anschauung gekommenen Merkmale. Jede Erscheinung gehört hinsichtlich dessen, was in ihr eigentliche Darstellung ist, systematisch irgendwelchen in kinästhetischer Freiheit zu realisierenden Erscheinungsreihen an, in denen mindestens irgendein Moment der Gestalten seine optimale Gegebenheit und damit sein wahres Selbst erreichen würde.

Als Grundgerüst des Wahrnehmungsgegenstandes fungiert das Phantom als sinnlich qualifizierte körperliche Oberfläche. Dieselbe kann in kontinuierlich vielfältigen Erscheinungen sich darstellen, und ebenso jede sich abhebende Teilfläche. Für jede haben wir Fernerscheinungen und Naherscheinungen. Und wieder innerhalb jeder dieser Sphären ungünstigere und günstigere, und in geordneten Reihen kommen wir auf Optima. So weist schon die Fernerscheinung eines Dinges und eine Mannigfaltigkeit von Fernerscheinungen auf Naherscheinungen zurück, in denen die oberflächliche Gestalt und ihre Fülle im Gesamtüberblick am besten erscheinen. Diese selbst, die wir etwa für ein Haus durch Betrachtung von einem gut gewählten Standpunkt haben, gibt dann einen Rahmen für Einzeichnungen von weiteren optimalen Bestimmungen, die ein Nähertreten, in dem nur einzelne Teile, aber dann optimal gegeben wären, ⟨beibringen würde⟩. Das Ding selbst in seiner gesättigten Fülle ist eine im Bewußtseinssinn und in der Weise seiner intentionalen Strukturen angelegte Idee, und zwar gewissermaßen ein S⟨ystem⟩ aller Optima, die durch Einzeichnung in die optimalen Rahmen gewonnen würden. Das thematische Interesse, das in Wahrnehmungen sich auslebt, ist in unserem wissenschaftlichen Leben von praktischen Interessen geleitet, und das beruhigt sich, wenn gewisse für das jeweilige Interesse optimale Erscheinungen gewonnen sind, in denen das Ding so viel von seinem letzten Selbst zeigt, als dieses praktische Interesse fordert. Oder vielmehr es zeichnet als praktisches Interesse ein relatives Selbst vor: Das, was praktisch genügt, gilt als das Selbst. So ist das Haus selbst und in seinem wahren Sein, und [24] zwar hinsichtlich seiner puren körperlichen Dinglichkeit, sehr bald optimal gegeben, also vollkommen erfahren von dem, der es als Käufer oder Verkäufer betrachtet. Für den Physiker und Chemiker erschiene solche Erfahrungsweise völlig oberflächlich und vom wahren Sein noch himmelfern.

Nur mit einem Wort sagen kann ich, daß alle solchen höchst verzweigten und an sich schwierigen intentionalen Analysen ihrerseits hineingehören in eine universale Genesis des Bewußtseins und hier speziell des Bewußtseins einer transzendenten Wirklichkeit. Ist das Thema der konstitutiven Analysen dies, aus der eigenen intentionalen Konstitution der Wahrnehmung, nach reellen Bestandstücken des Erlebnisses selbst, nach intentionalem Noema und Sinn die Weise verständlich zu machen, wie Wahrnehmung ihre Sinngebung zustande bringen und wie durch alle leere Vermeintheit hindurch sich der Gegenstand als sich immer nur relativ darstellender optimaler Erscheinungssinn konstituiert, so ist es das Thema der genetischen Analysen, verständlich zu machen, wie in der zum Wesen jedes Bewußtseinsstromes gehörigen Entwicklung, die zugleich Ichentwicklung ist, sich jene komplizierten intentionalen Systeme entwickeln, durch die schließlich dem Bewußtsein und Ich eine äußere Welt erscheinen kann.

Phänomenologie des inneren Zeitbewußtseins[1]

Einleitung

Die Analyse des Zeitbewußtseins ist ein uraltes Kreuz der deskriptiven Psychologie und der Erkenntnistheorie. Der erste, der die gewaltigen Schwierigkeiten, die hier liegen, tief empfunden und sich daran fast bis zur Verzweiflung abgemüht hat, war A u g u s t i n u s. Die Kapitel 14–28 des XI. Buches der *Confessiones* muß auch heute noch jedermann gründlich studieren, der sich mit dem Zeitproblem beschäftigt. Denn herrlich weit gebracht und erheblich weiter gebracht als dieser große und ernst ringende Denker hat es die wissensstolze Neuzeit in diesen Dingen nicht. Noch heute mag man mit Augustinus sagen: *si nemo a me quaerat, scio, si quaerenti explicare velim, nescio*[2].

Natürlich, was Zeit ist, wissen wir alle; sie ist das Allerbekannteste. Sobald wir aber den Versuch machen, uns über das Zeitbewußtsein Rechenschaft zu geben, objektive Zeit und subjektives Zeitbewußtsein in das rechte Verhältnis zu setzen und uns zum Verständnis zu bringen, wie sich zeitliche Objektivität, also individuelle Objektivität überhaupt, im subjektiven Zeitbewußtsein konstituieren kann, ja sowie wir auch nur den Versuch machen, das rein subjektive Zeitbewußtsein, den phänomenologischen Gehalt der Zeiterlebnisse einer Analyse zu unterziehen, verwickeln wir uns in die sonderbarsten Schwierigkeiten, Widersprüche, Verworrenheiten. [. . .]

1. *Ausschaltung der objektiven Zeit*

Einige allgemeine Bemerkungen müssen noch vorausgeschickt werden. Unser Absehen geht auf eine phänomenologische Analyse des Zeitbewußtseins. Darin liegt, wie bei jeder solchen Analyse, der völlige Ausschluß jedweder Annahmen, Festsetzungen, Überzeugungen in betreff der objektiven Zeit (aller transzendierenden Voraussetzungen von Existierendem). In objektiver Hinsicht mag jedes Erlebnis, wie jedes reale Sein und Seinsmoment, seine Stelle in der einen einzigen objektiven Zeit haben – somit auch das Erlebnis der Zeitwahrnehmung und Zeitvorstellung selbst. Es mag sich jemand dafür interessieren, die objektive Zeit eines Erlebnisses, darunter eines zeitkonstituierenden, zu bestimmen. Es mag ferner eine interessante Untersuchung sein, festzustellen, wie die Zeit, die in einem Zeitbewußtsein als objektive gesetzt ist, sich zur wirklichen objektiven Zeit verhalte, ob die Schätzungen von Zeitintervallen den objektiv wirklichen Zeitintervallen entsprechen, oder wie sie von ihnen abweichen. Aber das sind keine Aufgaben der Phänomenologie. So wie das wirkliche Ding, die wirkliche Welt kein phänomenologisches Datum ist, so ist es auch nicht die Weltzeit, die reale Zeit, die Zeit der Natur im Sinne der Naturwissenschaft und auch der Psychologie als Naturwissenschaft des Seelischen.

Nun mag es allerdings scheinen, wenn wir von Analyse des Zeitbewußtseins, von dem Zeitcharakter der Gegenstände der Wahrnehmung, Erinnerung, Erwartung sprechen, als ob wir den objektiven Zeitverlauf schon annähmen und dann im Grunde nur die subjektiven Bedingungen der Möglichkeit einer Zeitanschauung und einer eigentlichen Zeiterkenntnis studierten. Was wir aber hinnehmen, ist nicht die Existenz einer Weltzeit, die Existenz einer dinglichen Dauer u. dgl., sondern erscheinende Zeit, erscheinende Dauer als solche. Das aber sind absolute Gegebenheiten, deren Bezweiflung sinnlos wäre. Sodann nehmen wir allerdings auch eine seiende Zeit an, das ist aber nicht die Zeit der Erfahrungswelt, sondern die immanente Zeit des Bewußtseinsverlaufes. Daß das Bewußtsein eines Tonvorgangs, einer Melodie, die ich eben höre, ein Nacheinander aufweist, dafür haben wir eine Evidenz, die jeden Zweifel und jede Leugnung sinnlos erscheinen läßt.

[370] Was die Ausschaltung der objektiven Zeit besagt, das wird vielleicht noch deutlicher, wenn wir die Parallele für den Raum durchführen, da ja Raum und Zeit so vielbeachtete und bedeutsame Analogien aufweisen. In die Sphäre des phänomenologisch Gegebenen gehört das Raumbewußtsein, d. h. das Erlebnis, in dem »Raumanschauung« als Wahrnehmung und Phantasie sich vollzieht. Öffnen wir die Augen, so sehen wir in den objektiven Raum hinein – das heißt (wie die reflektierende Betrachtung zeigt): wir haben visuelle Empfindungsinhalte, die eine Raumerscheinung fundieren, eine Erscheinung von bestimmten, räumlich so und so gelagerten Dingen. Abstrahieren wir von aller transzendierenden Deutung und reduzieren die Wahrnehmungserscheinung auf die gegebenen primären Inhalte, so ergeben sie das Kontinuum des Gesichtsfeldes, das ein *quasi*-räumliches ist, aber nicht etwa Raum oder eine Fläche im Raum: roh gesprochen ist es eine zweifache kontinuierliche Mannigfaltigkeit. Verhältnisse des Nebeneinander, Übereinander, Ineinander finden wir da vor, geschlossene Linien, die ein Stück des Feldes völlig umgrenzen usw. Aber das sind nicht die objektiv-räumlichen Verhältnisse. Es hat gar keinen Sinn, etwa zu sagen, ein Punkt des Gesichtsfeldes sei 1 Meter entfernt von der Ecke dieses Tisches hier oder sei neben, über ihm usw. Ebensowenig hat natürlich auch die Dingerscheinung eine Raumstelle und irgendwelche räumlichen Verhältnisse: die Haus-Erscheinung ist nicht neben, über dem Haus, 1 Meter von ihm entfernt usw.

Ähnliches gilt nun auch von der Zeit. Phänomenologische Data sind die Zeitauffassungen, die Erlebnisse, in denen Zeitliches im objektiven Sinne erscheint. Wieder sind phänomenologisch gegeben die Erlebnismomente, welche Zeitauffassung als solche speziell fundieren, also die ev. spezifisch temporalen Auffassungsinhalte (das, was der gemäßigte Nativismus das ursprünglich Zeitliche nennt). Aber nichts davon ist objektive Zeit. Durch phänomenologische Analyse kann man nicht das mindeste von objektiver Zeit vorfinden. Das »ursprüngliche Zeitfeld« ist nicht etwa ein Stück objektiver Zeit, das erlebte Jetzt ist, in sich genommen, nicht ein Punkt der objektiven Zeit usw. Objektiver Raum, objektive Zeit und mit ihnen die objektive Welt der wirklichen Dinge und Vorgänge – das alles sind Transzendenzen. Wohl gemerkt, transzendent ist nicht etwa der Raum und die Wirklichkeit in einem mystischen Sinne, als »Ding an sich«, sondern gerade der phänomenale Raum, die phänomenale raum-zeitliche Wirklichkeit, die erscheinende Raumgestalt, die erscheinende Zeitgestalt. Das alles sind keine Erlebnisse. Und die Ordnungszusammenhänge, die in den Erlebnissen als echten Im[371]manenzen zu finden sind, lassen sich nicht in der empirischen, objektiven Ordnung antreffen, fügen sich ihr nicht ein.

In eine ausgeführte Phänomenologie des Räumlichen gehörte auch eine Untersuchung der Lokaldaten (die der Nativismus in psychologischer Einstellung annimmt), welche die immanente Ordnung des »Gesichtsempfindungsfeldes« ausmachen, und dieses selbst. Sie verhalten sich zu den erscheinenden objektiven Orten wie die Qualitätsdaten zu den erscheinenden objektiven Qualitäten. Spricht man dort von Lokalzeichen, so müßte man hier von Qualitätszeichen sprechen. Das empfundene Rot ist ein phänomenologisches Datum, das, von einer gewissen Auffassungsfunktion beseelt, eine objektive Qualität darstellt; es ist nicht selbst eine Qualität. Eine Qualität im eigentlichen Sinne, d. h. eine Beschaffenheit des erscheinenden Dinges, ist nicht das empfundene, sondern das wahrgenommene Rot. Das empfundene Rot heißt nur äquivok Rot, denn Rot ist Name einer realen Qualität. Spricht man mit Beziehung auf gewisse phänomenologische Vorkommnisse von einer »Deckung« des einen und anderen, so ist doch zu beachten, daß das empfundene Rot erst durch die Auffassung den Wert eines dingliche Qualität darstellenden Momentes erhält, an sich betrachtet aber nichts davon in sich enthält, und daß die »Deckung« des Darstellenden und Dargestellten keineswegs Deckung eines Identitätsbewußtseins ist, dessen Korrelat »ein und dasselbe« heißt.

Nennen wir empfunden ein phänomenologisches Datum, das durch Auffassung als leibhaft gegeben ein Objektives bewußt macht, das dann objektiv wahrgenommen heißt, so haben wir in gleichem Sinne auch ein »empfundenes« Zeitliches und ein wahrgenommenes Zeitliches zu unterscheiden.[3] Das letztere meint die objektive Zeit. Das erstere aber ist nicht selbst objektive Zeit (oder Stelle in der objektiven Zeit), sondern das phänomenologische Datum, durch dessen empirische Apperzeption die Beziehung auf objektive Zeit sich konstituiert. T e m p o r a l d a t e n , wenn man will: Temporalzeichen, nicht *tempora* selbst. Die objektive Zeit gehört in den Zusammenhang der Erfahrungsgegenständlichkeit. Die »empfundenen« Temporaldaten sind nicht bloß empfunden, sie sind auch mit Auf[372]fassungscharakteren behaftet, und zu diesen wiederum gehören gewisse Forderungen und Berechtigungen, die aufgrund der empfundenen Daten erscheinenden Zeiten und Zeitverhältnisse aneinander zu messen, so und so in objektive Ordnungen zu bringen, so und so scheinbare und wirkliche Ordnungen zu sondern. Was sich da als objektiv gültiges Sein konstituiert, ist schließlich die eine, unendliche objektive Zeit, in welcher alle Dinge und Ereignisse, Körper und ihre physischen Beschaffenheiten, Seelen und ihre seelischen Zustände ihre bestimmten Zeitstellen haben, die durch Chronometer bestimmbar sind.

Es mag sein – hier haben wir darüber nicht zu urteilen – daß diese objektiven Bestimmungen letztlich ihren Anhalt besitzen an Konstatierungen von Unterschieden und Verhältnissen der Temporaldaten oder selbst in unmittelbarer Adäquation an diese Temporaldaten. Aber ohne weiteres ist z. B. empfundenes »Zugleich« nicht objektive Gleichzeitigkeit, empfundene Gleichheit von phänomenologisch-temporalen Abständen nicht objektive Gleichheit von Zeitabständen usw., das empfundene absolute Zeitdatum nicht ohne weiteres Erlebtsein objektiver Zeit (auch für das absolute Datum des Jetzt gilt das). Erfassen, und zwar evident Erfassen eines Inhalts, so wie er erlebt ist, das heißt noch nicht, eine Objektivität im empirischen Sinne erfassen, eine objektive Wirklichkeit in dem Sinne, in welchem von objektiven Dingen, Ereignissen, Verhältnissen, von objektiver Raumlage und Zeitlage, von objektiv wirklicher Raumgestalt und Zeitgestalt usw. die Rede ist.

Blicken wir auf ein Stück Kreide hin; wir schließen und öffnen die Augen. Dann haben wir zwei Wahrnehmungen. Wir sagen dabei: wir sehen dieselbe Kreide zweimal. Wir haben dabei zeitlich getrennte Inhalte, wir erschauen auch ein phänomenologisches zeitliches Auseinander, eine Trennung, aber am Gegenstand ist keine Trennung, er ist derselbe: im Gegenstand Dauer, im Phänomen Wechsel. So können wir auch subjektiv ein zeitliches Nacheinander empfinden, wo objektiv eine Koexistenz festzustellen ist. Der erlebte Inhalt wird »objektiviert«, und nun ist das Objekt aus dem Material der erlebten Inhalte in der Weise der Auffassung konstituiert. Der Gegenstand ist aber nicht bloß die Summe oder Komplexion dieser »Inhalte«, die in ihn gar nicht eingehen, er ist mehr als Inhalt und in gewisser Weise anderes. Die Objektivität gehört zur »Erfahrung«, und zwar zur Einheit der Erfahrung, zum erfahrungsgesetzlichen Zusammenhang der Natur. Phänomenologisch gesprochen: die Objektivität konstituiert sich eben nicht in den »primären« Inhalten, sondern in den [373] Auffassungscharakteren und in den zu den Wesen dieser Charaktere gehörigen Gesetzmäßigkeiten. Das voll zu durchschauen und zum klaren Verständnis zu bringen, ist eben Erkenntnisphänomenologie.

2. *Die Frage nach dem »Ursprung der Zeit«*

Wir verstehen nach diesen Reflexionen auch den Unterschied der phänomenologischen (bzw. erkenntnistheoretischen) Ursprungsfrage von der psychologischen hinsichtlich aller für die Erfahrung konstitutiven Begriffe, und so auch hinsichtlich des Zeitbegriffs. Die erkenntnistheoretische Frage nach der Möglichkeit der Erfahrung ist die nach dem Wesen der Erfahrung, und die Aufklärung ihrer phänomenologischen Möglichkeit erfordert den Rückgang zu den phänomenologischen Daten, aus denen das Erfahrene phänomenologisch besteht. Sofern das Erfahren durch den Gegensatz zwischen »uneigentlich« und »eigentlich« gespalten wird und die eigentliche Erfahrung, die intuitive und letztlich adäquate, die Richtmaße der Erfahrungsbewertung hergibt, bedarf es besonders der Phänomenologie der »eigentlichen« Erfahrung.

Demgemäß führt auch die Frage nach dem Wesen der Zeit zurück auf die Frage nach dem » Ursprung« der Zeit. Diese Ursprungsfrage ist aber auf die primitiven Gestaltungen des Zeitbewußtseins gerichtet, in denen die primitiven Differenzen des Zeitlichen sich intuitiv und eigentlich als die originären Quellen aller auf Zeit bezüglichen Evidenzen konstituieren. Diese Ursprungsfrage darf nicht verwechselt werden mit der Frage nach dem psychologischen Ursprung, der Streitfrage des Empirismus und Nativismus. Bei der letzteren ist gefragt nach dem ursprünglichen Empfindungsmaterial, aus dem die objektive Raum- und Zeitanschauung im menschlichen Individuum und sogar in der Gattung entsteht. Uns ist die Frage nach der empirischen Genesis gleichgültig, uns interessieren die Erlebnisse nach ihrem gegenständlichen Sinn und ihrem deskriptiven Gehalt. Die psychologische Apperzeption, welche die Erlebnisse als psychische Zustände von empirischen Personen, psychophysischen Subjekten, auffaßt und zwischen ihnen sei es rein psychische, sei es psychophysische Zusammenhänge statuiert und das Werden, Sich-gestalten und -umgestalten der psychischen Erlebnisse naturgesetzlich verfolgt, diese psychologische Apperzeption ist eine ganz andere als die phänomenologische. Die Erlebnisse werden von uns keiner Wirklichkeit eingeordnet. Mit der Wirklichkeit haben wir es nur zu tun, insofern sie gemeinte, vorgestellte, ange-

[374]schaute, begrifflich gedachte Wirklichkeit ist. Bezüglich des Zeitproblems heißt das: die Zeit e r l e b n i s s e interessieren uns. Daß sie selbst objektiv zeitlich bestimmt sind, d a ß sie in die W e l t der D i n g e und p s y c h i s c h e n S u b jekte h i n e i n g e h ö r e n und in dieser ihre Stelle, ihre W i r k s a m k e i t, ihr empirisches Sein und Entstehen haben, das geht uns nichts an, davon wissen wir nichts. Dagegen interessiert uns, daß in diesen Erlebnissen »objektiv zeitliche« Daten g e m e i n t sind. Es gehört zum Bereich der Phänomenologie eben diese Beschreibung, d a ß die betreffenden Akte dieses oder jenes »Objektive« m e i n e n, genauer die Aufweisung der apriorischen Wahrheiten, die zu den verschiedenen konstitutiven Momenten der Objektivität gehören. D a s A p r i o r i d e r Z e i t suchen wir zur K l a r h e i t zu bringen, indem wir das Z e i t b e w u ß t s e i n durchforschen, seine wesentliche Konstitution zutage fördern und die ev. der Zeit spezifisch zugehörigen Auffassungsinhalte und Aktcharaktere herausstellen, zu welchen die apriorischen Zeitgesetze essentiell gehören. Natürlich meine ich hierbei Gesetze dieser selbstverständlichen Art: daß die feste zeitliche Ordnung eine zweidimensionale unendliche Reihe ist, daß zwei verschiedene Zeiten nie zugleich sein können, daß ihr Verhältnis ein ungleichseitiges ist, daß Transitivität besteht, daß zu jeder Zeit eine frühere und eine spätere gehört usw. – Soviel zur allgemeinen Einleitung.

I. Analyse des Zeitbewußtseins

[382] 3. *Deutung der Erfassung von Zeitobjekten als Momentanerfassung und als dauernder Akt*

[...] [384] Wie ist die Auffassung von transzendenten Zeitobjekten zu verstehen, die sich über eine Dauer erstrecken, sie

in kontinuierlicher Gleichheit (wie unveränderte Dinge) oder
ständig wechselnd (z. B. dingliche Vorgänge, Bewegung,
Veränderung und dgl.) erfüllen? Objekte dieser Art konstituieren sich in einer Mannigfaltigkeit immanenter Daten und
Auffassungen, die selbst als ein Nacheinander ablaufen. Ist es
möglich, diese nacheinander ablaufenden repräsentierenden
Daten in einem Jetztmoment zu vereinen? Sodann erhebt sich
die ganz neue Frage: wie konstituiert sich neben den »Zeitobjekten«, den immanenten und transzendenten, die Zeit selbst,
die Dauer und Sukzession der Objekte? Diese verschiedenen
Richtungen der Beschreibung (die hier nur flüchtig angedeutet sind und noch weiterer Differenzierung bedürfen) müssen
bei der Analyse wohl im Auge behalten werden, obgleich alle
diese Fragen eng zusammengehören und nicht eine ohne die
andere gelöst werden kann. Es ist ja evident, daß die Wahrnehmung eines zeitlichen Objektes selbst Zeitlichkeit hat,
daß Wahrnehmung der Dauer selbst Dauer der Wahrnehmung voraussetzt, daß die Wahrnehmung einer beliebigen
Zeitgestalt selbst ihre Zeitgestalt hat. Und sehen wir von allen
Transzendenzen ab, so verbleibt der Wahrnehmung nach
allen ihren phänomenologischen Konstituentien ihre phänomenologische Zeitlichkeit, die zu ihrem unaufhebbaren
Wesen gehört. Da sich objektive Zeitlichkeit jeweils phänomenologisch konstituiert und nur durch diese Konstitution
für uns als Objektivität oder Moment einer Objektivität
erscheinungsmäßig dasteht, so kann eine phänomenologische
Zeitanalyse die Konstitution der Zeit nicht ohne Rücksicht
auf die Konstitution der Zeitobjekte aufklären. Unter Z e i t -
o b j e k t e n i m s p e z i e l l e n S i n n verstehen wir Objekte,
die nicht nur Einheiten in der Zeit sind, sondern die Zeit-
extension auch in sich enthalten. Wenn ein Ton erklingt, so
kann meine objektivierende Auffassung sich den Ton, welcher
da dauert und verklingt, zum Gegenstand machen, [385] und
doch nicht die Dauer des Tones oder den Ton in seiner Dauer.
Dieser als solcher ist ein Zeitobjekt. Dasselbe gilt für eine
Melodie, für jedwede Veränderung, aber auch jedes Ver-

harren als solches betrachtet. Nehmen wir das Beispiel einer Melodie oder eines zusammenhängenden Stückes einer Melodie. Die Sache scheint zunächst sehr einfach: wir hören die Melodie, d. h. wir nehmen sie wahr, denn Hören ist ja Wahrnehmen. Indessen, der erste Ton erklingt, dann kommt der zweite, dann der dritte usw. Müssen wir nicht sagen: wenn der zweite Ton erklingt, so höre ich i h n , aber ich höre den ersten nicht mehr usw.? Ich höre also in Wahrheit nicht die Melodie, sondern nur den einzelnen gegenwärtigen Ton. Daß das abgelaufene Stück der Melodie für mich gegenständlich ist, verdanke ich – so wird man geneigt sein zu sagen – der Erinnerung; und daß ich, bei dem jeweiligen Ton angekommen, nicht voraussetze, daß das a l l e s sei, verdanke ich der vorblickenden Erwartung. Bei dieser Erklärung können wir uns aber nicht beruhigen, denn alles Gesagte überträgt sich auch auf den einzelnen Ton. Jeder Ton hat selbst eine zeitliche Extension, beim Anschlagen höre ich ihn als jetzt, beim Forttönen hat er aber ein immer neues Jetzt, und das jeweilig vorangehende wandelt sich in ein Vergangen. Also höre ich jeweils nur die aktuelle Phase des Tones, und die Objektivität des ganzen dauernden Tones konstituiert sich in einem Aktkontinuum, das zu einem Teil Erinnerung, zu einem kleinsten, punktuellen Teil Wahrnehmung und zu einem weiteren Teil Erwartung ist. Das scheint auf Brentanos Lehre[4] zurückzuführen. Hier muß nun eine tiefere Analyse einsetzen.

4. *Immanente Zeitobjekte und ihre Erscheinungsweisen*

Wir schalten jetzt alle transzendente Auffassung und Setzung aus und nehmen den Ton rein als hyletisches Datum[5]. Er fängt an und hört auf, und seine ganze Dauereinheit, die Einheit des ganzen Vorgangs, in dem er anfängt und endet, »rückt« nach dem Ende in die immer fernere Vergangenheit. In diesem Zurücksinken »halte« ich ihn noch fest, habe ihn in einer »Retention«, und solange sie anhält, hat er seine eigene

Zeitlichkeit, ist er derselbe, seine Dauer ist dieselbe. Ich kann die Aufmerksamkeit richten auf die Weise seines Gegebenseins. Er und die Dauer, die er erfüllt, ist in einer Kontinuität von »Weisen« bewußt, in einem »beständigen Flusse«; und ein Punkt, eine Phase dieses Flusses heißt »Bewußtsein vom anhebenden Ton«, und darin ist der erste Zeitpunkt der Dauer des Tones in der Weise des Jetzt bewußt. Der Ton ist gegeben, d. h. er ist als [386] jetzt bewußt; er ist aber als jetzt bewußt, »solange« irgendeine seiner Phasen als jetzt bewußt ist. Ist aber irgendeine Zeitphase (entsprechend einem Zeitpunkt der Ton-Dauer) aktuelles Jetzt (ausgenommen die Anfangsphase), so ist eine Kontinuität von Phasen als »vorhin« bewußt, und die ganze Strecke der Zeitdauer vom Anfangspunkt bis zum Jetztpunkt ist bewußt als abgelaufene Dauer, die übrige Strecke der Dauer ist aber noch nicht bewußt. Am Endpunkt ist dieser selbst als Jetztpunkt bewußt, und die ganze Dauer bewußt als abgelaufen (bzw. so ist es am Anfangspunkt der neuen Strecke der Zeit, die nicht mehr Ton-Strecke ist). »Während« dieses ganzen Bewußtseinsflusses ist der eine und selbe Ton als dauernder bewußt, als jetzt dauernder. »Vorher« (falls er nicht etwa erwarteter war) ist er nicht bewußt. »Nachher« ist er »eine Zeitlang« in der »Retention« als gewesener »noch« bewußt, er kann festgehalten und im fixierenden Blick stehend bzw. bleibend sein. Die ganze Dauerstrecke des Tones oder »der« Ton in seiner Erstreckung steht dann als ein sozusagen Totes, sich nicht mehr lebendig Erzeugendes da, ein von keinem Erzeugungspunkt des Jetzt beseeltes Gebilde, das aber stetig sich modifiziert und ins »Leere« zurücksinkt. Die Modifikation der ganzen Strecke ist dann eine analoge, wesentlich identische mit derjenigen, die während der Aktualitätsperiode das abgelaufene Stück der Dauer im Übergang des Bewußtseins zu immer neuen Erzeugungen erfährt.

Was wir hier beschrieben haben, ist die Weise, wie das immanent-zeitliche Objekt in einem beständigen Fluß »erscheint«, wie es »gegeben« ist. Diese Weise beschreiben, heißt nicht, die erscheinende Zeitdauer selbst beschreiben. Denn es ist derselbe Ton mit der ihm zugehörigen Dauer, der zwar nicht beschrieben, aber in der Beschreibung vorausgesetzt wurde. Dieselbe Dauer ist jetzige, aktuell sich aufbauende Dauer, und ist dann vergangene, »abgelaufene« Dauer, noch bewußte oder in der Wiedererinnerung »gleichsam« neu erzeugte Dauer. Derselbe Ton, der jetzt erklingt, ist es, von dem es im »späteren« Bewußtseinsfluß heißt, er sei gewesen, seine Dauer sei abgelaufen. Die Punkte der Zeitdauer entfernen sich für mein Bewußtsein analog, wie sich die Punkte des ruhenden Gegenstandes im Raum für mein Bewußtsein entfernen, wenn ich »mich« vom Gegenstand entferne. Der Gegenstand behält seinen Ort, ebenso behält der Ton seine Zeit, jeder Zeitpunkt ist unverrückt, aber er entflieht in Bewußtseinsfernen, der Abstand vom erzeugenden Jetzt wird immer größer. Der Ton selbst ist derselbe, aber der Ton, »in der Weise wie« er erscheint, ein immer anderer.

[387]   ## 5. *Das Bewußtsein von den Erscheinungen immanenter Objekte*

Genauer besehen, können wir hier noch verschiedene Richtungen der Beschreibung unterscheiden: 1. Wir können evidente Aussagen machen über das immanente Objekt in sich selbst: daß es jetzt dauere, daß ein gewisser Teil der Dauer verflossen sei, daß der im Jetzt erfaßte Dauerpunkt des Tones (mit seinem Ton-Inhalt natürlich) stetig in das Vergangen zurücksinke und ein immer neuer Punkt der Dauer ins Jetzt trete oder jetzt sei; daß die abgelaufene Dauer vom aktuellen Jetztpunkt, der immerfort ein irgendwie erfüllter ist, entferne, in immer »fernere« Vergangenheit rücke und dgl. 2. Wir können aber auch von der Weise sprechen, in der alle solche Unterschiede des »Erscheinens« des immanenten Tones und seines Dauerinhalts »bewußt« sind. Wir sprechen hinsichtlich der in das aktuelle Jetzt hineinreichenden Ton-

Dauer von Wahrnehmung und sagen, der Ton, der dauernde, sei wahrgenommen, und jeweils sei von der Dauererstreckung des Tones nur der als Jetzt charakterisierte Punkt der Dauer voll eigentlich wahrgenommen. Von der abgelaufenen Strecke sagen wir, sie sei in Retentionen bewußt, und zwar seien die nicht scharf abzugrenzenden Teile der Dauer oder Phasen der Dauer, die dem aktuellen Jetztpunkt am nächsten liegen, mit absteigender Klarheit bewußt; die ferneren, weiter zurückliegenden Vergangenheitsphasen seien ganz unklar, leer bewußt. Und ebenso nach Ablauf der ganzen Dauer: je nach der Ferne vom aktuellen Jetzt hat das ihm noch Nächstliegende ev. ein wenig Klarheit, das Ganze verschwindet ins Dunkel, in ein leeres retentionales Bewußtsein, und verschwindet schließlich ganz (wenn man das behaupten darf), sobald die Retention aufhört.[6]

Dabei finden wir in der klaren Sphäre eine größere Deutlichkeit und Auseinandergehaltenheit (und zwar um so mehr, je näher sie dem aktuellen Jetzt liegt). Je weiter wir uns aber vom Jetzt entfernen, bekundet sich eine um so größere Verflossenheit und Zusammengerücktheit. Eine reflektive Versenkung in die Einheit eines gegliederten Vorgangs läßt uns beobachten, daß ein artikuliertes Stück des Vorgangs beim Zurücksinken in die Vergangenheit sich [388] »zusammenzieht« – eine Art zeitlicher Perspektive (innerhalb der originären zeitlichen Erscheinung) als Analogon zur räumlichen Perspektive. Indem das zeitliche Objekt in die Vergangenheit rückt, zieht es sich zusammen und wird dabei zugleich dunkel.

Es gilt nun, näher zu untersuchen, was wir hier als Phänomen des zeitkonstituierenden Bewußtseins, desjenigen, in dem sich die zeitlichen Gegenstände mit ihren zeitlichen Bestimmtheiten konstituieren, vorfinden und beschreiben können. Wir unterscheiden das dauernde, immanente Objekt und das Objekt im Wie, das als aktuell gegenwärtig oder als vergangen bewußte. Jedes zeitliche Sein »erscheint« in irgendeinem und einem kontinuierlich sich wandelnden

Ablaufsmodus, und das »Objekt im Ablaufsmodus« ist in dieser Wandlung immer wieder ein anderes, während wir doch sagen, das Objekt und jeder Punkt seiner Zeit und diese Zeit selbst seien ein und dieselben. Diese Erscheinung »Objekt im Ablaufsmodus« werden wir nicht Bewußtsein nennen können (so wenig wir das Raumphänomen, den Körper im Wie der Erscheinung von der oder jener Seite, von nah oder ferne, ein Bewußtsein nennen werden). Das »Bewußtsein«, das »Erlebnis« bezieht sich auf sein Objekt vermittelst einer Erscheinung, in der eben das »Objekt im Wie« dasteht. Offenbar müssen wir die Rede von der »Intentionalität« als doppelsinnig erkennen, je nachdem wir die Beziehung der Erscheinung auf das Erscheinende im Auge haben oder die Beziehung des Bewußtseins einerseits auf das »Erscheinende im Wie«, andererseits auf das Erscheinende schlechthin.

6. *Die Kontinua der Ablaufsphänomene.*
Das Diagramm der Zeit

Für die Phänomene, welche immanente Zeitobjekte konstituieren, werden wir nun die Rede von »Erscheinungen« lieber vermeiden; denn diese Phänomene sind selbst immanente Objekte und sind »Erscheinungen« in einem ganz anderen Sinne. Wir sprechen hier von »Ablaufsphänomenen« oder besser noch von »Modis der zeitlichen Orientierung«, und hinsichtlich der immanenten Objekte selbst von ihren »Ablaufscharakteren« (z. B. Jetzt, Vergangen). Von dem Ablaufsphänomen wissen wir, daß es eine Kontinuität steter Wandlungen ist, die eine untrennbare Einheit bildet, untrennbar in Strecken, die für sich sein könnten, und unteilbar in Phasen, die für sich sein könnten, in Punkte der Kontinuität. Die Stücke, die wir abstraktiv herausheben, können nur im ganzen Ablauf sein, und ebenso die Phasen, die Punkte der Ablaufskontinuität. Auch können [389] wir evidentermaßen von dieser Kontinuität sagen, daß sie in gewis-

ser Weise ihrer Form nach unwandelbar ist. Es ist undenkbar,
daß die Kontinuität der Phasen eine solche wäre, die denselben Phasenmodus zweimal enthielte oder ihn gar ausgebreitet
enthielte über eine ganze Teilstrecke. So wie jeder Zeitpunkt
(und jede Zeitstrecke) von jedem, »individuell« sozusagen,
verschieden ist, keiner zweimal vorkommen kann, so kann
kein Ablaufsmodus zweimal vorkommen. Doch wir werden
hier noch weiter scheiden und deutlicher bestimmen müssen.
Zunächst heben wir hervor, daß die Ablaufsmodi eines
immanenten Zeitobjektes einen Anfang haben, sozusagen
einen Quellpunkt. Es ist derjenige Ablaufsmodus, mit dem
das immanente Objekt zu sein anfängt. Er ist charakterisiert
als Jetzt. Im steten Fortgang der Ablaufsmodi finden wir
dann das Merkwürdige, daß jede spätere Ablaufsphase selbst
eine Kontinuität ist, und eine stetig sich erweiternde, eine
Kontinuität von Vergangenheiten. Der Kontinuität der Ablaufsmodi der Objektdauer stellen wir gegenüber die Kontinuität der Ablaufsmodi eines jeden Punktes der Dauer, die

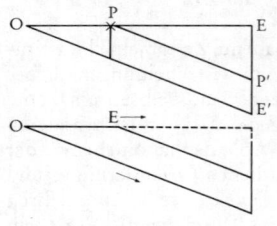

OE   — Reihe der Jetztpunkte.

OE′ — Herabsinken.

EE′ — Phasenkontinuum (Jetzt-
         punkt mit Vergangenheits-
         horizont).

E → — Reihe der evtl. mit anderen
         Objekten erfüllten Jetzt.

selbstverständlich in der Kontinuität jener ersten Ablaufsmodi beschlossen ist: also die Ablaufskontinuität eines dauernden Objektes ist ein Kontinuum, dessen Phasen die Kontinua der Ablaufsmodi der verschiedenen Zeitpunkte der
Objektdauer sind. Gehen wir der konkreten Kontinuität
entlang, so schreiten wir in den steten Abwandlungen fort,
und es wandelt sich darin stetig der Ablaufsmodus, d. i.
die Ablaufskontinuität der betreffenden Zeitpunkte. Indem

immer ein neues Jetzt auftritt, wandelt sich das Jetzt in ein
Vergangen, und dabei rückt die ganze Ablaufskontinuität der
Vergangenheiten des vorangegangenen Punktes »herunter«,
gleichmäßig in die Tiefe der Vergangenheit. In unserer Figur
illustriert die stetige Reihe der Ordinaten die Ablaufsmodi
des dauernden Objektes. Sie wachsen von O (einem Punkt)
an bis zu einer bestimmten Strecke, [390] die das letzte Jetzt
zum Endpunkt hat. Dann hebt die Reihe der Ablaufsmodi an,
die kein Jetzt (dieser Dauer) mehr enthalten, die Dauer ist
nicht mehr aktuelle, sondern vergangene und stetig tiefer in
die Vergangenheit sinkende. Die Figur gibt also ein vollständiges Bild der Doppelkontinuität der Ablaufsmodi.

7. Urimpression und retentionale Modifikation

Der »Quellpunkt«, mit dem die »Erzeugung« des dauernden
Objektes einsetzt, ist eine Urimpression. Dies Bewußtsein ist
in beständiger Wandlung begriffen: stetig wandelt sich das
leibhafte Ton-Jetzt (*scil.* bewußtseinsmäßig, »im« Bewußtsein) in ein Gewesen, stetig löst ein immer neues Ton-Jetzt
das in die Modifikation übergegangene ab. Wenn aber das
Bewußtsein vom Ton-Jetzt, die Urimpression, in Retention
übergeht, so ist diese Retention selbst wieder ein Jetzt, ein
aktuell Daseiendes. Während sie selbst aktuell ist (aber nicht
aktueller Ton), ist sie Retention von gewesenem Ton. Ein
Strahl der Meinung kann sich auf das Jetzt richten: auf die
Retention, er kann sich aber auch auf das retentional Bewußte
richten: auf den vergangenen Ton. Jedes aktuelle Jetzt des
Bewußtseins unterliegt aber dem Gesetz der Modifikation.
Es wandelt sich in Retention von Retention, und das stetig.
Es ergibt sich demnach ein stetiges Kontinuum der Retention
derart, daß jeder spätere Punkt Retention ist für jeden früheren. Und jede Retention ist schon Kontinuum. Der Ton setzt
ein, und stetig setzt »er« sich fort. Das Ton-Jetzt wandelt sich
in Ton-Gewesen, das impressionale Bewußtsein geht

ständig fließend über in immer neues r e t e n t i o n a l e s
Bewußtsein. Dem Fluß entlang oder mit ihm gehend, haben
wir eine stetige zum Einsatzpunkt gehörige Reihe von Retentionen. Überdies jedoch schattet sich jeder frühere Punkt
dieser Reihe als ein Jetzt w i e d e r u m ab im Sinne der Retention. An jede dieser Retentionen schließt sich so eine Kontinuität von retentionalen Abwandlungen an, und diese Kontinuität ist selbst wieder ein Punkt der Aktualität, der sich
retentional abschattet. Das führt auf keinen einfachen unendlichen Regreß, weil jede Retention in sich selbst kontinuierliche Modifikation ist, die sozusagen in Form einer Abschat-
tungsreihe das Erbe der Vergangenheit in sich trägt. Es ist
nicht so, daß bloß in der Längsrichtung des Flusses jede frühere Retention durch eine neue ersetzt ist, sei es auch stetig.
Jede spätere Retention ist vielmehr nicht bloß kontinuierliche
Modifikation, hervorgegangen aus der Urimpression, sondern kontinuierliche Modifikation aller früheren stetigen
Modifikationen desselben Einsatzpunktes.
Bisher haben wir vornehmlich Wahrnehmung bzw. originäre
Konstitution von Zeitobjekten in Betracht gezogen und versucht, das [391] in ihnen gegebene Zeitbewußtsein analytisch
zu verstehen. Bewußtsein von Zeitlichkeit vollzieht sich aber
nicht bloß in dieser Form. Wenn ein Zeitobjekt abgelaufen,
wenn die aktuelle Dauer vorüber ist, so erstirbt damit keineswegs das Bewußtsein von dem nun vergangenen Objekt,
obschon es jetzt nicht mehr als Wahrnehmungsbewußtsein
oder besser vielleicht impressionales Bewußtsein fungiert.
(Wir behalten dabei wie bisher immanente Objekte im Auge,
die sich nicht eigentlich in einer »Wahrnehmung« konstituieren). An die »Impression« schließt sich kontinuierlich die
primäre Erinnerung oder, wie wir sagten, die Retention an.
Im Grunde haben wir diese Bewußtseinsweise schon in dem
bisher betrachteten Fall mit analysiert. Denn die Kontinuität
von Phasen, die sich an das jeweilige »Jetzt« anschloß, war ja
nichts anderes als eine solche Retention bzw. eine Kontinuität von Retentionen. Im Falle der Wahrnehmung eines Zeit-

objektes (es spielt für die jetzige Betrachtung keine Rolle, ob
wir ein immanentes oder transzendentes nehmen) terminiert
sie jederzeit in einer Jetztauffassung, in einer Wahrnehmung
im Sinne einer Als-Jetzt-Setzung. Während eine Bewegung
wahrgenommen wird, findet Moment für Moment ein Als-
Jetzt-Erfassen statt, darin konstituiert sich die jetzt aktuelle
Phase der Bewegung selbst. Aber diese Jetztauffassung ist
gleichsam der Kern zu einem Kometenschweif von Retentionen, auf die früheren Jetztpunkte der Bewegung bezogen.
Findet aber keine Wahrnehmung mehr statt, sehen wir keine
Bewegung mehr, oder – wenn es sich um eine Melodie handelt – ist die Melodie abgespielt und Stille eingetreten, so
schließt sich an die letzte Phase keine neue Phase der Wahrnehmung an, sondern eine bloße Phase frischer Erinnerung,
an diese aber wiederum eine solche usf. Dabei findet fortgesetzt eine Zurückschiebung in die Vergangenheit statt, die
gleiche kontinuierliche Komplexion erfährt fortgesetzt eine
Modifikation, bis zum Verschwinden; denn mit der Modifikation geht eine Schwächung Hand in Hand, die schließlich
in Unmerklichkeit endet. Das originäre Zeitfeld ist offenbar
begrenzt, genau wie bei der Wahrnehmung. Ja, im großen
und ganzen wird man wohl die Behauptung wagen dürfen,
daß das Zeitfeld immer dieselbe Extension hat. Es verschiebt
sich gleichsam über die wahrgenommene und frisch erinnerte
Bewegung und ihre objektive Zeit, ähnlich wie das Gesichts-
feld über den objektiven Raum.[7]

[450]   8. *Urimpression und ihr Kontinuum der*
              Modifikationen

Jede Urimpression ist als solche charakterisiert, und jede
Modifikation als solche. Ferner: Jede Modifikation ist stetige
Modifikation. Das unterscheidet ja diese Art von Modifikation von der phantastischen und bildlichen. Jede dieser temporalen Modifikationen ist unselbständige Grenze in einem

Kontinuum. Und dieses Kontinuum hat den Charakter einer
einseitig begrenzten orthoiden Mannigfaltigkeit. Sie hat einen
Anfang in der Urimpression und geht als Modifikation in
einer Richtung fort. Paare von Punkten in diesem Kontinuum, die gleiche Abstände haben, konstituieren objektiv
gleich weit abstehende Zeitphasen des Objektes.

Wenn wir von »Modifikation« sprechen, so haben wir zunächst die Veränderung im Auge, gemäß der die Urimpression stetig »abklingt«. Indessen jede Modifikation ist offenbar in gleichem Sinn als Modifikation einer beliebigen vorangehenden Modifikation anzusehen. Nehmen wir irgendeine
Phase des Kontinuums heraus, so können wir sagen, sie
klinge ab, und ebenso von jeder weiteren Phase; das liegt ja im
Wesen eines solchen und jedes solchen (einseitig gerichteten)
Kontinuums. Es verhält sich genau so wie in der Kontinuität
der von O auslaufenden Intensitäten. Das Sich-steigern, das
ist hier die Modifikation, die jede Intensität erfährt. Jede
Intensität ist in sich, was sie ist, und jede neue Intensität eben
eine neue. Aber in Beziehung auf eine beliebige vorgegebene
Intensität kann jede in der Reihe spätere als Resultat einer
Operation angesehen werden. Ist b Steigerung von a, so ist c
Steigerung einer Steigerung in bezug auf a. Vermöge der Kontinuität ist nicht jeder Punkt einfach eine Steigerung in Beziehung auf einen vorhergehenden, sondern Steigerung von Steigerung von Steigerung usf. *in infinitum* und infinitesimal.
Eine Unendlichkeit von Modifikationen ineinander. Nur ist
hier kein Anfangspunkt, der selbst als Intensität angesehen
werden kann. Der Anfang ist hier Nullpunkt. Im Wesen jedes
linearen Kontinuums liegt es, daß wir, von einem beliebigen
Punkt ausgehend, jeden an[451]deren Punkt aus ihm stetig
erzeugt denken können, und jede stetige Erzeugung ist eine
Erzeugung durch stetige Iterierung. Jeden Abstand können
wir ja *in infinitum* teilen und bei jeder Teilung den späteren
Teilungspunkt mittelbar durch die früheren erzeugt denken,
und so erzeugt sich ein beliebiger Punkt schließlich durch
eine von unendlich vielen Steigerungen (deren jede dieselbe

unendlich kleine Steigerung ist). So ist es nur auch bei der zeitlichen Modifikation, oder vielmehr, während sonst, bei anderen Kontinuis, die Rede von der Erzeugung ein Bild ist, ist sie hier eine eigentliche Rede. Das zeitkonstituierende Kontinuum ist ein Fluß stetiger Erzeugung von Modifikationen von Modifikationen. Vom aktuellen Jetzt aus, der jeweiligen Urimpression u, gehen die Modifikationen im Sinn von Iterationen, aber stetig vorwärts, sie sind nicht nur Modifikationen in Beziehung auf u, sondern auch der Reihe nach Modifikationen voneinander in der Reihenfolge, in der sie verlaufen. Das ist das Charakteristische stetiger Erzeugung. Stetig zeugt Modifikation immer neue Modifikation. Die Urimpression ist der absolute Anfang dieser Erzeugung, der Urquell, das, woraus alles andere stetig sich erzeugt. Sie selber aber wird nicht erzeugt, sie entsteht nicht als Erzeugtes, sondern durch *genesis spontanea*, sie ist Urzeugung. Sie erwächst nicht (sie hat keinen Keim), sie ist Urschöpfung. Heißt es: stetig bildet sich an das Jetzt, das sich zum Nicht-Jetzt modifiziert, ein neues Jetzt an, oder es erzeugt, es entspringt urplötzlich eine Quelle, so sind das Bilder. Es kann nur gesagt werden: Bewußtsein ist nichts ohne Impression. Wo etwas dauert, da geht a über in xa', xa' in yx'a'' usw. Die Erzeugung des Bewußtseins aber geht nur von a zu a', von xa' zu x'a''; dagegen das a, x, y ist nichts Bewußtseins-Erzeugtes, es ist das Urgezeugte, das »Neue«, das bewußtseinsfremd Gewordene, Empfangene, gegenüber dem durch eigene Bewußtseinsspontaneität Erzeugten. Die Eigentümlichkeit dieser Bewußtseinsspontaneität aber ist, daß sie nur Urgezeugtes zum Wachstum, zur Entfaltung bringt, aber nichts »Neues« schafft. Freilich, was wir empirisch Werden, Erzeugung nennen, das bezieht sich auf Objektivität, und das liegt ganz woanders. Hier handelt es sich um die Spontaneität des Bewußtseins, oder vorsichtiger: um eine Urspontaneität desselben.

Das Ursprungsmoment ist nun – je nachdem es sich um die Urquelle für das betreffende Jetzt des konstituierten Inhalts

oder um die spontanen Bewußtseinserzeugungen handelt, in
denen die Identität dieses Jetzt sich in der Gewesenheit
durchhält – entweder Urimpression oder Ur-Erinnerung,
Ur-Phantasie usw. Gehen wir der [452] Reihenfolge der
Schichten nach, so ist jedes Ursprungsmoment einer Schicht
Urquell der spontanen Erzeugungen, die durch die weiteren
Schichten in ihren stetigen Abwandlungen hindurchgehen
und die dieses Ursprungsmoment darin vertreten (das nämlich einzig und allein der zuerst ins Auge gefaßten Schicht
angehört). Jedes Ursprungsmoment ist ferner Phase einer stetigen Reihe von Ursprungsmomenten, die durch eine Folge
von Schichten ineinander übergehen. Oder jedes Ursprungsmoment hilft eine konkrete Dauer konstituieren, und zur
Konstitution einer konkreten Dauer gehört es, daß jedem
Punkt derselben ein aktuelles Jetzt entspricht, das seinerseits
zu seiner Konstitution ein eigenes Ursprungsmoment erfordert. Diese Momente in der Folge sind stetig eins, »gehen
stetig ineinander über«. Der Übergang ist »qualitativ« ver-
mittelt und zugleich temporal: der *quasi*-zeitliche Charakter
ist ein stetiger.

[392]   9. *Retention als eigentümliche Intentionalität*

Noch bleibt näher zu erörtern, welcher Art die Modifikation
ist, die wir als retentionale bezeichneten.
Man spricht von Abklingen, Verblassen usw. der Empfindungsinhalte, wenn eigentliche Wahrnehmung in Retention
übergeht. Nun ist es aber schon nach den bisherigen Ausführungen klar, daß die retentionalen »Inhalte« gar keine Inhalte
im ursprünglichen Sinne sind. Wenn ein Ton abklingt, so ist
er selbst zunächst mit besonderer Fülle (Intensität) empfunden, und daran schließt sich ein rasches Nachlassen der Intensität. Der Ton ist noch da, ist noch empfunden, aber im bloßen Nachhall. Diese echte Ton-Empfindung ist zu unterscheiden von dem tonalen Moment in der Retention. Der

retentionale Ton ist kein gegenwärtiger, sondern eben im Jetzt »primär erinnerter«: er ist im retentionalen Bewußtsein nicht reell vorhanden. Das tonale Moment, das zu diesem gehört, kann aber auch nicht ein reell vorhandener anderer Ton sein, auch nicht ein sehr schwacher qualitätsgleicher (als Nachhall). Ein gegenwärtiger Ton kann zwar »an« einen vergangenen erinnern, ihn darstellen, verbildlichen; das aber setzt schon eine andere Vergangenheitsvorstellung voraus. Die Vergangenheitsanschauung selbst kann nicht Verbildlichung sein. Sie ist ein originäres Bewußtsein. Es soll natürlich nicht geleugnet werden, daß es Nachklänge gibt. Aber wo wir sie erkennen und unterscheiden, da können wir bald konstatieren, daß sie nicht etwa zur Retention als solcher gehören, sondern zur Wahrnehmung. Der Nachklang des Geigentones ist eben ein schwacher gegenwärtiger Geigenton, und ist von der Retention des eben gewesenen lauten Tones schlechthin verschieden. Das Nachklingen selbst, die Nachbilder überhaupt, die von den stärkeren Empfindungsgegebenheiten zurückbleiben, haben mit dem Wesen der Retention gar nichts zu tun, geschweige denn, daß sie notwendig ihm zuzurechnen wären.

Wohl aber gehört es zum Wesen der Zeitanschauung, daß sie in jedem Punkt ihrer Dauer (die wir reflektiv zum Gegenstand machen können) Bewußtsein vom eben Gewesenen ist, und nicht bloß Bewußtsein vom Jetztpunkt des als dauernd erscheinenden Gegenständlichen. Und in diesem Bewußtsein ist das eben Gewesene in gehöriger Kontinuität bewußt, und in jeder Phase in bestimmter »Erscheinungsweise« mit den Unterschieden von »Inhalt« und »Auffassung«. Man achte auf die eben ertönende Dampfpfeife: in jedem Punkt steht eine Extension da, und in einer Extension die »Erscheinung«, die in jeder Phase dieser Extension ihr Qualitätsmoment und ihr Auffassungsmoment hat. Andererseits ist das Qualitäts[393]moment keine reelle Qualität, kein Ton, der jetzt reell wäre, d. h. der als jetzt seiender, wenn auch immanenter Ton-Inhalt angesprochen werden könnte.

Der reelle Gehalt des Jetztbewußtseins enthält ev. empfundene Töne, die dann in der objektivierenden Auffassung notwendig zu bezeichnen sind als wahrgenommene, als gegenwärtige, aber in keiner Weise als Vergangenheiten. Das retentionale Bewußtsein enthält reell Vergangenheitsbewußtsein vom Ton, primäre Ton-Erinnerung, und ist nicht zu zerlegen in empfundenen Ton und Auffassung als Erinnerung. So wie ein Phantasie-Ton kein Ton, sondern Phantasie vom Ton ist, oder wie Ton-Phantasie und Ton-Empfindung etwas prinzipiell Verschiedenes sind, und nicht etwa dasselbe, nur verschieden interpretiert, aufgefaßt: ebenso ist primär anschaulich erinnerter Ton p r i n z i p i e l l etwas anderes als wahrgenommener, bzw. primäre Erinnerung (Retention) von Ton etwas anderes als Empfindung von Ton.

10. *Notwendigkeit des Vorangehens einer Impression vor jeder Retention. Evidenz der Retention*

Besteht nun das Gesetz, daß primäre Erinnerung nur in kontinuierlicher Anknüpfung an vorgängige Empfindung bzw. Wahrnehmung möglich ist? Daß jede retentionale Phase nur als Phase denkbar ist, d. h. nicht auszubreiten ist in eine Strecke, die in allen Phasen identisch wäre? Man wird entschieden sagen: das ist durchaus evident. Der empirische Psychologe, der gewohnt ist, alles Psychische als bloße Faktizität zu behandeln, wird das freilich leugnen. Er wird sagen: warum soll ein anfangendes Bewußtsein nicht denkbar sein, das mit einer frischen Erinnerung beginnt, ohne vorher eine Wahrnehmung gehabt zu haben? Es mag faktisch Wahrnehmung notwendig sein, um frische Erinnerung zu erzeugen. Es mag faktisch so sein, daß ein menschliches Bewußtsein Erinnerungen, auch primäre, erst haben kann, nachdem es Wahrnehmungen gehabt hat, aber denkbar ist auch das Gegenteil. Dem gegenüber lehren wir die apriorische Notwendigkeit des Vorangehens einer entsprechenden Wahrnehmung bzw. Urimpression vor der Retention. Man wird zunächst darauf bestehen müssen, daß eine Phase nur als Phase denkbar ist, und ohne Möglichkeit einer Extension. Und die Jetztphase ist nur denkbar als Grenze einer Kontinuität von Retentionen, so wie jede retentionale Phase selbst nur denkbar ist als Punkt eines solchen Kontinuums, und zwar für jedes Jetzt des Zeitbewußtseins. Nun soll aber auch eine ganze fertige Serie [394] von Retentionen nicht denkbar sein ohne vorangehende entsprechende Wahrnehmung. Darin liegt: die Serie von Retentionen, die zu einem Jetzt gehört, ist selbst eine Grenze und wandelt sich notwendig ab; das Erinnerte »sinkt immer weiter in die Vergangenheit«, aber nicht nur das – es ist notwendig etwas Gesunkenes, etwas, das notwendig eine evidente Wiedererinnerung gestattet, die es auf ein wiedergegebenes Jetzt zurückführt.

Nun wird man aber sagen: kann ich nicht eine Erinnerung, auch eine primäre, an ein A haben, während A in Wahrheit gar nicht stattgehabt hat? Gewiß. Es gilt ja sogar noch mehr. Ich kann auch eine Wahrnehmung von A haben, während A in Wirklichkeit gar nicht statthat. Und somit behaupten wir nicht etwa dies als Evidenz, daß, wenn wir eine Retention von A haben (vorausgesetzt, daß A ein transzendentes Objekt ist), A vorangegangen sein muß, aber wohl, daß A wahrgenommen gewesen sein muß. Mag es nun primär beachtet worden sein oder nicht, es stand leibhaft in bewußter, wenn auch unbemerkter oder nebenbei bemerkter Weise da. Handelt es sich aber um ein immanentes Objekt, so gilt: wenn eine Folge, ein Wechsel, eine Veränderung von immanenten Daten »erscheint«, so ist sie auch absolut gewiß. Und ebenso ist innerhalb einer transzendenten Wahrnehmung die zu ihrem Aufbau wesentlich gehörige immanente Folge absolut gewiß. Es ist grundverkehrt, zu argumentieren: Wie kann ich im Jetzt von einem Nicht-Jetzt wissen, da ich das Nicht-Jetzt, das ja nicht mehr ist, nicht vergleichen kann mit dem Jetzt (nämlich dem im Jetzt vorhandenen Erinnerungsbild)? Als ob zum Wesen der Erinnerung gehörte, daß ein im

Jetzt vorhandenes Bild für eine andere ihm ähnliche Sache supponiert würde und ich wie bei bildlicher Vorstellung vergleichen könnte und vergleichen müßte. Erinnerung bzw. Retention ist nicht Bildbewußtsein, sondern etwas total anderes. Das Erinnerte i s t freilich jetzt nicht – sonst wäre es nicht Gewesenes, sondern Gegenwärtiges, und in der Erinnerung (Retention) ist es nicht als jetzt gegeben, sonst wäre Erinnerung bzw. Retention eben nicht Erinnerung, sondern Wahrnehmung (bzw. Ur-Impression). Ein Vergleichen des nicht mehr Wahrgenommenen, sondern bloß retentional Bewußten mit etwas außer ihm hat gar keinen Sinn. Wie ich in der Wahrnehmung das Jetztsein erschaue und in der extendierten Wahrnehmung, so wie sie sich konstituiert, das dauernde Sein, so erschaue [395] ich in der Erinnerung, wofern sie primäre ist, das Vergangene, es ist darin gegeben, und Gegebenheit von Vergangenem ist Erinnerung.

Wenn wir jetzt die Frage wieder aufnehmen, ob ein retentionales Bewußtsein denkbar ist, das nicht Fortsetzung eines impressionalen Bewußtseins wäre, so müssen wir sagen: es ist unmöglich, denn jede Retention weist in sich auf eine Impression zurück. »Vergangen« und »Jetzt« schließen sich aus. Identisch dasselbe kann zwar jetzt und vergangen sein, aber nur dadurch, daß es zwischen dem Jetzt und Vergangen gedauert hat.

11. *Reproduktion von Zeitobjekten (sekundäre Erinnerung)*

Wir bezeichneten die primäre Erinnerung oder Retention als einen Kometenschweif, der sich an die jeweilige Wahrnehmung anschließt. Durchaus davon zu scheiden ist die sekundäre Erinnerung, die Wiedererinnerung. Nachdem die primäre Erinnerung dahin ist, kann eine neue Erinnerung von jener Bewegung, von jener Melodie auftauchen. Den bereits angedeuteten Unterschied beider gilt es nun ausführlicher klarzulegen. Wenn an die aktuelle Wahrnehmung, sei es wäh-

rend ihres Wahrnehmungsflusses, sei es in kontinuierlicher
Einigung nach ihrem ganzen Ablauf Retention sich anschließt, so liegt es zunächst nahe (wie Brentano es getan hat)
zu sagen: die aktuelle Wahrnehmung konstituiert sich aufgrund von Empfindungen als Präsentation, die primäre Erinnerung aufgrund von Phantasien als Repräsentation, als Vergegenwärtigung. Ebensogut nun, wie sich unmittelbar Vergegenwärtigungen an Wahrnehmungen anschließen, können
auch ohne Anschluß an Wahrnehmungen selbständig Vergegenwärtigungen sich einstellen, und das sind die sekundären
Erinnerungen. Dagegen erheben sich aber (wie wir schon in
der Kritik der Brentano'schen Theorie ausführten[8]) ernste
Bedenken. Betrachten wir einen Fall sekundärer Erinnerung:
Wir erinnern uns etwa einer Melodie, die wir jüngst in einem
Konzert gehört haben. Dann ist es offenbar, daß das ganze
Erinnerungsphänomen *mutatis mutandis* genau dieselbe
Konstitution hat wie die Wahrnehmung der Melodie. Sie hat
wie die Wahrnehmung einen bevorzugten Punkt: dem Jetztpunkt der Wahrnehmung entspricht ein Jetztpunkt der Erinnerung. Wir durchlaufen die Melodie in der Phantasie, wir
hören »gleichsam« zuerst den ersten, dann den zweiten Ton
usw. Jeweils ist immer ein Ton (bzw. eine Tonphase) im
Jetztpunkt. Die vorangegangenen [396] sind aber nicht aus
dem Bewußtsein ausgelöscht. Mit der Auffassung des jetzt
erscheinenden, gleichsam jetzt gehörten Tones verschmilzt
die primäre Erinnerung an die soeben gleichsam gehörten
Töne und die Erwartung (Protention) der ausstehenden. Der
Jetztpunkt hat für das Bewußtsein wieder einen Zeithof, der
sich in einer Kontinuität von Erinnerungsauffassungen vollzieht, und die gesamte Erinnerung der Melodie besteht in
einem Kontinuum von solchen Zeithofkontinuen, bzw. von
Auffassungskontinuen der beschriebenen Art. Endlich aber,
wenn die vergegenwärtigte Melodie abgelaufen ist, schließt
sich an dieses Gleichsam-Hören eine Retention an, eine Weile
klingt das Gleichsam-Gehörte noch nach, eine Auffassungskontinuität ist noch da, aber nicht mehr als gehörte. Alles ist

sonach g l e i c h mit der Wahrnehmung und primären Erinnerung, und doch ist es nicht selbst Wahrnehmung und primäre Erinnerung. Wir hören ja nicht wirklich und haben
nicht wirklich gehört, indem wir in der Erinnerung oder
Phantasie eine Melodie Ton für Ton sich abspielen lassen. Im
früheren Falle hieß es: Wir hören wirklich, das Zeitobjekt ist
selbst wahrgenommen, die Melodie ist selbst Gegenstand der
Wahrnehmung. Und ebenso sind die Zeiten, Zeitbestimmungen, Zeitverhältnisse selbst gegeben, wahrgenommen. Und
wiederum: Nachdem die Melodie verklungen ist, haben wir
sie nicht mehr wahrgenommen als gegenwärtige, aber wir
haben sie noch im Bewußtsein, sie ist nicht jetzige Melodie,
aber soeben vergangene. Ihr Ebenvergangensein ist nicht
bloße Meinung, sondern gegebene Tatsache, selbst gegebene,
also »wahrgenommene«. Im Gegensatz dazu ist in der
Wiedererinnerung die zeitliche Gegenwart erinnerte, vergegenwärtigte Gegenwart; und ebenso ist die Vergangenheit
erinnerte, vergegenwärtigte, aber nicht wirklich gegenwärtige, nicht wahrgenommene, nicht primär gegebene und
angeschaute Vergangenheit.
Andererseits ist die Wiedererinnerung selbst gegenwärtig, originär konstituierte Wiedererinnerung, und nachher soeben
gewesene. Sie baut sich selbst in einem Kontinuum von Urdaten und Retentionen auf und konstituiert (oder vielmehr: re-
konstituiert) in eins damit eine immanente oder transzendente
Dauergegenständlichkeit (je nachdem sie immanent oder transzendent gerichtet ist). Die Retention dagegen erzeugt keine
Dauergegenständlichkeiten (weder originär noch reproduktiv), sondern hält nur das Erzeugte im Bewußtsein und prägt
ihm den Charakter des »soeben vergangen« auf.

[397]   12. *Die Vollzugsmodi der Reproduktion*

Die Wiedererinnerung kann nun in verschiedenen Vollzugs-
formen auftreten. Wir vollziehen sie entweder in einem

schlichten Zugreifen, wie wenn eine Erinnerung »auftaucht«
und wir auf das Erinnerte in einem Blickstrahl hinsehen,
wobei das Erinnerte vage ist, vielleicht eine bevorzugte
Momentanphase anschaulich beibringt, aber nicht wiederholende Erinnerung ist. Oder wir vollziehen wirklich nacher-
zeugende, wiederholende Erinnerung, in der in einem Kontinuum von Vergegenwärtigungen sich der Zeitgegenstand
wieder vollständig aufbaut, wir ihn gleichsam wieder wahrnehmen, aber eben nur gleichsam. Der ganze Prozeß ist Ver-
gegenwärtigungsmodifikation des Wahrnehmungsprozesses
mit allen Phasen und Stufen bis hinein in die Retentionen:
aber alles hat den Index der reproduktiven Modifikation.

Das schlichte Hinsehen, Hinfassen finden wir auch unmittelbar aufgrund der Retention, so, wenn eine Melodie abgelaufen ist, die innerhalb der Einheit einer Retention liegt, und
wir auf ein Stück zurückachten (reflektieren), ohne es wieder
zu erzeugen. Das ist ein Akt, der für jedes in sukzessiven
Schritten Gewordene, auch in Schritten der Spontaneität,
z. B. der Denkspontaneität Gewordene, möglich ist. Auch
Denkgegenständlichkeiten sind ja sukzessiv konstituiert. Es
scheint also, daß wir sagen können: Gegenständlichkeiten,
die sich originär in Zeitprozessen gliedweise oder phasen-
weise konstituierend aufbauen (als Korrelate kontinuierlich
und vielgestaltig zusammenhängender und einheitlicher
Akte), lassen sich in einem Zurückschauen so erfassen, als
wären sie in einem Zeitpunkt fertige Gegenstände. Aber dann
weist diese Gegebenheit eben auf eine andere, »ursprüngliche« zurück.

Das Hinsehen oder Zurücksehen auf das retentional Gegebene – und die Retention selbst – erfüllt sich nun in der eigentlichen Wiedervergegenwärtigung: das als soeben gewesen
Gegebene erweist sich als identisch mit dem Wiedererinnerten.

Weitere Unterschiede zwischen primärer und sekundärer
Erinnerung werden sich ergeben, wenn wir sie zur Wahrnehmung in Beziehung setzen.

13. *Wahrnehmung als Gegenwärtigung im Unterschied*
von Retention und Wiedererinnerung

Die Rede von »W a h r n e h m u n g« bedarf allerdings hier
noch einiger Erläuterung. Bei der »Wahrnehmung der Melodie« scheiden wir den j e t z t g e g e b e n e n Ton und nennen
ihn den [398] »wahrgenommenen«, und die v o r ü b e r g e -
g a n g e n e n Töne und nennen sie »nicht wahrgenommen«.
Andererseits nennen wir die g a n z e M e l o d i e eine wahrgenommene, obschon doch nur der Jetztpunkt ein wahrgenommener ist. Wir verfahren so, weil die Extension der
Melodie in einer Extension des Wahrnehmens nicht nur
Punkt für Punkt gegeben ist, sondern die Einheit des retentionalen Bewußtseins die abgelaufenen Töne noch selbst im
Bewußtsein »festhält« und fortlaufend die Einheit des auf das
einheitliche Zeitobjekt, auf die Melodie bezogenen Bewußtseins herstellt. Eine Objektivität derart wie eine Melodie
kann nicht anders als in dieser Form »wahrgenommen«, originär selbst gegeben sein. Der konstituierte, aus Jetztbewußtsein und retentionalem Bewußtsein gebaute Akt[9] ist
a d ä q u a t e W a h r n e h m u n g d e s Z e i t o b j e k t s. Dieses
will ja zeitliche Unterschiede einschließen, und zeitliche
Unterschiede konstituieren sich eben in solchen Akten, in
Urbewußtsein, Retention und Protention. Ist die meinende
Intention auf die Melodie, auf das ganze Objekt gerichtet, so
haben wir nichts als Wahrnehmung. Richtet sie sich aber auf
den einzelnen Ton für sich oder einen Takt für sich, so haben
wir Wahrnehmung, solange eben dies Gemeinte wahrgenommen ist, und bloße Retention, sobald es vergangen ist. In
objektiver Hinsicht erscheint der Takt dann nicht mehr als
»gegenwärtig«, sondern ⟨als⟩ »vergangen«. Die ganze Melodie aber erscheint als gegenwärtig, solange sie noch erklingt,
solange noch zu ihr gehörige, in e i n e m Auffassungszusam-
menhang gemeinte Töne erklingen. Vergangen ist sie erst,
nachdem der letzte Ton dahin ist.
Diese Relativierung überträgt sich, wie wir nach den früheren

Ausführungen sagen müssen, auf die einzelnen Töne. Jeder konstituiert sich in einer Kontinuität von Ton-Daten, und nur eine punktuelle Phase ist jeweils als jetzt gegenwärtig, während die anderen sich als retentionaler Schweif anschließen. Wir können aber sagen: ein Zeitobjekt ist wahrgenommen (bzw. impressional bewußt), solange es noch in stetig neu auftretenden Urimpressionen sich erzeugt.

Wir haben sodann die Vergangenheit selbst als wahrgenommen bezeichnet. In der Tat, nehmen wir nicht das Vergehen wahr, sind wir in den beschriebenen Fällen nicht direkt des Ebengewesenseins, des »soeben vergangen« in seiner Selbstgegebenheit, in der Weise des Selbstgegebenseins bewußt? [399] Offenbar deckt sich der hier obwaltende Sinn von »Wahrnehmung« nicht mit dem früheren. Es bedarf weiterer Scheidungen. Wenn wir in der Erfassung eines Zeitobjektes wahrnehmendes und erinnerndes (retentionales) Bewußtsein unterscheiden, so entspricht dem Gegensatz von Wahrnehmung und primärer Erinnerung der Gegensatz am Objekt zwischen »jetzt gegenwärtig« und »vergangen«. Zeitobjekte, das gehört zu ihrem Wesen, breiten ihre Materie über eine Zeitstrecke aus, und solche Objekte können sich nur konstituieren in Akten, die eben die Unterschiede der Zeit konstituieren. Zeitkonstituierende Akte sind aber Akte – und zwar wesensmäßig –, die Gegenwart und Vergangenheit konstituieren, sie haben den Typus jener »Zeitobjekt-Wahrnehmungen«, die wir nach ihrer merkwürdigen Auffassungskonstitution ausführlich beschrieben haben. Zeitobjekte müssen sich so konstituieren. Das besagt: Ein Akt, der den Anspruch erhebt, ein Zeitobjekt selbst zu geben, muß in sich »Jetztauffassungen«, »Vergangenheitsauffassungen« usw. enthalten, und zwar in der Weise ursprünglich konstituierender.

Beziehen wir nun die Rede von Wahrnehmung auf die Gegebenheitsunterschiede, mit denen Zeitobjekte auftreten, dann ist der Gegensatz von Wahrnehmung die hier auftretende primäre Erinnerung und primäre Erwartung (Retention und

Protention), wobei Wahrnehmung und Nicht-Wahrneh-
mung kontinuierlich ineinander übergehen. In dem Bewußtsein direkt anschauender Erfassung eines Zeitobjektes, z. B.
einer Melodie, ist wahrgenommen der jetzt gehörte Takt oder
Ton oder Tonteil, und nicht wahrgenommen das momentan
als vergangen Angeschaute. Die Auffassungen gehen hier
kontinuierlich ineinander über, sie terminieren in einer Auffassung, die das Jetzt konstituiert, die aber nur eine ideale
Grenze ist. Es ist ein Steigerungskontinuum gegen eine ideale
Grenze hin; ähnlich wie das Kontinuum der Rot-Spezies
gegen ein ideales reines Rot konvergiert. Wir haben in unserem Falle aber nicht einzelne Auffassungen, den einzelnen
Rotnuancen entsprechend, die ja für sich gegeben sein können, sondern wir haben immer nur und können dem Wesen
der Sache gemäß nur haben Kontinuitäten von Auffassungen
oder vielmehr ein einziges Kontinuum, das stetig sich modifiziert. Teilen wir dieses Kontinuum irgendwie in zwei angren-
zende Teile, so ist derjenige, der das Jetzt einschließt bzw. es
zu konstituieren befähigt ist, ausgezeichnet und konstituiert
das »grobe« Jetzt, das sofort wieder in ein feineres Jetzt und
in ein Vergangen zerfällt, sowie wir es weiter teilen usw.
[400] Wahrnehmung ist hier also ein Aktcharakter, der
eine Kontinuität von Aktcharakteren zusammenschließt und
durch den Besitz jener idealen Grenze ausgezeichnet ist. Eine
ebensolche Kontinuität ohne diese ideale Grenze ist bloße
Erinnerung. Im idealen Sinne wäre dann Wahrnehmung
(Impression) die Bewußtseinsphase, die das reine Jetzt konstituiert, und Erinnerung jede andere Phase der Kontinuität.
Aber das ist eben nur eine ideale Grenze, etwas Abstraktes,
das nichts für sich sein kann. Zudem bleibt es dabei, daß auch
dieses ideale Jetzt nicht etwas *toto coelo* Verschiedenes ist
vom Nicht-Jetzt, sondern kontinuierlich sich damit vermit-
telt. Und dem entspricht der kontinuierliche Übergang von
Wahrnehmung in primäre Erinnerung.

14. *Wahrnehmung als selbstgebender Akt im Gegensatz zur Reproduktion*

Der Wahrnehmung oder Selbstgebung der Gegenwart, die ihr Korrelat hat im gegebenen Vergangenen, tritt nun ein anderer Gegensatz gegenüber, der von Wahrnehmung und Wiedererinnerung, sekundärer Erinnerung. In der Wiedererinnerung »erscheint« uns ein Jetzt, aber es »erscheint« in einem ganz anderen Sinne, als in dem das Jetzt in der Wahrnehmung erscheint. Dieses Jetzt ist nicht »wahrgenommen«, d. h. selbst gegeben, sondern vergegenwärtigt. Es stellt ein Jetzt vor, das nicht gegeben ist. Und ebenso stellt der Ablauf der Melodie in der Wiedererinnerung ein »soeben vergangen« vor, gibt es aber nicht. Auch in bloßer Phantasie ist jedes Individuelle ein zeitlich irgendwie Extendiertes, hat sein Jetzt, sein Vorher und Nachher, aber das Jetzt, das Vorher und Nachher ist ein bloß eingebildetes, wie das ganze Objekt. Hier steht also ein ganz anderer Wahrnehmungsbegriff in Frage. Wahrnehmung ist hier der Akt, der etwas als es selbst vor Augen stellt, der Akt, der das Objekt ursprünglich konstituiert. Das Gegenteil ist Vergegenwärtigung, Re-Präsentation. als der Akt, der ein Objekt nicht selbst vor Augen stellt, sondern eben vergegenwärtigt, gleichsam im Bilde vor Augen stellt, wenn auch nicht gerade in der Weise eines eigentlichen Bildbewußtseins. Hier ist von einer kontinuierlichen Vermittlung der Wahrnehmung mit ihrem Gegenteil gar keine Rede. Vor- [401]hin war das Vergangenheitsbewußtsein, nämlich das primäre, keine Wahrnehmung, weil Wahrnehmung als der das Jetzt originär konstituierende Akt genommen war. Das Vergangenheitsbewußtsein konstituiert aber nicht ein Jetzt, vielmehr ein »soeben gewesen«, ein dem Jetzt intuitiv Vorangegangenes. Nennen wir aber Wahrnehmung den Akt, in dem aller »Ursprung« liegt, der originär konstituiert, so ist die primäre Erinnerung Wahrnehmung. Denn nur in der primären Erinnerung sehen wir

Vergangenes, nur in ihr konstituiert sich Vergangenheit, und
zwar nicht repräsentativ, sondern präsentativ. Das Soeben-
gewesen, das Vorher im Gegensatz zum Jetzt, kann nur in der
primären Erinnerung direkt erschaut werden; es ist ihr
Wesen, dieses Neue und Eigentümliche zur primären, direk-
ten Anschauung zu bringen, genau so wie es das Wesen der
Jetztwahrnehmung ist, das Jetzt direkt zur Anschauung zu
bringen. Wiedererinnerung hingegen wie Phantasie bietet uns
bloß Vergegenwärtigung, sie ist g l e i c h s a m dasselbe
Bewußtsein wie der zeitschaffende Jetztakt und Vergangen-
heitsakt, g l e i c h s a m dasselbe, aber doch modifiziert. Das
phantasierte Jetzt stellt ein Jetzt vor, gibt aber nicht selbst ein
Jetzt, das phantasierte Vorher und Nachher stellt ein Vorher
und Nachher nur vor usw.

15. *Die Bedeutung der Wiedererinnerung für die Konstitution des Bewußtseins von Dauer und Folge*

Etwas anders stellt sich die konstitutive Bedeutung von pri-
märer und sekundärer Erinnerung dar, wenn wir statt der
Gegebenheit d a u e r n d e r G e g e n s t ä n d l i c h k e i t e n die
Gegebenheit der D a u e r und F o l g e s e l b s t ins Auge
fassen.
Nehmen wir an, A trete als Urimpression auf und dauere eine
Weile fort und in eins mit der Retention von A gewisser
Entwicklungsstufe trete B auf und konstituiere sich als dauerndes B. Dabei ist das Bewußtsein während dieses ganzen
»Prozesses« Bewußtsein desselben »in die Vergangenheit
rückenden« A, desselben im Fluß dieser Gegebenheitsweisen
und desselben nach seiner zu seinem Seinsgehalt gehörenden
Seinsform »Dauer«, nach allen Punkten dieser Dauer. Dasselbe gilt von B und dem Abstand der beiden Dauern bzw.
ihrer Zeitpunkte. Dazu tritt aber hier etwas Neues: B f o l g t
a u f A, es ist eine Folge zweier dauernder Daten gegeben mit
einer bestimmten Zeitform, einer Zeitstrecke, die das Nach-

einander umspannt. Das Sukzessionsbewußtsein ist ein [402] originär gebendes Bewußtsein, es ist »Wahrnehmung« von diesem Nacheinander. Wir betrachten nun die reproduktive Modifikation dieser Wahrnehmung, und zwar die Wiedererinnerung. Ich »wiederhole« das Bewußtsein dieser Sukzession, ich vergegenwärtige sie mir erinnernd. Das »kann« ich, und zwar »beliebig oft«. A priori liegt Vergegenwärtigung eines Erlebnisses im Bereich meiner »Freiheit«. (Das »ich kann« ist ein praktisches »ich kann«, und nicht eine »bloße Vorstellung«.) Wie sieht nun die Vergegenwärtigung der Erlebnisfolge aus, und was gehört zu ihrem Wesen? Man wird zunächst sagen: ich vergegenwärtige mir erst A und dann B; hatte ich ursprünglich A – B, so habe ich jetzt (wenn der Index Erinnerung besagt) A' – B'. Aber das ist unzureichend, denn es hieße, daß ich jetzt eine Erinnerung A' habe und »nachher« eine Erinnerung B', und zwar im Bewußtsein einer Folge dieser Erinnerungen. Aber dann hätte ich eine »Wahrnehmung« der Folge dieser Erinnerungen, und kein Erinnerungsbewußtsein davon. Ich muß es also darstellen durch (A – B)'. Dieses Bewußtsein schließt in der Tat ein A', B', aber auch ein–' ein. Freilich ist die Folge nicht ein drittes Stück, als ob die Schreibweise der Zeichen nacheinander die Folge bezeichnete. Immerhin kann ich das Gesetz hinschreiben:

$$(A - B)' = A' - {}'B'$$

in dem Sinne: es ist ein Bewußtsein der Erinnerung an A und an B vorhanden, aber auch ein modifiziertes Bewußtsein des »es folgt auf A das B«.

Fragen wir nun nach dem originär gebenden Bewußtsein für eine Folge dauernder Gegenständlichkeiten – und schon der Dauer selbst –, so finden wir, daß Retention und Wiedererinnerung notwendig dazu gehören. Die Retention konstituiert den lebendigen Horizont des Jetzt, ich habe in ihr ein Bewußtsein des »soeben vergangen«, aber originär konstituiert sich dabei – etwa im Festhalten des soeben gehörten

Tones – nur die Zurückschiebung der Jetztphase bzw. der fertig konstituierten und in dieser Fertigkeit sich nicht mehr konstituierenden und nicht mehr wahrgenommenen Dauer. In »Deckung« mit diesem sich zurückschiebenden »Resultat« kann ich aber eine Wiedererzeugung vornehmen. Dann ist mir die Vergangenheit der Dauer gegeben, eben als »Wiedergegebenheit« der Dauer schlechthin gegeben. Und es ist zu beachten: Nur vergangene Dauern kann ich in wiederholenden Akten »originär« anschauen, wirklich anschauen, identifizieren und als identisches Objekt vieler Akte gegenständlich haben. Die Gegenwart kann ich nachleben, aber sie [403] kann nicht wiedergegeben sein. Wenn ich, wie ich jederzeit kann, auf eine und dieselbe Sukzession zurückkomme und sie als dasselbe Zeitobjekt identifiziere, so vollziehe ich eine Sukzession von wiedererinnernden Erlebnissen in der Einheit eines übergreifenden Sukzesssionsbewußtseins, also

$$(A - B) - (A - B)' - (A - B)'' \ldots$$

Die Frage ist: wie sieht dieses Identifizieren aus? Zunächst ist die Folge eine Folge von Erlebnissen: das erste die originäre Konstitution einer Folge von A – B, das zweite die Erinnerung an diese Folge, dann noch einmal dieselbe usw. Die Gesamtfolge ist originär gegeben als Präsenz. Von dieser Folge kann ich abermals eine Erinnerung haben, von einer solchen Wiedererinnerung abermals eine solche *in infinitum*. Wesensgesetzlich ist nicht nur jede Erinnerung iterierbar in dem Sinne, daß beliebig hohe Stufen Möglichkeiten sind, sondern es ist das auch eine Sphäre des »ich kann«. Prinzipiell ist jede Stufe eine Tätigkeit der Freiheit (was Hemmnisse nicht ausschließt). Wie sieht die erste Wiedererinnerung jener Sukzession aus?

$$[(A - B) - (A - B)']'.$$

Dann kann ich nach dem früheren Gesetz ableiten, daß darin steckt $(A - B)'$ und $[(A - B)']'$, also eine Erinnerung zweiter Stufe, und zwar im Nacheinander; und natürlich auch die Erinnerung an die Folge (–'). Wiederhole ich noch einmal, so habe ich noch höhere Erinnerungsmodifikationen und zugleich das Bewußtsein, daß ich mehrmals nacheinander eine wiederholende Vergegenwärtigung vollzogen habe. Dergleichen kommt sehr gewöhnlich vor. Ich klopfe zweimal auf den Tisch, ich vergegenwärtige mir das Nacheinander, denn achte ich darauf, daß ich zuerst die Folge wahrnehmungsmäßig gegeben hatte und dann mich erinnert habe; dann achte ich darauf, daß ich eben dieses Achten vollzogen hatte, und zwar als drittes Glied einer Reihe, die ich mir wiederholen kann usw. Das alles ist besonders in der phänomenologischen Arbeitsmethode sehr gewöhnlich.

In der Folge gleicher (inhaltsidentischer) Objekte, die nur in der Sukzession und nicht als Koexistenz gegeben sind, haben wir nun eine eigentümliche Deckung in der Einheit eines Bewußtseins: eine sukzessive Deckung. Natürlich uneigentlich gesprochen, denn sie sind ja auseinandergelegt, sind als Folge bewußt, getrennt durch eine Zeitstrecke.

Und doch: haben wir im Nacheinander ungleiche Objekte mit gleichen abgehobenen Momenten, so laufen gewissermaßen »Gleichheitslinien« von einem zum anderen, und bei Ähnlichkeit Ähnlich[404]keitslinien. Wir haben hier eine Aufeinanderbezogenheit, die nicht in beziehendem Betrachten konstituiert ist, die v o r aller »Vergleichung« und allem »Denken« liegt als Voraussetzung der Gleichheitsanschauung und Differenzanschauung. Eigentlich »vergleichbar« ist nur das Ähnliche, und »Unterschied« setzt »Deckung« voraus, d. i. jene eigentliche Einigung des im Übergang (oder in der Koexistenz) verbundenen Gleichen.

[408]   16. *Deckung des reproduzierten Jetzt mit einem Vergangen. Unterscheidung von Phantasie und Wiedererinnerung*

[...] [409] Wenn ich eine gehörte Melodie reproduziere, so vergegenwärtigt das phänomenale Jetzt der Wiedererinnerung ein Vergangen: In der Phantasie, in der Wiedererinnerung erklingt jetzt ein Ton. Er reproduziert etwa den ersten Ton der Melodie, die gewesene Melodie ist. Das mit dem zweiten Ton gegebene Vergangenheitsbewußtsein repräsentiert das »soeben vergangen«, das früher originär gegeben war, also ein vergangenes »soeben vergangen«. Wie kommt nun das reproduzierte Jetzt dazu, ein Vergangen zu repräsentieren? Unmittelbar stellt doch ein reproduziertes Jetzt eben ein Jetzt vor. Wie kommt die Beziehung auf ein Vergangenes hinein, das doch originär nur gegeben sein kann in der Form des »soeben vergangen«?

Für diese Frage ist es nötig, eine Scheidung vorzunehmen, die wir bisher nur berührt haben, nämlich zwischen bloßer Phantasie von einem zeitlich extendierten Objekt und Wiedererinnerung. In der bloßen Phantasie ist keine Setzung des reproduzierten Jetzt und keine Deckung desselben mit einem vergangenen gegeben. Die Wiedererinnerung dagegen setzt das Reproduzierte und gibt ihm in dieser Setzung Stellung zum aktuellen Jetzt und zur Sphäre des originären Zeitfeldes, dem die Wiedererinnerung selbst angehört. Nur im originären Zeitbewußtsein kann sich die Beziehung zwischen einem reproduzierten Jetzt und einem Vergangen vollziehen. Der Vergegenwärtigungsfluß ist ein Fluß von Erlebnisphasen, der genau so wie jeder zeitkonstituierende Fluß gebaut, also selbst ein zeitkonstituierender ist. All die Abschattungen, Modifikationen, die die Zeitform konstituieren, finden sich hier, und genau so, wie sich im Fluß der Tonphasen der immanente Ton konstituiert, so konstituiert sich im Fluß der Ton-Vergegenwärtigungsphasen die Einheit der Ton-Vergegenwärtigung. Es gilt eben allgemein, daß wir von allem im weitesten Sinne Erscheinenden, Vorgestellten, Gedachten usw. zurückgeführt werden in der phänomenologischen Reflexion auf einen Fluß von konstituierenden Phasen, die eine immanente Objektivation erfahren: eben die zu Wahrnehmungserscheinungen (äußeren Wahrnehmungen), Erinnerungen, Erwartungen, Wünschen usw., als Einheiten des inneren Bewußtseins. Also auch die Vergegenwärtigungen jeder Art als Erlebnisabflüsse von der universellen zeitkonstituierenden Gestaltung konstituieren ein immanentes Objekt: »dauernder, so und so abfließender Vorgang der Vergegenwärtigung«.

[410] Andererseits haben aber die Vergegenwärtigungen das Eigene, daß sie in sich selbst und nach allen Erlebnisphasen Vergegenwärtigungen v o n . . . in einem anderen Sinne sind, daß sie eine zweite, andersartige Intentionalität haben, eine solche, die ihnen allein und nicht allen Erlebnissen eigen ist. Diese neue Intentionalität hat nun aber die Eigentümlichkeit, daß sie der Form nach ein Gegenbild der zeitkonstituierenden Intentionalität ist, und wie sie in jedem Elemente ein Moment eines Gegenwärtigungsflusses und im Ganzen einen ganzen Gegenwärtigungsfluß reproduziert, so stellt sie ein reproduktives Bewußtsein von einem vergegenwärtigten immanenten Objekt her. Sie konstituiert also ein Doppeltes: einmal durch ihre Form des Erlebnisflusses die Vergegenwärtigung als immanente Einheit; dadurch sodann, daß die Erlebnismomente dieses Flusses reproduktive Modifikationen von Momenten eines parallelen Flusses sind (der im gewöhnlichen Fall aus nicht reproduktiven Momenten besteht), und dadurch, daß diese reproduktiven Modifikationen eine Intentionalität bedeuten, schließt sich der Fluß zusammen zu einem konstituierenden Ganzen, in dem eine intentionale Einheit bewußt ist: die Einheit des Erinnerten.

17. *Protentionen in der Wiedererinnerung*

Um nun die Einordnung dieser konstituierten Erlebniseinheit »Erinnerung« in den einheitlichen Erlebnisstrom zu verstehen, ist folgendes mit in Rechnung zu ziehen: jede Erinnerung enthält Erwartungsintentionen, deren Erfüllung zur Gegenwart führt. Jeder ursprünglich konstituierende Prozeß ist beseelt von Protentionen, die das Kommende als solches

leer konstituieren und auffangen, zur Erfüllung bringen.
Aber: der wiedererinnernde Prozeß erneuert erinnerungsmä-
ßig nicht nur diese Protentionen. Sie waren nicht nur auffan-
gend da, sie h a b e n auch aufgefangen, sie haben sich erfüllt,
und dessen sind wir uns in der Wiedererinnerung bewußt.
Die Erfüllung im wiedererinnernden Bewußtsein ist Wieder-
Erfüllung (eben in der Modifikation der Erinnerungsset-
zung), und wenn die ursprüngliche Protention der Ereignis-
wahrnehmung unbestimmt war und das Anderssein oder
Nichtsein offen ließ, so haben wir in der Wiedererinnerung
eine vorgerichtete Erwartung, die all das nicht offen läßt, es
sei denn in Form »unvollkommener« Wiedererinnerung, die
eine andere Struktur hat als die unbestimmte ursprüngliche
Protention. Und doch ist auch diese in der Wiedererinnerung
beschlossen. Es bestehen hier also Schwierigkeiten der intentionalen Analyse schon für das einzeln betrachtete Ereignis
[411] und dann in neuer Weise für die Erwartungen, die die
Aufeinanderfolge der Ereignisse bis zur Gegenwart angehen:
Die Wiedererinnerung ist nicht Erwartung, sie hat aber einen
auf die Zukunft, und zwar auf die Zukunft des Wiedererinnerten gerichteten Horizont, der gesetzter Horizont ist. Dieser Horizont wird im Fortschreiten des wiedererinnernden
Prozesses immer neu eröffnet und lebendiger, reicher. Und
dabei erfüllt sich dieser Horizont mit immer neuen wiedererinnerten Ereignissen. Die vordem nur vorgedeutet waren,
sind nun *quasi*-gegenwärtig, *quasi* im Modus der verwirk-
lichenden Gegenwart.

18. *Die doppelte Intentionalität der Wiedererinnerung*

Unterscheiden wir also bei einem Zeitobjekt den Inhalt nebst
seiner Dauer, die im Zusammenhang »der« Zeit eine verschiedene Stelle haben können, von seiner Zeitstellung, so haben
wir in der Reproduktion eines dauernden Seins neben der

Reproduktion der erfüllten Dauer die Intentionen, welche die Stellung betreffen, und zwar notwendig. Eine Dauer ist gar nicht vorstellbar oder besser nicht setzbar, ohne daß sie in einem Zeitzusammenhang gesetzt wird, ohne daß Intentionen des Zeitzusammenhangs da sind. Dabei ist es notwendig, daß diese Intentionen entweder die Form von Vergangenheits- oder von Zukunftsintentionen haben. Der Doppelheit der Intentionen, der auf die erfüllte Dauer und der auf ihre Zeitstelle gerichteten, entspricht eine doppelte Erfüllung. Der Gesamtkomplex von Intentionen, der die Erscheinung des vergangenen dauernden Objektes ausmacht, hat seine mögliche Erfüllung in dem System von Erscheinungen, die zu demselben Dauernden gehören. Die Intentionen des Zusammenhangs in der Zeit erfüllen sich durch Herstellung der erfüllten Zusammenhänge bis zur aktuellen Gegenwart. Es ist also in jeder Vergegenwärtigung zu unterscheiden die Reproduktion des Bewußtseins, in dem das vergangene dauernde Objekt gegeben, d. h. wahrgenommen oder überhaupt ursprünglich konstituiert war, und das, was dieser Reproduktion als konstitutiv für das Bewußtsein »vergangen« oder »gegenwärtig« (mit dem aktuellen Jetzt gleichzeitig) oder »zukünftig« anhängt.

Ist nun auch das Letztere Reproduktion? Das ist eine leicht irreführende Frage. Natürlich, das Ganze wird reproduziert, nicht nur die damalige Bewußtseinsgegenwart mit ihrem Fluß, sondern *implicite* der ganze Strom des Bewußtseins bis zur lebendigen Gegenwart. Das sagt, als ein Grundstück apriorisch-phänomenologi[412]scher Genese: Die Erinnerung ist in einem beständigen Fluß, weil das Bewußtseinsleben in beständigem Fluß ist, und nicht nur Glied an Glied in der Kette sich fügt. Vielmehr wirkt jedes Neue zurück auf das Alte, seine vorwärtsgehende Intention erfüllt sich und bestimmt sich dabei, und das gibt der Reproduktion eine bestimmte Färbung. Hier zeigt sich also eine *a priori* notwendige Rückwirkung. Das Neue weist wieder auf Neues, das eintretend sich bestimmt und für das Alte die reproduktiven Möglichkeiten modifiziert usw. Dabei geht die rückwirkende Kraft der Kette nach zurück, denn das reproduzierte Vergangen trägt den Charakter *Vergangen* und eine unbestimmte Intention auf eine gewisse Zeitlage zum Jetzt. Es ist also nicht so, daß wir eine bloße Kette »assoziierter« Intentionen hätten, eins an das andere, dies an das nächste (Strömende) erinnernd, sondern wir haben e i n e Intention, die in sich Intention auf die Reihe von möglichen Erfüllungen ist.

Aber diese Intention ist eine unanschauliche, eine »leere« Intention, und ihr Gegenständliches ist die objektive Zeitreihe von Ereignissen, und diese ist die dunkle Umgebung des aktuell Wiedererinnerten. Charakterisiert das nicht überhaupt »Umgebung«: eine einheitliche Intention, die auf eine Vielheit zusammenhängender Gegenständlichkeiten bezogen ist und in deren gesonderter und vielfältiger allmählicher Gegebenheit zur Erfüllung kommt? So verhält es sich auch beim räumlichen Hintergrund. Und so hat auch jedes Ding in der Wahrnehmung seine Rückseite als Hintergrund (denn es handelt sich nicht um Hintergrund der Aufmerksamkeit, sondern der Auffassung). Die Komponente »uneigentliche Wahrnehmung«, die jeder transzendenten Wahrnehmung als wesentliches Bestandstück zugehört, ist eine »komplexe« Intention, die erfüllbar ist in Zusammenhängen bestimmter Art, in Zusammenhängen von Gegebenheiten. Vordergrund ist nichts ohne Hintergrund. Die erscheinende Seite ist nichts ohne nicht erscheinende. Ebenso in der Einheit des Zeitbewußtseins: die reproduzierte Dauer ist der Vordergrund, die Einordnungsintentionen machen einen Hintergrund, einen zeitlichen, bewußt. Und in gewisser Weise setzt sich das in der Konstitution der Zeitlichkeit des Dauernden selbst mit seinem Jetzt, Vorher, Nachher fort. Wir haben die Analogien: für das Raumding die Einordnung in den umfassenden Raum und die Raumwelt, andererseits das Raumding selbst mit seinem Vordergrund und Hintergrund. Für das Zeitding:

die Einordnung in die Zeitform und die Zeitwelt, andererseits das Zeitding selbst und seine wechselnde Orientierung zum lebendigen Jetzt.

[413]   19. *Unterschiede zwischen Erinnerung und Erwartung*

Es ist ferner zu untersuchen, ob Erinnerung und Erwartung einander gleichstehen. Die anschauliche Erinnerung bietet mir die lebendige Reproduktion der ablaufenden Dauer eines Ereignisses, und unanschaulich bleiben nur die Intentionen, die zurückweisen auf das Vorher und vorweisen bis zum lebendigen Jetzt.
In der anschaulichen Vorstellung eines künftigen Ereignisses habe ich jetzt anschaulich das reproduktive »Bild« eines Vorgangs, der reproduktiv abläuft. Daran knüpfen sich unbestimmte Zukunftsintentionen und Vergangenheitsintentionen, d. i. Intentionen, die vom Anfang des Vorgangs die Zeitumgebung betreffen, die im lebendigen Jetzt terminiert. Insofern ist die Erwartungsanschauung umgestülpte Erinnerungsanschauung, denn bei dieser gehen die Jetztintentionen dem Vorgang nicht »vorher«, sondern folgen nach. Sie liegen als leere Umgebungsintentionen »in entgegengesetzter Richtung«. Wie steht es nun mit der Gegebenheitsweise des Vorgangs selbst? Macht es einen wesentlichen Unterschied aus, daß in der Erinnerung der Gehalt des Vorgangs bestimmter ist? Auch die Erinnerung kann anschaulich, aber doch nicht sehr bestimmt sein, sofern manche anschaulichen Komponenten gar nicht wirklichen Erinnerungscharakter haben. Bei »vollkommener« Erinnerung allerdings würde alles bis ins einzelne klar und als Erinnerung charakterisiert sein. Aber *idealiter* ist das auch bei der Erwartung möglich. Im allgemeinen läßt sie viel offen, und das Offenbleiben ist wieder ein Charakter der betreffenden Komponenten. Aber prinzipiell ist ein prophetisches Bewußtsein (ein Bewußtsein, das sich

selbst für prophetisch ausgibt) denkbar, dem jeder Charakter
der Erwartung des Seinwerdenden, vor Augen steht: etwa
wie wenn wir einen genau bestimmten Plan haben und,
anschaulich das Geplante vorstellend, es sozusagen mit Haut
und Haar als künftige Wirklichkeit hinnehmen. Doch wird
auch da manches Belanglose in der anschaulichen Antizipation der Zukunft sein, das als Lückenbüßer das konkrete Bild
ausfüllt, das aber vielfach anders sein kann als das Bild es
bietet: es ist von vornherein charakterisiert als Offenheit.
Prinzipielle Unterschiede aber liegen in der Weise der Erfüllung. Vergangenheitsintentionen erfüllen sich notwendig
durch Herausstellung der Zusammenhänge anschaulicher
Reproduktionen. Die Reproduktion des vergangenen Ereignisses läßt hinsichtlich ihrer Gültigkeit (im inneren Bewußtsein) nur Bestätigung der Erinnerungsunbestimmtheiten und
Vervollkommnung durch Verwandlung in eine Repro-
[414]duktion zu, in der alles und jedes an Komponenten als
reproduktiv charakterisiert ist. Hier handelt es sich um Fragen wie: Habe ich das wirklich gesehen, wahrgenommen,
habe ich diese Erscheinung wirklich gehabt, genau mit dem
Inhalt? All das muß sich zugleich einem Zusammenhang
ebensolcher Anschauungen bis zum Jetzt einfügen. Eine
andere Frage allerdings ist die: War das Erscheinende wirklich? Dagegen findet die Erwartung ihre Erfüllung in einer
Wahrnehmung. Zum Wesen des Erwarteten gehört es, daß es
ein Wahrgenommen-sein-werdendes ist. Dabei ist es evident,
daß, wenn ein Erwartetes eintritt, d. i. zu einem Gegenwärtigen geworden ist, der Erwartungszustand selbst vorüberge-
gangen ist; ist das Künftige zum Gegenwärtigen geworden,
so ist das Gegenwärtige zum relativ Vergangenen geworden.[1]
Ebenso verhält es sich mit den Umgebungsintentionen. Auch
sie erfüllen sich durch die Aktualität eines impressionalen
Erlebens.
Ungeachtet dieser Unterschiede ist Erwartungsanschauung
genau so etwas Ursprüngliches und Eigenartiges wie Vergangenheitsanschauung.

20. *Erinnerung als Bewußtsein vom Wahrgenommen-gewesen-sein*

Zur Charakteristik der analysierten setzenden Reproduktion ist folgendes von größter Bedeutung: es gehört zu ihrem Wesen nicht bloß reproduktive Setzung von zeitlichem Sein, sondern eine gewisse Beziehung zum inneren Bewußtsein. Zum Wesen der Erinnerung gehört primär, daß sie Bewußtsein vom Wahrgenommen-gewesen-sein ist. Erinnere ich mich anschaulich an einen äußeren Vorgang, so habe ich eine reproduktive Anschauung von ihm. Und es ist eine setzende Reproduktion. Diese äußere Reproduktion ist aber notwendig bewußt durch eine innere Reproduktion. Ein äußeres Erscheinen muß reproduziert sein, indem der äußere Vorgang in bestimmter Erscheinungsweise gegeben ist. Das äußere Erscheinen als Erlebnis ist Einheit des inneren Bewußtseins, und dem inneren Bewußtsein entspricht die innere Reproduktion. Es bestehen nun aber für die Reproduktion eines Vorgangs zwei Möglichkeiten: es kann die innere Reproduktion eine setzende sein und demnach die Erscheinung des Vorgangs gesetzt sein in der Einheit der immanenten Zeit; oder es kann auch die äußere Reproduktion eine setzende sein, die den betreffenden zeitlichen Vorgang [415] in der objektiven Zeit setzt, nicht aber die Erscheinung selbst als Vorgang der inneren Zeit, und damit weiter nicht den zeitkonstituierenden Strom in der Einheit des Gesamtlebensstromes.

Erinnerung ist also nicht ohne weiteres Erinnerung an frühere Wahrnehmung. Da aber die Erinnerung an einen früheren Vorgang die Reproduktion der Erscheinungen, in denen er zur Gegebenheit kam, einschließt, besteht jederzeit auch die Möglichkeit einer Erinnerung an die frühere Wahrnehmung des Vorgangs (bzw. die Möglichkeit einer Reflexion in der Erinnerung, die die frühere Wahrnehmung zur Gegebenheit bringt). Es wird das frühere Bewußtseinsganze reproduziert, und was reproduziert wird, das hat den Charakter der Reproduktion und den Charakter der Vergangenheit.

Machen wir uns diese Verhältnisse an einem Beispiel klar: Ich erinnere mich an das erleuchtete Theater – das kann nicht heißen: Ich erinnere mich, das Theater wahrgenommen zu haben. Sonst hieße letzteres: Ich erinnere mich, daß ich wahrgenommen habe, daß ich das Theater wahrgenommen habe usf. Ich erinnere mich an das erleuchtete Theater, das sagt: »In meinem Inneren« schaue ich das erleuchtete Theater als gewesenes. Im Jetzt schaue ich das Nicht-Jetzt. Wahrnehmung konstituiert Gegenwart. Damit ein Jetzt als solches mir vor Augen steht, muß ich wahrnehmen. Um ein Jetzt anschaulich vorzustellen, muß ich »im Bilde«, repräsentativ modifiziert, eine Wahrnehmung vollziehen. Aber nicht so, daß ich die Wahrnehmung vorstelle, sondern ich stelle das W a h r g e n o m m e n e vor, das in ihr als gegenwärtig Erscheinende. Die Erinnerung impliziert also wirklich eine Reproduktion der früheren Wahrnehmung; aber die Erinnerung ist nicht im eigentlichen Sinne eine Vorstellung von ihr: die Wahrnehmung ist nicht in der Erinnerung gemeint und gesetzt, sondern gemeint und gesetzt ist ihr Gegenstand und sein Jetzt, das zudem in Beziehung gesetzt ist zum aktuellen Jetzt. Ich erinnere mich an das erleuchtete Theater von gestern, d. h. ich vollziehe eine »Reproduktion« der Wahrnehmung des Theaters, somit schwebt mir in der Vorstellung das Theater als ein gegenwärtiges vor, dieses meine ich, fasse dabei aber diese Gegenwart als zurückliegend in Beziehung auf die aktuelle Gegenwart der jetzigen aktuellen Wahrnehmungen auf. Natürlich ist jetzt evident: Die Wahrnehmung des Theaters war, ich habe das Theater wahrgenommen. Das Erinnerte erscheint als gegenwärtig gewesen, und zwar unmittelbar anschaulich; und es erscheint so dadurch, daß intuitiv eine Gegenwart erscheint, die einen Abstand hat von [416] der Gegenwart des aktuellen Jetzt. Die letztere Gegenwart konstituiert sich in der wirklichen Wahrnehmung, jene intuitiv erscheinende Gegenwart, die intuitive Vorstellung des Nicht-Jetzt, konstituiert sich in einem Gegenbild von Wahrnehmung, einer »Vergegenwärtigung der früheren

Wahrnehmung«, in der das Theater »gleichsam jetzt« zur Gegebenheit kommt. Diese Vergegenwärtigung der Wahrnehmung des Theaters ist also nicht so zu verstehen, daß ich, darin lebend, das Wahrnehmen meine, sondern ich meine das Gegenwärtigsein des wahrgenommenen Objektes.

21. *Erinnerung und Bildbewußtsein. Erinnerung als setzende Reproduktion*

Es bedarf noch der Erwägung, welcher Art die Vergegenwärtigung ist, von der hier gehandelt wird. In Frage steht nicht eine Repräsentation durch ein ähnliches Objekt wie im Falle bewußter Bildlichkeit (Gemälde, Büste u. dgl.). Diesem Bildbewußtsein gegenüber haben die Reproduktionen den Charakter der Selbstvergegenwärtigung. Sie scheiden sich wiederum, je nachdem sie nichtsetzende (»bloße« Phantasien) oder setzende sind. Und dazu kommen nun die Zeitcharaktere. Erinnerung ist Selbstvergegenwärtigung im Sinne des Vergangen. Die gegenwärtige Erinnerung ist ein ganz analoges Phänomen wie die Wahrnehmung, sie hat mit der entsprechenden Wahrnehmung gemein die Erscheinung des Gegenstandes, nur hat die Erscheinung einen modifizierten Charakter, vermöge dessen der Gegenstand nicht als gegenwärtig dasteht, sondern als gegenwärtig gewesen.

Das Wesentliche der Art von Reproduktionen, die Erinnerung und Erwartung heißen, liegt in der Einordnung der reproduzierten Erscheinung in den Seinszusammenhang der inneren Zeit, der abfließenden Reihe meiner Erlebnisse. Die Setzung erstreckt sich normalerweise auch auf das Gegenständliche der äußeren Erscheinung, aber diese Setzung kann aufgehoben, ihr kann widersprochen werden, und dann bleibt immer noch Erinnerung bzw. Erwartung übrig, d. h. wir werden nicht aufhören, dergleichen Erinnerung und Erwartung zu nennen, wenn wir auch die frühere bzw. künftige Wahrnehmung als bloß »vermeintliche«

bezeichnen. Handelt es sich von vornherein nicht um Reproduktion transzendenter, sondern immanenter Objekte, so entfällt der geschilderte Stufenbau der reproduktiven Anschauungen, und die Setzung des Reproduzierten deckt sich mit seiner Einordnung in die Reihe der Erlebnisse, in die immanente Zeit.

[417]   *22. Gegenwartserinnerung*

Für die Sphäre der Anschauung von äußerer Zeit und Gegenständlichkeit ist noch ein anderer Typus unmittelbarer reproduktiver Anschauung von zeitlichen Gegenständen (auf die unmittelbare Anschauung von Zeitgegenständen beschränkten sich ja alle unsere Ausführungen und ließen die mittelbaren bzw. unanschaulichen Erwartungen und Erinnerungen außer Spiel) zu berücksichtigen.

Ich kann mir auch ein Gegenwärtiges als jetzt seiend vorstellen, ohne es jetzt leibhaft vor mir zu haben, sei es aufgrund früherer Wahrnehmungen, sei es nach einer Beschreibung oder dgl. Im ersten Fall habe ich zwar eine Erinnerung, aber ich gebe dem Erinnerten Dauer bis zum aktuellen Jetzt, und für diese Dauer habe ich keine innerlich erinnerten »Erscheinungen«. Das »Erinnerungsbild« dient mir, aber ich setze nicht das Erinnerte als ein solches, das Gegenständliche der inneren Erinnerung, in seiner ihm zukommenden Dauer. Gesetzt ist das Dauernde als sich in dieser Erscheinung darstellend, und das erscheinende Jetzt setzen wir und das immer neue Jetzt usw.; aber wir setzen es nicht a l s »vergangen«.

Wir wissen, das »vergangen« bei der Erinnerung sagt auch nicht, daß wir im jetzigen Erinnern uns ein Bild machen von dem früheren, und was dergleichen Konstruktionen mehr sind. Sondern wir setzen einfach das Erscheinende, das Angeschaute, das natürlich nach seiner Zeitlichkeit nur in den temporalen Modis anschaubar ist. Und dem dabei Erscheinenden geben wir in der Weise der Erinnerung durch die Umgebungsintention der Erscheinung Stellung zum Jetzt der Aktualität. Also müssen wir auch bei der Vergegenwärtigung eines abwesenden Gegenwärtigen nach den Umgebungsintentionen der Anschauung fragen, und diese sind hier natürlich von ganz anderer Art: sie haben gar keine Beziehung zum aktuellen Jetzt durch eine stetige Reihe von inneren Erscheinungen, die sämtlich gesetzte wären. Freilich, ohne Zusammenhang ist diese reproduktive Erscheinung nicht. Es soll ein Dauerndes sein, das da erscheint, das gewesen ist und jetzt ist und sein wird. Ich »kann« also auf irgendeinem Wege hingehen und sehen, das Ding noch finden, und kann dann wieder zurückgehen und in wiederholten »möglichen« Erscheinungsreihen die Anschauung herstellen. Und wenn ich vorhin aufgebrochen und dahin gegangen wäre (und das ist vorgezeichnete Möglichkeit, und dem entsprechen mögliche Erscheinungsreihen), dann hätte ich jetzt die Anschauung als Wahrnehmungsanschauung usw. Also die Erscheinung, die mir reproduktiv vorschwebt, ist zwar nicht charakterisiert als innerlich impressional gewesen, das Erschei[418]nende nicht als in seiner Zeitdauer wahrgenommen gewesenes: aber Beziehung zum *hic et nunc* besteht auch hier, die Erscheinung trägt auch einen gewissen Setzungscharakter: sie gehört in einen bestimmten Erscheinungszusammenhang hinein (und von Erscheinungen, die durchaus »setzende«, stellungnehmende wären), und in Beziehung auf diesen hat sie motivierenden Charakter: die Umgebungsintention ergibt für die »möglichen« Erscheinungen selbst je einen Hof von Intentionen. Ebenso verhält es sich mit der Anschauung von dauerndem Sein, das ich jetzt wahrnehme und als vorher gewesen setze, ohne es vorher wahrgenommen zu haben und jetzt zu erinnern, und das ich als künftig sein werdend setze.

23. Erhaltung der gegenständlichen Intention in der retentionalen Abwandlung

Es kommt oft vor, daß, während noch die Retention von eben Vergangenem lebendig ist, ein reproduktives Bild von demselben auftaucht: aber natürlich ein Bild desselben, wie es im Jetztpunkt gegeben war. Wir rekapitulieren sozusagen das soeben Erlebte. Diese innere Erneuerung in der Vergegenwärtigung setzt das reproduktive Jetzt mit dem noch in frischer Erinnerung lebenden in Beziehung, und hier vollzieht sich das Identitätsbewußtsein, das die Identität des einen oder anderen herausstellt. (Dies Phänomen zeigt zugleich, daß zur Sphäre der primären Erinnerung neben dem intuitiven ein leerer Teil gehört, der sehr viel weiter reicht. Während wir ein Gewesenes noch in der frischen, obschon leeren Erinnerung haben, kann zugleich ein »Bild« davon auftauchen.) Es ist eine allgemeine und grundwesentliche Tatsache, daß jedes Jetzt, indem es in die Vergangenheit zurücksinkt, seine strenge Identität festhält. Phänomenologisch gesprochen: Das Jetztbewußtsein, das sich aufgrund der Materie A konstituiert, wandelt sich stetig in ein Vergangenheitsbewußtsein um, während gleichzeitig immer neues Jetztbewußtsein sich aufbaut. Bei dieser Umwandlung erhält sich (und das gehört zum Wesen des Zeitbewußtseins) das sich modifizierende Bewußtsein seine gegenständliche Intention.

Die kontinuierliche Modifikation, welche jedes ursprüngliche Zeitfeld hinsichtlich der es konstituierenden Aktcharaktere enthält, ist nicht so zu verstehen, als ob in der Reihe der zu einer Objektphase gehörigen Auffassungen, angefangen von ihrem Auftreten als Jetztsetzung und herabsteigend bis in das letzte erreichbare phänomenale Vergangen, eine stetige Modifikation in der gegenständlichen Intention statthätte. Im Gegenteil: die gegenständliche Intention ver[419]bleibt als absolut dieselbe und identische. Gleichwohl besteht ein phänomenales Sich-abstufen, und zwar nicht nur hinsichtlich der Auffassungsinhalte, die ihr Abklingen haben, ein gewisses

Herabsinken von der höchsten Empfindungshöhe im Jetzt
bis zur Unmerklichkeit. Vor allem ist das Jetztmoment charakterisiert als das Neue. Das eben herabsinkende Jetzt ist
nicht mehr das Neue, sondern das durch das Neue beiseite
Geschobene. In dieser Beiseiteschiebung liegt eine Veränderung. Aber während es seinen Charakter des Jetzt verloren
hat, hält es sich in seiner gegenständlichen Intention absolut
ungeändert, es ist Intention auf eine individuelle Objektivität, und zwar anschauende Intention. In dieser Hinsicht also
liegt keinerlei Veränderung vor. Es ist aber hier wohl zu
erwägen, was »Erhaltung der gegenständlichen Intention«
besagt. Die Gesamtauffassung des Gegenstandes enthält zwei
Komponenten: die eine konstituiert das Objekt nach seinen
außerzeitlichen Bestimmungen, die andere schafft die Zeitstelle, das Jetztsein, Gewesensein usw. Das Objekt als die
Zeitmaterie, als das, was die Zeitstelle und die zeitliche Ausbreitung hat, als das, was dauert oder sich verändert, als das,
was jetzt ist und dann gewesen ist, entspringt rein aus der
Objektivation der Auffassungsinhalte, im Falle sinnlicher
Objekte also der sinnlichen Inhalte. Daß diese Inhalte gleichwohl Zeitobjekte sind, daß sie sich in einem Nacheinander als
ein Kontinuum von Urimpressionen und Retentionen erzeugen, und daß diese Zeitabschattungen der Empfindungsdaten
ihre Bedeutung haben für die Zeitbestimmungen der mittels
ihrer konstituierten Objekte, verlieren wir dabei nicht aus
dem Auge. Aber in ihrer Eigenschaft als Repräsentanten
dinglicher Qualitäten ihrem reinen Was nach spielt ihr Zeitcharakter keine Rolle. Die unzeitlich gefaßten Auffassungs-
daten konstituieren das Objekt nach seinem spezifischen
Bestande, und wo dieser erhalten bleibt, können wir schon
von einer Identität sprechen. Wenn aber vorhin von Erhaltung der gegenständlichen Beziehung die Rede war, so be-
deutete das, daß nicht nur der Gegenstand in seinem spezifischen Bestande erhalten bleibt, sondern als individueller, also
zeitlich bestimmter, der mit seiner zeitlichen Bestimmung in
der Zeit zurücksinkt. Dieses Zurücksinken ist eine eigentüm-

liche phänomenologische Modifikation des Bewußtseins,
wodurch in Relation zu dem immer neu konstituierten aktuellen Jetzt vermöge der dahin führenden stetigen Änderungs-
reihe ein immer wachsender Abstand sich ausbildet.

[420]   24. *Urimpression und objektiver individueller*
Zeitpunkt

Scheinbar werden wir hier auf eine Antinomie geführt: das
Objekt ändert im Zurücksinken ständig seine Zeitstelle, und
sollte doch im Zurücksinken seine Zeitstelle bewahren. In
Wahrheit ändert das Objekt der sich stetig zurückschiebenden primären Erinnerung gar nicht seine Zeitstelle, sondern
nur seinen Abstand vom aktuellen Jetzt, und zwar darum,
weil das aktuelle Jetzt als ein immer neuer objektiver Zeitpunkt gilt, während das vergangene Zeitliche bleibt, was es
ist. Wie aber entgegen dem Phänomen der ständigen Änderung des Zeitbewußtseins das Bewußtsein von der objektiven
Zeit und zunächst von identischen Zeitstellen zustande-
kommt, das ist nun die Frage. Damit[1] hängt aufs engste die
Frage nach der Konstitution der Objektivität individueller
zeitlicher Gegenstände und Vorgänge zusammen: im Zeitbewußtsein vollzieht sich alle Objektivierung; ohne Aufklärung
der Identität der Zeitstelle ist auch keine Aufklärung der
Identität eines Objektes in der Zeit zu geben.
Näher ausgeführt ist das Problem das folgende: Die Jetztpha-
sen der Wahrnehmung erfahren stetig eine Modifikation, sie
erhalten sich nicht einfach wie sie sind, sie fließen. Darin
konstituiert sich, was wir als Zurücksinken in die Zeit
bezeichnen. Der Ton erklingt jetzt, und alsbald sinkt er in die
Vergangenheit, er, derselbe Ton. Das betrifft den Ton nach
jeder seiner Phasen, und darum auch den ganzen. Nun
scheint das Herabsinken durch unsere bisherigen Betrachtungen einigermaßen verständlich. Aber wie kommt es, daß wir
gegenüber dem Herabsinken des Tones doch davon spre-

chen, daß ihm eine feste Stellung in der Zeit zukommt, daß sich Zeitpunkte und Zeitdauern in wiederholten Akten identifizieren lassen, wie es unsere Analyse des reproduktiven Bewußtseins aufwies? Der Ton und jeder Zeitpunkt in der Einheit des dauernden Tones hat ja seine absolut feste Stelle in der »objektiven« (sei es auch die immanente) Zeit. Die Zeit ist starr, und doch fließt die Zeit. Im Zeitfluß, im stetigen Herabsinken in die Vergangenheit konstituiert sich eine nicht fließende, absolut feste, identische, objektive Zeit. Das ist das Problem.

Überlegen wir zunächst die Sachlage des herabsinkenden selben Tones etwas näher. Warum sprechen wir von demselben Ton, der herabsinkt? Der Ton baut sich im Zeitfluß auf durch seine Phasen. Von jeder Phase, etwa der eines aktuellen Jetzt, wissen wir, daß sie, dem Gesetz der stetigen Modifikation unterliegend, doch darum [421] als gegenständlich dasselbe, als derselbe Ton-Punkt sozusagen erscheinen muß, weil hier eine Auffassungskontinuität vorliegt, die von der Identität des Sinnes durchwaltet und in kontinuierlicher Deckung befindlich ist. Die Deckung betrifft die außerzeitliche Materie, die eben im Fluß Identität des gegenständlichen Sinnes sich erhält. Dies gilt für jede Jetztphase. Aber jedes neue Jetzt ist eben ein neues und ist als das phänomenologisch charakterisiert. Mag der Ton völlig unverändert andauern, derart, daß nicht die leiseste Veränderung für uns sichtlich ist, mag also jedes neue Jetzt genau den gleichen Auffassungsinhalt besitzen nach Qualitätsmomenten, Intensitätsmomenten usw. und genau dieselbe Auffassung tragen – eine ursprüngliche Verschiedenheit liegt doch vor, eine Verschiedenheit, die einer neuen Dimension angehört. Und diese Verschiedenheit ist eine stetige. Phänomenologisch liegt vor, daß nur der Jetztpunkt als aktuelles Jetzt charakterisiert ist, und zwar als neues, daß der vorige Jetztpunkt seine Modifikation erfahren hat, der vorvorige seine weitergehende Modifikation usw. Dieses Kontinuum der Modifikationen an den Auffassungsinhalten und den auf sie gebauten Auffassungen schafft das

Bewußtsein der Extension des Tones mit dem beständigen Herabsinken des bereits Extendierten in die Vergangenheit.

Wie kommt nun aber entgegen dem Phänomen der stetigen Änderung des Zeitbewußtseins das Bewußtsein der objektiven Zeit, und zunächst der identischen Zeitstelle und Zeitausdehnung zustande? Die Antwort lautet: dadurch, daß gegenüber dem Fluß der zeitlichen Zurückschiebung, dem Fluß von Bewußtseinsmodifikationen, das Objekt, das zurückgeschoben erscheint, eben in absoluter Identität apperzeptiv erhalten bleibt, und zwar das Objekt mitsamt der im Jetztpunkt erfahrenen Setzung als »dies«. Die stetige Modifikation der Auffassung im stetigen Fluß betrifft nicht das »als was« der Auffassung, den Sinn, sie meint kein neues Objekt und keine neue Objektphase, sie ergibt keine neuen Zeitpunkte, sondern immerfort dasselbe Objekt mit seinen selben Zeitpunkten. Jedes aktuelle Jetzt schafft einen neuen Zeitpunkt, weil es ein neues Objekt schafft oder vielmehr einen neuen Objektpunkt, der im Fluß der Modifikation als der eine und selbe individuelle Objektpunkt festgehalten wird. Und die Stetigkeit, in der sich immer wieder ein neues Jetzt konstituiert, zeigt uns, daß es sich nicht überhaupt um »Neuheit« handelt, sondern um ein stetiges Moment der Individuation, in dem die Zeitstelle ihren Ursprung hat. Zum Wesen des modifizierenden Flusses gehört es, daß diese Zeitstelle identisch und als notwendig [422] identisch dasteht. Das Jetzt als aktuelles Jetzt ist die Gegenwartsgegebenheit der Zeitstelle. Rückt das Phänomen in die Vergangenheit, so erhält das Jetzt den Charakter des vergangenen Jetzt, aber es bleibt dasselbe Jetzt, nur daß es in Relation zum jeweilig aktuellen und zeitlich neuen Jetzt als vergangen dasteht.

Die Objektivation des Zeitobjekts beruht also auf folgenden Momenten: Der Empfindungsinhalt, der zu den verschiedenen aktuellen Jetztpunkten des Objektes gehört, kann qualitativ absolut unverändert bleiben, aber er hat bei noch so weit gehender inhaltlicher Identität doch nicht wahre Identität;

dieselbe Empfindung jetzt und in einem anderen Jetzt hat eine
Verschiedenheit, und zwar eine phänomenologische Verschiedenheit, die der absoluten Zeitstelle entspricht, sie ist
Urquell der Individualität des »dies« und damit der absoluten
Zeitstelle. Jede Phase der Modifikation hat »im Wesen« den
gleichen qualitativen Gehalt und das gleiche Zeitmoment,
obschon modifiziert, und sie hat es in sich in der Weise, daß
dadurch eben die nachmalige Identitätsauffassung ermöglicht
ist. Dies auf seiten der Empfindung bzw. der Auffassungs-
grundlage. Die verschiedenen Momente tragen verschiedene
Seiten der Auffassung, der eigentlichen Objektivation. Eine
Seite der Objektivation findet ihren Anhalt rein im qualitativen Gehalt des Empfindungsmaterials: das ergibt die Zeitmaterie, z. B. Ton. Sie wird im Fluß der Vergangenheitsmodifikation identisch festgehalten. Eine zweite Seite der
Objektivation entspringt der Auffassung der Zeitstellen-
repräsentanten. Auch diese Auffassung wird stetig im Fluß
der Modifikation festgehalten.
In der Zusammenfassung: Der Ton-Punkt in seiner absoluten
Individualität wird festgehalten nach Materie und Zeitstelle,
welch letztere erst Individualität konstituiert. Dazu kommt
endlich die Auffassung, welche wesentlich zur Modifikation
gehört, und die unter Festhaltung der extendierten Gegenständlichkeit mit ihrer immanenten absoluten Zeit die stetige
Zurückschiebung in die Vergangenheit erscheinen läßt. In
unserem Ton-Beispiel hat also jeder Jetztpunkt des immer
neu Erklingens und Abklingens sein Empfindungsmaterial
und seine objektivierende Auffassung. Der Ton steht da als
Ton einer angestrichenen Geigensaite. Sehen wir wieder von
der objektivierenden Auffassung ab und blicken wir rein auf
das Empfindungsmaterial hin, so ist es der Materie nach etwa
immerfort Ton c, Tonqualität und Klangfarbe unverändert,
Intensität vielleicht schwankend usw. Dieser Inhalt, rein als
Empfindungsinhalt, wie er der objektivierenden Apperzeption zugrunde liegt, ist extendiert, nämlich jedes Jetzt hat
seinen [423] Empfindungsinhalt, jedes andere Jetzt einen indi-

viduell anderen, möge er materiell auch genau derselbe sein. Absolut dasselbe c jetzt und später ist empfindungsmäßig gleich, aber individuell ein anderes.

Was hier »individuell« heißt, das ist die ursprüngliche Temporalform der Empfindung, oder, wie ich auch sagen kann, die Temporalform der ursprünglichen Empfindung, hier der Empfindung des jeweiligen Jetztpunktes und nur dieses. Aber eigentlich ist der Jetztpunkt selbst durch die ursprüngliche Empfindung zu definieren, so daß der ausgesprochene Satz nur als Hinweis auf das, was gemeint sein soll, zu gelten hat. Impression gegenüber Phantasma unterscheidet sich durch den Charakter der Originarität. Nun haben wir innerhalb der Impression die Urimpression hervorzuheben, der gegenüber das Kontinuum von Modifikationen im primären Erinnerungsbewußtsein dasteht. Die Urimpression ist das absolut Unmodifizierte, die Urquelle für alles weitere Bewußtsein und Sein. Urimpression hat zum Inhalt das, was das Wort Jetzt besagt, wofern es im strengsten Sinne genommen wird. Jedes neue Jetzt ist Inhalt einer neuen Urimpression. Stetig leuchtet eine neue und immer neue Impression auf, mit immer neuer, bald gleicher, bald wechselnder Materie. Was Urimpression von Urimpression scheidet, das ist das individualisierende Moment der ursprünglichen Zeitstellenimpression, die etwas grundwesentlich Verschiedenes ist gegenüber der Qualität und sonstigen materiellen Momenten des Empfindungsinhaltes. Das Moment der ursprünglichen Zeitstelle ist natürlich nichts für sich, die Individuation ist nichts neben dem, was Individuation hat. Der ganze Jetztpunkt nun, die ganze originäre Impression erfährt die Vergangenheitsmodifikation, und erst durch sie haben wir den ganzen Jetztbegriff erschöpft, sofern er ein relativer ist und auf ein »vergangen« hinweist, wie »vergangen« auf das »jetzt«. Auch diese Modifikation betrifft zunächst die Empfindung, ohne ihren allgemeinen impressionalen Charakter aufzuheben. Sie modifiziert den Gesamtgehalt der Urimpression sowohl nach Materie als nach Zeitstelle, sie modifiziert aber genau in dem Sinne, wie es eine Phantasiemodifikation tut, nämlich durch und durch modifizierend und doch das intentionale Wesen (den Gesamtgehalt) nicht verändernd.

Also, die Materie ist dieselbe Materie, die Zeitstelle dieselbe Zeitstelle, nur die Weise der Gegebenheit hat sich geändert: es ist Vergangenheitsgegebenheit. Auf diesem Empfindungsmaterial baut [424] sich nun die objektivierende Apperzeption auf. Schon wenn wir rein auf die Empfindungsinhalte hinblicken (von den transzendenten Apperzeptionen, die sich ev. darauf bauen, absehend), vollziehen wir eine Apperzeption: der »Zeitfluß«, die Dauer steht uns dann vor Augen als eine Art Gegenständlichkeit. Gegenständlichkeit setzt Einheitsbewußtsein, Identitätsbewußtsein voraus. Wir fassen hier den Inhalt jeder Urempfindung als Selbst auf. Sie gibt ein Ton-Punkt-Individuum, und dieses Individuum ist im Fluß der Vergangenheitsmodifikation identisch dasselbe: die auf diesen Punkt bezügliche Apperzeption verbleibt in der Vergangenheitsmodifikation in stetiger Deckung, und die Identität des Individuums ist *eo ipso* Identität der Zeitstelle. Das stetige Hervorquellen immer neuer Urimpressionen ergibt in der Auffassung derselben als individueller Punkte immer wieder neue und unterschiedene Zeitstellen, die Stetigkeit ergibt eine Stetigkeit der Zeitstellen, im Fluß der Vergangenheitsmodifikation steht also ein stetiges, tonal erfülltes Zeitstück da, aber so, daß nur ein Punkt davon durch Urimpression gegeben ist, und daß von da aus die Zeitstellen stetig in modifizierter Abstufung erscheinen, zurückgehend in die Vergangenheit.

Jede wahrgenommene Zeit ist wahrgenommen als Vergangenheit, die in Gegenwart terminiert. Und Gegenwart ist ein Grenzpunkt. An diese Gesetzmäßigkeit ist jede Auffassung gebunden, wie transzendent sie auch sein mag. Nehmen wir einen Vogelflug, eine Reiterschwadron im Galopp wahr u. dgl., so finden wir in der Empfindungsunterlage die beschriebenen Unterschiede, immer neue Urempfindungen, ihren Zeitstellencharakter, der ihre Individuation ergibt, mit sich führend, und andererseits finden wir dieselben Modi in der Auffassung. Eben dadurch erscheint das Objektive selbst, der Vogelflug, als Urgegebenheit im Jetztpunkt, aber als volle Gegebenheit in einem Vergangenheitskontinuum, das in dem Jetzt terminiert, und stetig in immer wieder neuem Jetzt, während das stetig Vorangegangene ins Vergangenheitskontinuum immer weiter zurückgerückt ist. Der erscheinende Vorgang hat immerfort die identischen absoluten Zeitwerte. Indem er sich nach dem abgelaufenen Stück immer weiter in die Vergangenheit zurückschiebt, schiebt er sich mit seinen absoluten Zeitstellen und damit mit seiner ganzen Zeitstrecke in die Vergangenheit: d. h. derselbe Vorgang mit derselben absoluten Zeitausbreitung erscheint immerfort (solange er überhaupt erscheint) identisch als derselbe, nur daß die Form seiner Gegebenheit eine verschiedene ist. Andererseits quillt zugleich in dem lebendigen Quellpunkt des Seins, dem Jetzt, immer neues Ursein auf, in Rela[425]tion zu dem der Abstand der zum Vorgang gehörigen Zeitpunkte vom jeweiligen Jetzt sich stetig vergrößert, somit die Erscheinung des Zurücksinkens, Sich-entfernens erwächst.

[459]   25. *Wiedererinnerung und Konstitution von*
         Zeitobjekten und objektiver Zeit

Die Wahrnehmung eines Zeitobjekts kann ich »wiederholen«, aber in der Sukzession dieser Wahrnehmungen konstituiert sich das Bewußtsein von der Sukzession zweier gleicher Zeitobjekte. Nur in der Wiedererinnerung kann ich einen identischen Zeitgegenstand wiederholt haben, und ich kann auch in der Erinnerung konstatieren, daß das früher Wahrgenommene dasselbe ist wie das nachher Wiedererinnerte. Das geschieht in der schlichten Erinnerung »ich habe das wahrgenommen« und in der Wiedererinnerung zweiter Stufe »ich habe mich daran erinnert«. So kann das Zeitobjekt zum identischen wiederholter erfahrender Akte werden. Ist das

Objekt einmal gegeben, so kann es beliebig oft wiedergegeben, wieder betrachtet und in verschiedenen Akten, die dann eine Sukzession bilden, identi[460]fiziert werden.

Wiedererinnerung ist nicht nur Wiederbewußtsein für das Objekt, sondern wie die Wahrnehmung eines Zeitobjekts seinen Zeithorizont mit sich führt, so wiederholt die Wiedererinnerung auch das Bewußtsein dieses Horizonts. Zwei Wiedererinnerungen können Erinnerungen an gleiche Zeitobjekte sein, z. B. an zwei gleiche Töne. Aber sie sind Wiedererinnerungen vom selben Zeitobjekt, wenn nicht der bloße Dauerinhalt derselbe ist, sondern der Zeithorizont derselbe ist, wenn also die beiden Wiedererinnerungen voll und ganz einander nach dem intentionalen Gehalt wiederholen, unbeschadet der Unterschiede der Klarheit oder Dunkelheit, Lückenhaftigkeit usw. Identität von Zeitobjekten ist also ein konstitutives Einheitsprodukt gewisser möglicher Identifizierungsdeckungen von Wiedererinnerungen. Im subjektiven Zeitfluß stellt sich Zeitobjektivität her, und es gehört wesensmäßig zu ihr, in Wiedererinnerungen identifizierbar und damit Subjekt von identischen Prädikaten zu sein.

Die aktuell gegenwärtige Zeit ist orientiert, ist immerfort im Fluß, und immerfort von einem neuen Jetzt aus orientiert. In der Wiedererinnerung ist die Zeit zwar in jedem Moment der Erinnerung auch orientiert gegeben, aber jeder Punkt stellt einen objektiven Zeitpunkt dar, der immer wieder identifiziert werden kann, und die Zeitstrecke ist aus lauter objektiven Punkten gebildet und selbst immer wieder identifizierbar. Was ist da das identische Objekt? Die Reihe von Urimpressionen und stetigen Modifikationen, eine Reihe von Ähnlichkeiten, die sich deckende Gestalten von Reihen der Gleichheit oder Verschiedenheit, aber innerhalb allgemeiner Gleichheit herstellt: diese Reihe gibt ursprüngliches Einheitsbewußtsein. Notwendig wird in solcher Modifikationsreihe eine Einheit bewußt, der dauernde (stetig gleiche oder veränderte) Ton, und in anderer Blickstellung dann die Dauer, in der der Ton einer ist, sich verändert oder nicht verändert.

Und der Ton dauert fort, seine Dauer »wird größer«, und er »hört auf«, ist vorüber, seine ganze Dauer ist abgelaufen und rückt mehr und mehr in die Vergangenheit. Also er, der Ton, gibt sich hier als der in seiner Dauer etwa beständig unveränderte Ton; aber dieser in seiner Dauer – inhaltlich – unveränderte Ton erfährt eine Wandlung, die nicht den Inhalt angeht, sondern die ganze Gegebenheitsweise des »Inhalts in seiner Dauer«. Halten wir uns an die Phänomene, so haben wir eben verschiedene Einheitsbildungen: Beständige Wandlung der Gegebenheitsweise – aber durch die Wandlungslinien hindurch, die jedem Punkt [461] der Dauer entsprechen, eine Einheit: d e r Ton-Punkt. Aber unbeschadet dieser Identität ist der Ton-Punkt immer wieder ein anderer, nämlich im Modus der Zeittiefe. Andererseits gibt die Kontinuität des zeitlichen Flusses Einheit: die des einen sich verändernden oder nicht verändernden Inhalts, des Zeitgegenstandes. Diese Einheit ist es, die in die Vergangenheit rückt. Damit haben wir aber noch nicht volle Zeitobjektivität.

Zur Konstituierung der Zeit gehört die Möglichkeit der Identifizierung: ich kann immer wieder eine Rückerinnerung (Wiedererinnerung) vollziehen, jedes Zeitstück mit seiner Fülle immer »wieder« erzeugen und nun in der Folge von Wiedererzeugungen, die ich jetzt habe, dasselbe erfassen: dieselbe Dauer mit demselben Inhalt, dasselbe Objekt. Das Objekt ist eine Einheit des Bewußtseins, die in wiederholten Akten (also in zeitlicher Folge) sich als dieselbe herausstellen kann, Identisches der Intention, das in beliebig vielen Bewußtseinsakten identifizierbar, und zwar in beliebig vielen Wahrnehmungen wahrnehmbar oder wieder wahrnehmbar ist. Ich kann mich »jederzeit« von dem identischen »es ist« überzeugen. So ein Vorgang in der Zeit, ich kann ihn zum erstenmal erfahren, ich kann ihn in wiederholten Wiedererfahrungen wieder erfahren und seine Identität erfassen. Ich kann immer wieder auf ihn zurückkommen in meinem Denken und kann dieses Denken durch originäre Wiedererfahrung ausweisen. Und so konstituiert sich erst die objektive

Zeit, und zunächst die des Eben-vergangen, in Beziehung worauf der Prozeß der Erfahrung, in der die Dauer sich herstellt, und jede Retention der ganzen Dauer bloße »Abschattung« sind. Ich habe ein ursprüngliches Schema: einen Fluß mit seinem Inhalt; aber dazu eine ursprüngliche Mannigfaltigkeit des »ich kann«: ich kann mich an jede Stelle des Flusses zurückversetzen und ihn »nochmals« erzeugen. Auch hier haben wir, wie bei der Konstitution objektiver Räumlichkeit, ein Optimum. Das Bild der Dauer im einfachen Rückblick ist unklar. In der klaren Wiedererzeugung habe ich das »selbst«, und je klarer, um so vollkommener.

[425] 26. *Anteil der Reproduktion an der Konstitution*
der einen objektiven Zeit

Mit der Erhaltung der Individualität der Zeitpunkte beim Zurücksinken in die Vergangenheit haben wir aber noch nicht das Bewußtsein einer einheitlichen, homogenen, objektiven Zeit. Für das Zustandekommen dieses Bewußtseins spielt die reproduktive Erinnerung (als anschauliche wie in der Form leerer Intentionen) eine wichtige Rolle. Jeder zurückgeschobene Zeitpunkt kann vermöge einer reproduktiven Erinnerung zum Nullpunkt einer Zeitanschauung gemacht werden, und wiederholt gemacht werden. Das frühere Zeitfeld, in dem das gegenwärtig Zurückgeschobene ein Jetzt war, wird reproduziert und das reproduzierte Jetzt mit dem noch in frischer Erinnerung lebendigen Zeitpunkt identifiziert: die individuelle Intention ist dieselbe.[10] Das reproduzierte Zeitfeld reicht weiter als das aktuell gegenwärtige. Nehmen wir darin einen Vergangenheitspunkt, so ergibt die Reproduktion durch Überschiebung mit dem Zeitfeld, in dem dieser Punkt das Jetzt war, einen weiteren Rückgang in die Vergangenheit usw. Dieser Prozeß ist evidentermaßen als unbegrenzt fortsetzbar zu denken, obwohl die aktuelle Erinnerung praktisch bald versagen wird. Es ist evident, daß jeder

Zeitpunkt sein Vorher und Nachher hat, und daß die Punkte und Strecken vorher sich nicht verdichten können in der Weise einer Annäherung an eine mathematische Grenze wie etwa die Grenze der Intensität. Gäbe es einen Grenzpunkt, so entspräche diesem ein Jetzt, dem nichts vorangegangen wäre, und das ist evident unmöglich.[11] Ein Jetzt ist immer und wesentlich ein Randpunkt einer Zeitstrecke. Und evident ist, daß diese ganze Strecke zurücksinken muß und dabei ihre ganze Größe, ihre ganze Individualität sich erhält. Freilich ermöglicht die Phantasie und Reproduktion keine Extension der Zeitanschauung in dem Sinn, als ob der Umfang reell gegebener Zeitabstufungen im Simultanbewußtsein vergrößert würde. Man fragt vielleicht mit Beziehung darauf: wie kommt es bei diesen sukzessiven Aneinanderreihungen von Zeitfeldern zu der einen objektiven Zeit, mit der [426] einen festen Ordnung? Die Antwort bietet die fortgesetzte Überschiebung der Zeitfelder, die in Wahrheit keine bloße zeitliche Aneinanderreihung von Zeitfeldern ist. Die sich überschiebenden Partien werden beim anschaulich-stetigen Rückgang in die Vergangenheit individuell identifiziert. Wenn wir so von jedem wirklich erlebten, d. h. im Wahrnehmungszeitfeld originär gegebenen oder von irgendeinem eine ferne Vergangenheit reproduzierenden Zeitpunkt her in die Vergangenheit zurückschreiten, sozusagen entlang einer festen Kette zusammenhängender und immer wieder identifizierter Objektivitäten, wie begründet sich da die lineare Ordnung, wonach jede beliebige Zeitstrecke, auch die außer Kontinuität mit dem aktuellen Zeitfeld reproduzierte, ein Stück sein muß einer einzigen, bis zum aktuellen Jetzt fortlaufenden Kette? Selbst jede willkürlich phantasierte Zeit unterliegt der Forderung, daß, wenn sie als wirkliche Zeit soll gedacht werden können (d. i. als Zeit irgendeines Zeitobjekts), sie als Strecke innerhalb der einen und einzigen objektiven Zeit bestehen muß.

27. Einige apriorische Zeitgesetze

Offenbar gründet diese apriorische Forderung in der Geltung der unmittelbar zu erfassenden, der fundamentalen Zeitevidenzen, die aufgrund der Anschauungen von Zeitstellengegebenheiten evident werden.

Vergleichen wir zunächst zwei Urempfindungen, oder vielmehr korrelativ zwei Urgegebenheiten, beide in einem Bewußtsein wirklich als Urgegebenheiten, als Jetzt erscheinend, so sind sie durch ihre Materie von einander unterschieden, sie sind aber gleichzeitig, sie haben identisch dieselbe absolute Zeitstelle, sie sind beide jetzt, und in demselben Jetzt haben sie notwendig denselben Zeitstellenwert. [12] Sie haben dieselbe Form der Individuation, sie konstituieren sich beide in Impressionen, die zur selben Impressionsstufe gehören. In dieser Identität modifizierten sie sich und behalten die Identität in der Vergangenheitsmodifikation immerfort. Eine Urgegebenheit und eine modifizierte Gegebenheit von verschiedenem oder gleichem Inhalt haben notwendig verschiedene Zeitstellen; und zwei modifizierte Gegebenheiten haben entweder dieselbe oder verschiedene Zeitstellen; dieselbe, wenn sie aus demselben Jetztpunkt entspringen, verschiedene, wenn aus verschiedenen. Das aktuelle Jetzt ist e i n Jetzt [427] und konstituiert e i n e Zeitstelle, wie viele Objektivitäten sich in ihm gesondert konstituieren: sie alle haben dieselbe zeitliche Gegenwart und behalten ihre Gleichzeitigkeit im Abfluß. Daß die Zeitstellen Abstände haben, daß diese Größen sind u. dgl., das kann hier evident erschaut werden; ferner Wahrheiten wie das Transitivitätsgesetz oder das Gesetz: wenn a früher als b, so ist b später als a. Zum apriorischen Wesen der Zeit gehört es, daß sie eine Kontinuität von Zeitstellen ist mit bald identischen, bald wechselnden Objektivitäten, die sie erfüllen, und daß die Homogeneität der absoluten Zeit unaufhebbar sich konstituiert im Fluß der Vergangenheitsmodifikationen und im stetigen Hervorquellen eines

Jetzt, des schöpferischen Zeitpunktes, des Quellpunktes der
Zeitstellen überhaupt.

Ferner gehört zum apriorischen Wesen der Sachlage, daß
Empfindung, Auffassung, Stellungnahme, daß alles an
d e m s e l b e n Zeitfluß mitbeteiligt ist, und daß notwendig
die objektivierte absolute Zeit identisch dieselbe ist wie die
Zeit, die zur Empfindung und Auffassung gehört. Die vorob-
jektivierte Zeit, die zur Empfindung gehört, fundiert notwendig die einzige Möglichkeit einer Zeitstellenobjektiva-
tion, die der Modifikation der Empfindung und dem Grade
dieser Modifikation entspricht. Dem objektivierten Zeitpunkt etwa, in dem ein Glockengeläute beginnt, entspricht
der Zeitpunkt der entsprechenden Empfindung. Sie hat in der
Anfangsphase dieselbe Zeit, d. h. wird sie nachträglich zum
Gegenstand gemacht, so erhält sie notwendig die Zeitstelle,
die mit der entsprechenden Zeitstelle des Glockengeläutes
zusammenfällt. Ebenso ist die Zeit der Wahrnehmung und
die Zeit des Wahrgenommenen identisch dieselbe. Der Wahrnehmungsakt sinkt ebenso in die Zeit zurück wie in der
Erscheinung das Wahrgenommene, und in der Reflexion
muß jeder Wahrnehmungsphase identisch dieselbe Zeitstelle
gegeben werden wie dem Wahrgenommenen.

II. Die Konstitutionsstufen der Zeit und der Zeitobjekte

28. *Scheidung der Konstitutionsstufen*

Nachdem wir, von den augenfälligsten Phänomenen ausgehend, das Zeitbewußtsein nach einigen Hauptrichtungen
und in verschiedenen Schichten studiert haben, wird es gut
sein, die verschiedenen [428] Konstitutionsstufen einmal in
ihrem wesensmäßigen Aufbau festzustellen und systematisch
durchzugehen.

Wir fanden:

1. die Dinge der Erfahrung in der objektiven Zeit (wobei noch verschiedene Stufen des empirischen Seins zu scheiden wären, die bisher nicht berücksichtigt wurden: das Erfahrungsding des einzelnen Subjekts, das intersubjektiv identische Ding, das Ding der Physik);

2. die konstituierenden Erscheinungsmannigfaltigkeiten verschiedener Stufe, die immanenten Einheiten in der präempirischen Zeit;

3. den absoluten zeitkonstituierenden Bewußtseinsfluß.

29. *Unterschiede der konstituierten Einheiten und des konstituierenden Flusses*

Dieses absolute, aller Konstitution vorausliegende Bewußtsein soll nun zunächst etwas näher erörtert werden. Seine Eigentümlichkeit tritt deutlich hervor im Kontrast zu den konstituierten Einheiten verschiedener Stufe:

1. Jedes individuelle Objekt (jede im Strom konstituierte Einheit, sei es immanente oder transzendente) dauert und dauert notwendig, d. h. es ist kontinuierlich in der Zeit und ist Identisches in diesem kontinuierlichen Sein, das zugleich als Vorgang angesehen werden kann. Umgekehrt: was in der Zeit ist, ist kontinuierlich in der Zeit und ist Einheit des Vorgangs, der Einheit des Dauernden im Vorgehen unabtrennbar mit sich führt. Im Ton-Vorgang liegt Einheit des Tons, der während des Vorgangs dauert, und Einheit des Tones umgekehrt ist Einheit in der erfüllten Dauer, d. i. im Vorgang. Ist also irgendetwas bestimmt als in einem Zeitpunkt seiend, so ist es nur denkbar als Phase eines Vorgangs, in welcher zugleich die Dauer eines individuellen Seins ihren Punkt hat.

2. Prinzipiell ist individuelles oder konkretes Sein Unveränderung oder Veränderung; der Vorgang ist ein Veränderungsvorgang oder eine Ruhe, das dauernde Objekt selbst ein sich veränderndes oder ruhendes. Jede Veränderung hat dabei ihre

Veränderungsgeschwindigkeit oder -beschleunigung (im Gleichnis) mit Beziehung auf dieselbe Dauer. Prinzipiell ist jede Phase einer Veränderung in eine Ruhe auszubreiten, jede Phase einer Ruhe in eine Veränderung überzuleiten.

Betrachten wir nun im Vergleich dazu die konstitu-ieren [429] den Phänomene, so finden wir einen Fluß, und jede Phase dieses Flusses ist eine Abschattungs-kontinuität. Aber prinzipiell ist keine Phase dieses Flusses auszubreiten in eine kontinuierliche Folge, also der Fluß so umgewandelt zu denken, daß diese Phase sich ausdehnte in Identität mit sich selbst. Ganz im Gegenteil finden wir prinzipiell notwendig einen Fluß stetiger »Veränderung«, und diese Veränderung hat das Absurde, daß sie genau so läuft, wie sie läuft, und weder »schneller« noch »langsamer« laufen kann. Sodann fehlt hier jedes Objekt, das sich verändert; und sofern in jedem Vorgang »etwas« vorgeht, handelt es sich hier um keinen Vorgang. Es ist nichts da, das sich verändert, und darum kann auch von etwas, das dauert, sinnvoll keine Rede sein. Es ist also sinnlos, hier etwas finden zu wollen, was in einer Dauer sich einmal nicht verändert.

30. *Der zeitkonstituierende Fluß als absolute Subjektivität*

Die zeitkonstituierenden Phänomene sind also evidentermaßen prinzipiell andere Gegenständlichkeiten als die in der Zeit konstituierten. Sie sind keine individuellen Objekte bzw. keine individuellen Vorgänge, und die Prädikate solcher können ihnen sinnvoll nicht zugeschrieben werden. Also kann es auch keinen Sinn haben, von ihnen zu sagen (und in gleicher Bedeutung zu sagen), sie seien im Jetzt und seien vorher gewesen, sie folgten einander zeitlich nach oder seien miteinander gleichzeitig usw. Wohl aber kann und muß man sagen: eine gewisse Erscheinungskontinuität, nämlich eine solche, die Phase des zeitkonstituierenden Flusses ist, gehöre zu einem Jetzt, nämlich zu dem, das sie konstituiert, und gehöre zu einem Vorher, nämlich als die, die konstitutiv ist (wir können nicht sagen: war) für das Vorher. Aber ist nicht der Fluß ein Nacheinander, hat er nicht doch ein Jetzt, eine aktuelle Phase und eine Kontinuität von Vergangenheiten, in Retentionen jetzt bewußt? Wir können nicht anders sagen als: Dieser Fluß ist etwas, das wir n a c h d e m K o n s t i t u - i e r t e n so nennen, aber es ist nichts zeitlich »Objektives«. Es ist die a b s o l u t e S u b j e k t i v i t ä t und hat die absoluten Eigenschaften eines i m B i l d e als »Fluß« zu Bezeichnenden, in einem Aktualitätspunkt, Urquellpunkt, »Jetzt« Entspringenden usw. Im Aktualitätserlebnis haben wir den Urquellpunkt und eine Kontinuität von Nachhallmomenten. Für all das fehlen uns die Namen.

[463]   31. *Erfassung des absoluten Flusses. –*
          Wahrnehmung in vierfachem Sinn

[. . .] Die Stufen der Beschreibung (und der Konstitution) von Zeitobjekten sind nach den bisherigen Ausführungen die folgenden: wir haben
1. die Wahrnehmung der empirischen Objekte im gewöhnlichen Sinn: da stehen sie usw.
2. In der phänomenologischen Betrachtung nehme ich das Objekt als Phänomen, ich bin gerichtet auf die Wahrnehmung, auf Erscheinung und Erscheinendes in ihrer Korrelation. Das wirkliche Ding ist im wirklichen Raum, dauert und verändert sich in der wirklichen Zeit usw. Das erscheinende Ding der Wahrnehmung hat einen Erscheinungsraum und eine Erscheinungszeit. Und wiederum haben die Erscheinungen selbst und alle Bewußtseinsgestaltungen ihre Zeit, nämlich ihr Jetzt und ihre Zeitausbreitung in der Form des Jetzt-Vorher: die subjektive Zeit.
Dabei ist zu beachten: Das Wahrnehmungsobjekt erscheint in der »subjektiven Zeit«, das Erinnerungsobjekt in einer erinnerten, das Phantasieobjekt in einer phantasierten sub-

jektiven Zeit, das erwartete Objekt in einer erwarteten. Die Wahrnehmung, Erinnerung, Erwartung, Phantasie, das Urteil, Gefühl, der Wille – kurz alles, was Objekt der Reflexion ist, erscheint in derselben subjektiven Zeit, und zwar in derselben, in der die Wahrnehmungsobjekte erscheinen.

3. Die subjektive Zeit konstituiert sich im absoluten zeitlosen Bewußtsein, das nicht Objekt ist. Überlegen wir nun, wie dieses absolute Bewußtsein zur Gegebenheit kommt. Wir haben eine Ton-Erscheinung, wir achten auf die Erscheinung als solche. So wie der (dinglich gedachte) Geigenton, so hat die Ton-Erscheinung ihre Dauer, und in dieser Dauer ihre Unveränderung oder Veränderung. Ich kann auf irgendeine Phase dieser Erscheinung achten: Erscheinung ist hier der immanente Ton oder die immanente Ton-Bewegung, abgesehen von seiner »Bedeutung«. Das ist aber nicht das letzte Bewußtsein. Dieser immanente Ton »konstituiert« sich, nämlich kontinuierlich mit dem jeweiligen Ton-Jetzt haben wir auch die Ton-Abschattungen, und zwar stellt sich in diesen die Strecke der Ton-Vergangenheiten, die zu diesem Jetzt gehören, dar. Wir können auf [465] diese Reihe einigermaßen achten. Bei einer Melodie z. B. können wir einen Moment sozusagen zum Stehen bringen und finden darin die Erinnerungsabschattungen der vorangegangenen Töne. Es ist offenbar, daß dasselbe für jeden einzelnen Ton auch schon gilt. Wir haben dann das immanente Ton-Jetzt und die immanenten Ton-Vergangen in ihrer Reihe bzw. Kontinuität. Zudem sollen wir aber folgende Kontinuität haben: Wahrnehmung des Jetzt und Erinnerung des Vergangen, und diese ganze Kontinuität soll selbst ein Jetzt sein. In der Tat: Im Gegenstandsbewußtsein lebend, blicke ich in die Vergangenheit vom Jetztpunkt aus zurück. Andererseits kann ich das ganze Gegenstandsbewußtsein als ein Jetzt fassen und sagen: Jetzt. Ich erhasche den Moment und fasse das ganze Bewußtsein als ein Zusammen, als ein Zugleich. Ich höre soeben einen langen Pfiff. Er ist wie eine gedehnte Linie. In jedem Moment habe

ich haltgemacht, und von da aus dehnt sich die Linie. Der Blick dieses Moments umfaßt eine ganze Linie, und das Linienbewußtsein wird als gleichzeitig gefaßt mit dem Jetztpunkt des Pfiffs. Also ich habe in mehrfachem Sinne Wahrnehmung:[14]

1. Ich habe Wahrnehmung der Dampfpfeife oder vielmehr des Pfiffs der Pfeife.

2. Ich habe Wahrnehmung des Ton-Inhalts selbst, der dauert, und des Ton-Vorgangs in seiner Dauer, abgesehen von seiner Einordnung in die Natur.

3. Wahrnehmung des Ton-Jetzt und zugleich Achtsamkeit auf das mitverbundene Ton-Soeben-gewesen.

4. Wahrnehmung des Zeitbewußtseins im Jetzt: ich achte auf das Jetzt-Erscheinen des Pfiffs, bzw. eines Tons, und auf das Jetzt-Erscheinen eines sich so und so in die Vergangenheit erstreckenden Pfiffs (mir erscheint in diesem Jetzt eine Jetzt-Pfiff-Phase und eine Kontinuität der Abschattung).

Was für Schwierigkeiten bestehen hinsichtlich der letzten dieser Wahrnehmungen? Natürlich, das Zeitbewußtsein habe ich, ohne daß es selbst wieder Objekt ist. Und wenn ich es zum Objekt mache, so hat es selbst wieder eine Zeitstelle, und wenn ich ihm von Moment zu Moment folge, so hat es eine Zeitausbreitung. Daran ist kein Zweifel, daß solche Wahrnehmung besteht. Ein erhaschender Blick kann, wie auf den Fluß der Tonphasen, so auf die Kontinuität derselben im Jetzt des Erscheinens achten, in dem sich das Dinglich-Objektive darstellt, und wieder auf die Änderungskontinuität dieser [456] Momentankontinuität. Und die Zeit dieser »Änderung« ist dieselbe wie die Zeit des Objektiven. Handelt es sich z. B. um einen unveränderten Ton, so ist die subjektive Zeitdauer des immanenten Tones identisch mit der Zeiterstreckung der Kontinuität der Erscheinungsänderung.

Aber ist nicht hier ein höchst Merkwürdiges? Kann man hier im eigentlichen Sinn von einer Veränderung sprechen, wo doch eine Unveränderung, eine unverändert ausgefüllte

Dauer undenkbar ist? Dem stetigen Fluß der Erscheinungs-
phasen ist keine mögliche Unveränderung an die Seite zu
stellen.

Im ursprünglichen Fluß gibt es keine Dauer.[15] Denn Dauer
ist die Form eines dauernden Etwas, eines dauernden Seins,
eines Identischen in der Zeitreihe, die als seine Dauer fungiert. Bei Vorgängen wie Gewitter, Bewegung einer Sternschnuppe usw. handelt es sich um einheitliche Veränderungs-
zusammenhänge dauernder Objekte. Die objektive Zeit ist
eine Form »beharrlicher« Gegenstände, ihrer Veränderungen
und sonstiger Vorgänge an ihnen. »Vorgang« ist also ein
Begriff, der Beharrlichkeit voraussetzt. Beharrlichkeit ist
aber eine Einheit, die sich im Fluß konstituiert, und zu dessen
Wesen gehört es, daß in ihm keine Beharrung sein kann. Im
Fluß sind Erlebnisphasen und stetige Reihen von Phasen.
Aber solch eine Phase ist nichts Beharrliches, und ebensowenig eine stetige Reihe. Gewiß ist auch sie in einer Art eine
Gegenständlichkeit. Ich kann den Blick auf eine sich abhebende Phase im Fluß oder auf eine Strecke des Flusses richten
und sie in wiederholter Vergegenwärtigung identifizieren,
auf dieselbe immer wieder zurückkommen und sagen: diese
Flußstrecke. Und so auch für den ganzen Fluß, den ich in
eigener Weise als diesen einen identifizieren kann. Aber diese
Identität ist nicht Einheit eines Beharrlichen und kann nie
eine solche werden. Zum Wesen der Beharrlichkeit gehört,
daß das Beharrende entweder unverändert oder verändert
beharren kann. Jede Veränderung kann *idealiter* in Unveränderung übergehen, Bewegung in Ruhe und umgekehrt, qualitative Veränderung in Unveränderung. Die Dauer ist dann
erfüllt mit »denselben« Phasen.

Im Fluß aber kann prinzipiell kein Stück Nicht-Fluß auftreten. Der Fluß ist nicht ein zufälliger Fluß, wie ein objektiver
Fluß es ist, die Wandlung seiner Phasen kann nie aufhören
und übergehen in ein Sich-kontinuieren immer gleicher Phasen. Aber hat nicht auch der Fluß in gewisser Weise etwas

Verbleibendes, wenn auch [467] kein Stück des Flusses sich in einen Nicht-Fluß verwandeln kann? Verbleibend ist vor allem die formale Struktur des Flusses, die Form des Flusses. D. h. das Fließen ist nicht nur überhaupt Fließen, sondern jede Phase ist von einer und derselben Form, die beständige Form ist immer neu von »Inhalt« erfüllt, aber der Inhalt ist eben nichts äußerlich in die Form Hineingebrachtes, sondern durch die Form der Gesetzmäßigkeit bestimmt: nur so, daß diese Gesetzmäßigkeit nicht allein das Konkretum bestimmt. Die Form besteht darin, daß ein Jetzt sich konstituiert durch eine Impression und daß an diese ein Schwanz von Retentionen sich angliedert und ein Horizont der Protentionen. Diese bleibende Form trägt aber das Bewußtsein des ständigen Wandels, das eine Urtatsache ist: das Bewußtsein der Wandlung der Impression in Retention, während stetig wieder eine Impression da ist, oder im Hinblick auf das Was der Impression, das Bewußtsein des Wandels dieses Was, während das soeben noch als »jetzt« bewußte in den Charakter des »soeben gewesen« sich modifiziert.

Wir kommen bei dieser Auffassung also – wie schon früher angedeutet – auf die Frage nach dem Zeitbewußtsein, in dem sich die Zeit des Zeitbewußtseins der Ton-Erscheinungen konstituiert.

Lebe ich im Ton-Erscheinen, so steht mir der Ton da, und er hat seine Dauer oder Veränderung. Achte ich auf das Ton-Erscheinen, so steht dieses da und hat nun seine Zeiterstreckung, seine Dauer oder Veränderung. Dabei kann Ton-Erscheinen Verschiedenes besagen. Es kann auch besagen das Achten auf die Abschattungskontinuität Jetzt, Soeben usw. Nun soll der Strom (der absolute Fluß) wieder gegenständlich sein und wieder seine Zeit haben. Auch da wäre wieder ein diese Objektivität konstituierendes Bewußtsein nötig und ein diese Zeit konstituierendes. Prinzipiell könnten wir wieder reflektieren, und so *in infinitum*. Ist der unendliche Regreß hier als unschädlich zu erweisen?

1. Der Ton dauert, konstituiert sich in einer Kontinuität von Phasen.

2. Während oder sofern der Ton dauert, gehört zu jedem Punkt der Dauer eine Serie von Abschattungen vom betreffenden Jetzt an in das verschwimmende Vergangen. Wir haben also ein stetiges Bewußtsein, von dem jeder Punkt ein stetiges Kontinuum ist. Das ist aber wieder eine Zeitreihe, auf die wir achten können. Also geht das Spiel von neuem los. Fixieren wir irgendeinen Punkt dieser Reihe, so scheint dazu ein Vergangenheitsbewußtsein gehören zu müssen, das sich auf die Serie der vergangenen Reihen bezieht, usw.

[468] Wenn nun auch nicht *in infinitum* Reflexion geübt wird und überhaupt keine Reflexion nötig ist, so muß doch dasjenige gegeben sein, was diese Reflexion möglich macht und, wie es scheint, prinzipiell wenigstens *in infinitum* möglich macht. Und da liegt das Problem.

[430] ## 32. *Erscheinungen transzendenter Objekte als konstituierte Einheiten*

Es ist noch zu bemerken, daß, wenn wir vom »Wahrnehmungsakt« sprechen und sagen, er sei der Punkt eigentlichen Wahrnehmens, dem eine kontinuierliche Folge von »Retentionen« angeschlossen sei, wir damit keine zeitlichen immanenten Einheiten beschrieben haben, sondern gerade Momente des Flusses. Nämlich die E r s c h e i n u n g, etwa die eines Hauses, ist ein zeitliches Sein, ein dauerndes, sich veränderndes usw. Ebensogut wie der immanente Ton, der keine Erscheinung ist. Aber die Haus-Erscheinung ist nicht das Wahrnehmungsbewußtsein und retentionale Bewußtsein. Dieses kann nur verstanden werden als das zeitkonstituierende, als Moment des Flusses. Ebenso ist die Erinnerungserscheinung (oder das erinnerte Immanente, ev. der erinnerte immanente primäre Inhalt) zu unterscheiden

vom Erinnerungsbewußtsein mit seinen Erinnerungsreten-
tionen. Wir haben überall zu scheiden: B e w u ß t s e i n
(Fluß), E r s c h e i n u n g (immanentes Objekt), transzendenter G e g e n s t a n d (wenn nicht ein primärer Inhalt
immanentes Objekt ist). Nicht alles Bewußtsein hat Beziehung auf »objektiv« (nämlich transzendentes) Zeitliches, auf
objektive Individualität, wie z. B. das der äußeren Wahrnehmung. In jedem Bewußtsein finden wir einen »immanenten
Inhalt«, dieser ist bei den Inhalten, die »Erscheinungen« heißen, entweder Erscheinung von Individuellem (einem äußeren Zeitlichen) oder Erscheinung von Nicht-Zeitlichem. Im
Urteilen z. B. habe ich die Erscheinung »Urteil«, nämlich als
immanente zeitliche Einheit, und d a r i n »erscheint« das
Urteil im logischen Sinne.[16] Das Urteilen hat immer den Charakter des Flusses. Überall ist sonach das, was wir in den
Logischen Untersuchungen »Akt« oder »intentionales Erlebnis« nannten, ein Fluß, in dem eine immanente Zeiteinheit
sich konstituiert (das Urteil, der Wunsch usw.), die ihre
immanente Dauer hat und ev. schneller oder weniger schnell
vonstatten geht. Diese Einheiten, die sich im absoluten Strom
konstituieren, sind in der immanenten Zeit, die e i n e ist, und
in ihr gibt es ein Gleichzeitig und gleichlange Dauer (oder ev.
dieselbe Dauer, nämlich für zwei immanente gleichzeitig
dauernde Objekte), ferner eine gewisse Bestimmbarkeit nach
Vorher und Nachher.

[431]   33. *Einheit des Bewußtseinsflusses und*
      Konstitution von Gleichzeitigkeit und Folge

Mit der Konstitution solcher immanenten Objekte, ihrem
Erwachsen aus immer neuer Urempfindungen und Modifi-
kationen haben wir uns früher bereits beschäftigt[17]. In der
Reflexion finden wir nun einen einzigen Fluß, der in viele
Flüsse zerfällt; diese Vielheit hat aber doch eine Einheitlich-

keit, die die Rede von e i n e m Fluß zuläßt und fordert. Wir
finden viele Flüsse, sofern viele Reihen von Uremfindungen
anfangen und enden. Aber wir finden eine verbindende
Form, sofern für alle nicht nur gesondert das Gesetz der
Umwandlung von Jetzt in Nicht-mehr und andererseits von
Noch-nicht in Jetzt statthat, vielmehr so etwas wie eine
gemeinsame Form des Jetzt, eine Gleichheit überhaupt im
Flußmodus besteht. Mehrere, viele Uremfindungen sind
»auf einmal«, und wenn jede fließt, so fließt die Vielheit
»zugleich« und in völlig gleichem Modus, mit völlig gleichen
Abstufungen, in völlig gleichem Tempo: nur daß die eine im
allgemeinen aufhört, während die andere noch ihr Noch-
nicht, nämlich ihre neuen Uremfindungen vor sich hat, die
die Dauer des in ihr Bewußten noch fortsetzen. Oder besser
beschrieben: Die vielen Uremfindungen fließen und verfügen von vornherein über dieselben Ablaufsmodi, nur setzen
sich die Uremfindungsreihen, die konstitutiv sind für dauernde immanente Objekte, verschieden weit fort, der verschiedenen Dauer der immanenten Objekte entsprechend.
Sie machen nicht alle in gleicher Weise von den formalen
Möglichkeiten Gebrauch. Die immanente Zeit konstituiert
sich als e i n e für alle immanenten Objekte und Vorgänge.
Korrelativ ist das Zeitbewußtsein vom Immanenten eine
Alleinheit. Allumfassend ist das »Zusammen«, »Zugleich«
der aktuellen Uremfindungen, allumfassend das »Vorhin«,
»Vorangegangensein« aller eben vorangegangenen Urempfindungen, die stete Umwandlung jedes Zusammen von
Uremfindungen in ein solches Vorhin; dieses Vorhin ist eine
Kontinuität, und jeder ihrer Punkte ist eine gleichartige,
identische Ablaufsform für das gesamte Zusammen. Es
unterliegt das g a n z e »Zusammen« von Uremfindungen
dem Gesetz, daß es sich in ein stetiges Kontinuum von
Bewußtseinsmodis, von Modis der Abgelaufenheit wandelt,
und daß in derselben Stetigkeit ein immer neues Zusammen
von Uremfindungen originär entspringt, um stetig wieder

in Abgelaufenheiten überzugehen. Was ein Zusammen
ist als [432] Urempfindungs-Zusammen, das verbleibt ein
Zusammen im Modus der Abgelaufenheit. Urempfindungen
haben ihr kontinuierliches »Nacheinander« im Sinne eines
kontinuierlichen Ablaufs, und Urempfindungen haben ihr
Zusammen, ihr »Zugleich«. Die zugleich sind, sind wirkliche
Urempfindungen, im Nacheinander aber ist eine Empfindung oder eine Gruppe des Zusammen wirkliche Urempfindung, die anderen sind abgelaufene. Was besagt das aber?
Man kann da weiter nichts sagen als »siehe«: eine Urempfindung oder eine Gruppe von Urempfindungen, die ein immanentes Jetzt bewußt hat, (ein Ton-Jetzt, im selben Jetzt eine
Farbe usw.), wandelt sich stetig in Modi des Vorhin-
Bewußtseins, in dem das immanente Objekt als vergangen
bewußt ist, und »zugleich«, zusammen damit tritt eine neue
und immer neue Urempfindung auf, ein immer neues Jetzt
ist etabliert, und dabei ist ein immer neues Ton-Jetzt,
Gestalt-Jetzt usw. bewußt. In einer Gruppe von Urempfindungen unterscheidet sich Urempfindung von Urempfindung durch den Inhalt, nur das Jetzt ist dasselbe. Das
Bewußtsein, seiner Form nach, als Urempfindungsbewußtsein, ist identisch.
Aber »zusammen« mit dem Urempfindungsbewußtsein
sind kontinuierliche Reihen von Verlaufsmodis »früherer«
Urempfindungen, früheren Jetztbewußtseins. Dieses Zusammen ist ein Zusammen von der Form nach kontinuierlich abgewandelten Bewußtseinsmodis, während das
Zusammen der Urempfindungen ein Zusammen von lauter
formidentischen Modis ist. In der Kontinuität der
Ablaufsmodi können wir einen Punkt herausnehmen, dann
finden wir in diesem auch ein Zusammen von formgleichen
Ablaufsmodis oder vielmehr einen identischen Ablaufsmodus. Diese beiden Zusammen muß man wesentlich unterscheiden. Das eine ist ein Grundstück für Konstitution der
Gleichzeitigkeit, das andere Grundstück für Konstitution der

zeitlichen Folge, obschon andererseits Gleichzeitigkeit nichts
ohne zeitliche Folge und zeitliche Folge nichts ohne Gleichzeitigkeit ist, somit Gleichzeitigkeit und zeitliche Folge sich
korrelativ und unabtrennbar konstituieren müssen. Termi-
nologisch können wir zwischen fluxionalem Vor-Zugleich
und impressionalem Zugleich von Fluxionen scheiden. Wir
können nicht ein oder das andere Zugleich ein Gleichzeitig
nennen. Von einer Zeit des letzten konstituierenden
Bewußtseins kann nicht mehr gesprochen werden. Mit den
Urempfindungen, die den retentionalen Prozeß einleiten,
konstituiert sich ursprünglich die Gleichzeitigkeit etwa einer
Farbe und eines Tones, ihr Sein in einem »aktuellen Jetzt«,
aber die Urempfindungen selbst sind nicht gleichzeitig, und
erst recht nennen wir die Phasen [433] des fluxionalen Vor-
Zugleich nicht gleichzeitige Bewußtseinsphasen, ebensowenig wie wir das Nacheinander des Bewußtseins eine Zeitfolge
nennen können.

Was dieses Vor-Zugleich ist, wissen wir aus unseren früheren
Analysen: das Kontinuum von Phasen, die sich an eine
Urempfindung anschließen und deren jede retentionales
Bewußtsein vom früheren Jetzt (»ursprüngliche Erinnerung« von ihm) ist. Dabei ist zu beachten: Wenn die Urempfindung zurücktritt, sich stetig modifiziert, so haben wir
nicht nur überhaupt in Erlebnis, das eine Modifikation des
früheren ist, sondern wir können den Blick so in es hinein-
gewendet haben, daß wir im modifizierten sozusagen das
früher nicht-modifizierte »sehen«. Wenn eine nicht zu
schnelle Tonfolge abläuft, können wir nach dem Ablauf des
ersten Tones nicht nur auf ihn »hinsehen« als auf einen
»noch gegenwärtigen«, obschon nicht mehr empfunden,
sondern darauf achten, daß der Bewußtseinsmodus, den soeben dieser Ton hat, eine »Erinnerung« ist an den Bewußtseinsmodus der Urempfindung, in dem er als jetzt gegeben
war. Dann muß aber scharf geschieden werden zwischen dem
Vergangenheitsbewußtsein (dem retentionalen und ebenso

dem »wieder«-vergegenwärtigenden), in dem ein immanentes Zeitobjekt als vorhin bewußt ist, und zwischen der Retention, bzw. der wiedererinnernden »Reproduktion« (je nachdem es sich um den ursprünglichen Fluß der Empfindungsmodifikation handelt oder um seine Wiedervergegenwärtigung) der früheren Urempfindung. Und ebenso für jede andere Fluxion.

Ist irgend eine Phase der Dauer eines immanenten Objektes Jetztphase, also in Urempfindung bewußt, so sind im Vor-Zugleich mit dieser Urempfindung vereint kontinuierlich sich aneinanderschließende Retentionen, die in sich charakterisiert sind als Modifikationen der Urempfindungen, die zu den sämtlichen übrigen zeitlich abgelaufenen Punkten der konstituierten Dauer gehören. Jede dieser Retentionen hat einen bestimmten Modus, dem der Zeitabstand vom Jetztpunkt entspricht. Jede ist Vergangenheitsbewußtsein von dem entsprechenden früheren Jetztpunkt und gibt ihn im Modus des Vorhin, der seiner Stellung in der abgelaufenen Dauer entspricht.

[469] 34. *Doppelte Intentionalität des Bewußtseinsstromes*

Wir haben im Bewußtseinsstrom eine doppelte Intentionalität. Entweder wir betrachten den Inhalt des Flusses mit seiner Flußform. Wir betrachten dann die Urerlebnisreihe, die eine Reihe intentionaler Erlebnisse ist, Bewußtsein von . . . Oder wir lenken den Blick auf die intentionalen Einheiten, auf das, was im Hinströmen des Flusses intentional als Einheitliches bewußt ist: dann steht für uns da eine Objektivität in der objektiven Zeit, das eigentliche Zeitfeld gegenüber dem Zeitfeld des Erlebnisstromes.

Der Erlebnisstrom mit seinen Phasen und Strecken ist selbst eine Einheit, die identifizierbar ist durch Rückerinnerung mit

Blickrichtung auf das Fließende: Impressionen und Retentionen, Auftauchen und gesetzmäßiges Sich-verwandeln und Verschwinden oder Dunkelwerden. Diese Einheit konstituiert sich originär durch die Tatsache des Flusses selbst; nämlich sein eigenes Wesen ist es, nicht nur überhaupt zu sein, sondern Erlebniseinheit zu sein und gegeben zu sein [470] im inneren Bewußtsein, in dem ein aufmerkender Strahl auf ihn gehen kann (der selbst nicht aufgemerkt ist, den Strom bereichert, aber den zu beachtenden Strom nicht ändert, sondern »fixiert«, gegenständlich macht). Die aufmerkende Wahrnehmung dieser Einheit ist ein intentionales Erlebnis mit wandelbarem Inhalt, und es kann Erinnerung auf das Dahingegangene sich richten und es wiederholt modifizieren, vergleichen mit seinesgleichen usw. Daß diese Identifizierung möglich ist, daß hier ein Objekt konstituiert ist, das liegt an der Struktur der Erlebnisse: daß nämlich jede Phase des Stromes sich in Retention »von . . .« wandelt, diese wieder usw. Ohne das wäre ein Inhalt als Erlebnis nicht denkbar, Erlebnis wäre sonst prinzipiell nicht dem Subjekt als Einheit gegeben und zu geben und wäre somit nichts. Das Fließen besteht in einem Übergehen jeder Phase des ursprünglichen Feldes (also eines linearen Kontinuums) in eine retentionale Modifikation von derselben, nur soeben vergangenen. Und so geht es weiter.

Bei der zweiten Intentionalität verfolge ich nicht den Fluß der Felder, nicht den der Form »jetzt (original)-retentionale Abwandlung verschiedener Stufe«, als einheitliche Wandlungsreihe, sondern richte mein Augenmerk auf das, was in jedem Feld und in jeder Phase, die das Feld als ein Linearkontinuum hat, intendiert ist. Jede Phase ist ein intentionales Erlebnis. Bei der vorigen Vergegenständlichung waren die konstituierenden Erlebnisse die Akte des inneren Bewußtseins, dessen Gegenstand eben die »Phänomene« des zeitkonstituierenden Bewußtseins sind. Diese sind selbst also intentionale Erlebnisse, ihr Gegenstand sind die Zeitpunkte und Zeitdauern mit ihrer jeweiligen gegenständlichen Fülle. Während der absolute Zeitfluß fließt, verschieben sich die intentionalen Phasen, aber so, daß sie in zusammengehöriger Weise Einheiten konstituieren, ineinander übergehen wie eben Phänomene von Einem, das in den fließenden Phänomenen sich abschattet, so daß wir »Gegenstände im Wie« und in immer neuem Wie haben. Die Form des Wie ist die Orientierung: das Jetzige, das soeben Vergangene, das Künftige. Im Hinblick auf die Gegenstände können wir dann wieder vom Fluß sprechen, in dem das Jetzt sich in Vergangen wandelt usw. Und das ist notwendig durch die Struktur des Erlebnisflusses als Flusses intentionaler Erlebnisse *a priori* vorgezeichnet.

Die Retention ist eine eigentümliche Modifikation des Wahrnehmungsbewußtseins, das im ursprünglichen zeitkonstituierenden Bewußtsein Urimpression ist und hinsichtlich der Zeitobjekte, sei es der immanenten – wie eines dauernden Tones im Tonfeld oder auch [47] eines Farbendatums im Sehfeld – immanente Wahrnehmung (adäquate) ist. Ist W(t) die Wahrnehmung eines empfundenen Tones, die ihn als dauernden Ton erfaßt, so wandelt sich W(t) in eine Kontinuität von Retentionen $R_{w(t)}$. W(t) ist aber auch gegeben im inneren Bewußtsein als Erlebnis. Wandelt sich W(t) in $R_{w(t)}$, so wandelt sich notwendig im inneren Bewußtsein eben das innere Bewußtsein von $R_{w(t)}$. Denn hier fällt ja Sein und Innerlich-bewußt-sein zusammen. Nun wandelt sich aber auch das innere Bewußtsein von W(t) in die retentionale Modifikation dieses inneren Bewußtseins, und diese ist selbst innerlich bewußt. Also ist bewußt das Soeben-wahrgenommen-haben.

Wenn eine Ton-Wahrnehmung in ihre entsprechende Retention übergeht (das Bewußtsein vom soeben gewesenen Ton), so ist ein Bewußtsein des soeben gewesenen Wahrnehmens da (im inneren Bewußtsein, als Erlebnis), und beides deckt sich, ich kann nicht eines ohne das andere haben. Anders ausgedrückt: Notwendig gehört beides zusammen: der Übergang einer Objektwahrnehmung in eine retentionale Modifikation dieser und der Übergang des Wahrnehmens in eine retentionale Modifikation des Wahrnehmens. Wir haben also notwendig zweierlei retentionale Modifikationen, die mit jeder Wahrnehmung gegeben sind, die nicht Wahrnehmung des inneren Bewußtseins ist. Das innere Bewußtsein ist ein Fluß. Sollen in diesem Erlebnisse möglich sein, die nicht »innere Wahrnehmungen« sind, so muß es zweierlei retentionale Reihen geben, also neben der Konstitution des Flusses als Einheit durch die »inneren« Retentionen noch eine Reihe von »äußeren«. Die letztere konstituiert die objektive Zeit (eine konstituierte Immanenz, der ersten äußerlich, aber doch immanent). Dabei ist zu beachten, daß das innere Bewußtsein als Korrelat nicht immanente Daten hat, die dauern (wie ein Tondatum oder dauernde Freuden, Leiden, dauernde Vorgänge, genannt Urteile), sondern die diese Einheiten konstituierenden Phasen.

[433]   35. *Die doppelte Intentionalität der Retention*
und die Konstitution des Bewußtseinsflusses

Die Doppelheit in der Intentionalität der Retention gibt uns einen Fingerzeig zur Lösung der Schwierigkeit, wie es möglich ist, [434] von einer Einheit des letzten konstituierenden Bewußtseinsflusses zu wissen. Eine Schwierigkeit liegt hier ohne Zweifel vor: Ist ein geschlossener (zu einem dauernden Vorgang oder Objekt gehöriger) Fluß abgelaufen, so kann ich doch auf ihn zurückblicken, er bildet, wie es scheint, in der Erinnerung eine Einheit. Also konstituiert sich offenbar auch der Bewußtseinsfluß im Bewußtsein als Einheit. In ihm konstituiert sich z. B. die Einheit einer Ton-Dauer, er selbst aber als Einheit des Ton-Dauer-Bewußtseins konstituiert sich wieder. Und müssen wir dann nicht weiter auch sagen, diese Einheit konstituiere sich in ganz analoger Weise und sei ebensogut eine konstituierte Zeitreihe, man müsse also doch von zeitlichem Jetzt, Vorhin und Nachher sprechen?

Nach den letzten Ausführungen können wir folgende Antwort geben: Es ist der eine, einzige Bewußtseinsfluß, in dem sich die immanente zeitliche Einheit des Tons konstituiert und zugleich die Einheit des Bewußtseinsflusses selbst. So anstößig (wo nicht anfangs sogar widersinnig) es erscheint, daß der Bewußtseinsfluß seine eigene Einheit konstituiert, so ist es doch so. Und es läßt sich aus seiner Wesenskonstitution verständlich machen. Der Blick kann sich einmal d u r c h die im stetigen Fortgang des Flusses sich »deckenden« Phasen als Intentionalitäten vom Ton richten. Der Blick kann aber auch a u f den Fluß, auf eine Strecke des Flusses, auf den Übergang des fließenden Bewußtseins vom Ton-Einsatz zum Ton-Ende gehen. Jede Bewußtseinsabschattung der Art »Retention« hat eine doppelte Intentionalität: einmal die für die Konstitution des immanenten Objekts, des Tones dienende, das ist diejenige, die wir »primäre Erinnerung« an den (soeben empfundenen) Ton nennen, oder deutlicher eben Retention des Tones. Die andere ist die für die Einheit dieser primären Erinnerung im Fluß konstitutive; nämlich die Retention ist in eins damit, daß sie Noch-Bewußtsein, zurückhaltendes, eben Retention ist, Retention der verflossenen Ton-Retention: sie ist in ihrem stetigen Sich-abschatten im Fluß stetige Retention von den stetig vorangegangenen Phasen. Fassen wir irgendeine Phase des Bewußtseinsflusses ins Auge (in der Phase erscheint ein Ton-Jetzt und eine Strecke der Tondauer in dem Modus der Soeben-Abgeflossenheit), so befaßt sie eine im Vor-Zugleich einheitliche Kontinuität von Retentionen; diese ist Retention von der gesamten Momentankontinuität der kontinuierlich vorangegangenen Phasen des Flusses (im Einsatzglied ist sie neue Urempfindung, im stetig ersten Glied, das nun folgt, in der ersten Abschattungsphase, unmittelbare Retention der vorangegangenen Urempfindung, in der nächsten Momentanphase [435] Retention der Retention der vorvorangegangenen Urempfindung usw.). Lassen wir nun den Fluß fortfließen, so haben wir das Flußkontinuum im Ablauf, das die eben beschriebene Kontinuität sich retentional abwandeln läßt, und dabei ist jede neue Kontinuität von momentan-zugleich seienden Phasen Retention in Beziehung auf die Gesamtkontinuität des Zugleich in der vorangegangenen Phase. So geht also durch den Fluß eine Längsintentionalität, die im Lauf des Flusses in stetiger Deckungseinheit mit sich selbst ist. Im absoluten Übergehen, fließend, wandelt sich die erste Urempfindung in Retention von ihr, diese Retention in Retention von dieser Retention usw. Zugleich aber mit der ersten Retention ist ein neues »Jetzt«, eine neue Urempfindung da, und mit jener kontinuierlich-momentan verbunden, so daß die zweite Phase des Flusses Urempfindung des neuen Jetzt und Retention des früheren ist, die dritte Phase abermals neue Urempfindung mit Retention der zweiten Urempfindung und Retention von der Retention der ersten usw. Hierbei ist mit in Rechnung zu ziehen, daß Retention von einer Retention nicht nur Intentionalität hat in Beziehung auf das unmittelbar Retinierte, sondern auch in Beziehung auf das im Retinieren Retinierte zweiter Stufe und zuletzt in Beziehung auf das Urdatum, das hier durchgehend objektiviert ist. Analog wie eine Vergegenwärtigung einer Dingerscheinung nicht nur Intentionalität hat in Beziehung auf die Dingerscheinung, sondern auch in Beziehung auf das erscheinende Ding, oder besser noch, wie eine Erinnerung von A nicht nur die Erinnerung, sondern auch das A als Erinnertes der Erinnerung bewußt macht.

Demnach, meinen wir, konstituiere sich im Flusse des Bewußtseins vermöge der Stetigkeit der retentionalen Abwandlungen und des Umstandes, daß sie stetig Retentionen von den stetig vorangegangenen sind, die Einheit des Flusses selbst als eine eindimensionale *quasi*-zeitliche Ordnung. Nehme ich die Richtung auf den Ton, lebe ich mich aufmerkend in die »Querintentionalität« ein (in die Urempfindung als Empfindung vom jeweiligen Ton-Jetzt, in die retentionalen Abwandlungen als primäre Erinnerungen der Reihe der abgelaufenen Ton-Punkte und im Fluß der retentionalen

Abwandlungen der Uremfindungen und der schon vorhandenen Retentionen die Einheit immerfort erfahrende), so steht der dauernde Ton da, sich in seiner Dauer immerfort erweiternd. Stelle ich mich auf die »Längsintentionalität« ein und auf das in ihr sich Konstituierende, so werfe ich den reflektierenden Blick vom Ton (der so und so lange gedauert hat) auf das im Vor-Zugleich nach einem Punkt Neue der [436] Uremfindung und das nach einer stetigen Reihe »zugleich« damit Retinierte. Das Retinierte ist das vergangene Bewußtsein nach seiner Phasenreihe (zunächst seiner vorangegangenen Phase), und nun, im stetigen Fortfluß des Bewußtseins, erfasse ich die retinierte Reihe des abgelaufenen Bewußtseins mit dem Grenzpunkt der aktuellen Uremfindung und der stetigen Zurückschiebung dieser Reihe mit der Neuansetzung von Retentionen und von Uremfindungen.

Man kann hier fragen: kann ich in einem Blick das ganze in einem Vor-Zugleich beschlossene retentionale Bewußtsein des vergangenen Bewußtseinslaufes finden und fassen? Offenbar ist der notwendige Prozeß der, daß ich erst das Vor-Zugleich selbst erfassen muß, und das modifiziert sich stetig, es ist ja nur, was es ist, im Fluß; und nun ist der Fluß, soweit er dieses Vor-Zugleich abwandelt, intentional mit sich selbst in Deckung, konstituiert Einheit im Fluß, und das Eine und Identische erhält einen stetigen Modus der Zurückschiebung, immer Neues setzt sich vorne an, um alsbald ebenso wieder zu verfließen in seinem Momentanzusammenhang. Während dieses Prozesses kann der Blick fixiert bleiben auf das Momentan-Zugleich, das herabsinkt; aber die Konstitution der retentionalen Einheit reicht darüber hinaus, fügt immer Neues hinzu. Darauf kann sich in diesem Prozeß der Blick lenken, und es ist immer Bewußtsein im Fluß als konstituierte Einheit.

Demnach sind in dem einen, einzigen Bewußtseinsfluß z w e i untrennbar einheitliche, wie zwei Seiten einer und derselben Sache einander fordernde I n t e n t i o n a l i t ä t e n miteinander verflochten. Vermöge der einen konstituiert sich die

immanente Zeit, eine objektive Zeit, eine echte, in der es
Dauer und Veränderung von Dauerndem gibt; in der anderen
die *quasi*-zeitliche Einordnung der Phasen des Flusses, der
immer und notwendig den fließenden »Jetzt«-Punkt, die
Phase der Aktualität hat und die Serien der voraktuellen und
nachaktuellen (der noch nicht aktuellen) Phasen. Diese prä-
phänomenale, präimmanente Zeitlichkeit konstituiert sich
intentional als Form des zeitkonstituierenden Bewußtseins
und in ihm selbst. Der Fluß des immanenten zeitkonstituierenden Bewußtseins i s t nicht nur, sondern so merkwürdig
und doch verständlich geartet ist er, daß in ihm notwendig
eine Selbsterscheinung des Flusses bestehen und daher der
Fluß selbst notwendig im Fließen erfaßbar sein muß. Die
Selbsterscheinung des Flusses fordert nicht einen zweiten
Fluß, sondern als Phänomen konstituiert er sich in sich
selbst.[18] [437] Das Konstituierende und das Konstituierte
decken sich, und doch können sie sich natürlich nicht in jeder
Hinsicht decken. Die Phasen des Bewußtseinsflusses, in
denen Phasen desselben Bewußtseinsflusses sich phänomenal
konstituieren, können nicht mit diesen konstituierten Phasen
identisch sein, und sind es auch nicht. Was im Momentan-
Aktuellen des Bewußtseinsflusses zur Erscheinung gebracht
wird, das sind in der Reihe der retentionalen Momente desselben vergangene Phasen des Bewußtseinsflusses.

[471] ## 36. *Urbewußtsein und Möglichkeit der Reflexion*

Die Retention ist keine Modifikation, in der die impressionalen Daten reell erhalten blieben, nur eben in der abgewandelten Form: sondern sie ist eine Intentionalität, und zwar
eine Intentionalität eigener Art. Indem ein Urdatum, eine
neue Phase auftaucht, geht die vorangehende nicht verloren,
sondern wird »im Griff behalten« [472] (d. i. eben »reti-
niert«), und dank dieser Retention ist ein Zurückblicken auf
das Abgelaufene möglich; die Retention selbst ist kein

Zurückblicken, das die abgelaufene Phase zum Objekt macht: indem ich die abgelaufene Phase im Griff habe, durchlebe ich die gegenwärtige, nehme sie – dank der Retention – »hinzu« und bin gerichtet auf das Kommende (in einer Protention).

Aber weil ich sie im Griff habe, kann ich den Blick darauf lenken in einem neuen Akt, den wir – je nachdem das abgelaufene Erleben sich noch in neuen Urdaten forterzeugt, also eine Impression ist, oder bereits abgeschlossen als Ganzes »in die Vergangenheit rückt« – eine Reflexion (immanente Wahrnehmung) oder Wiedererinnerung nennen. Diese Akte stehen zur Retention im Verhältnis der Erfüllung. Die Retention ist selbst kein »Akt« (d. h. eine in einer Reihe von retentionalen Phasen konstituierte immanente Dauereinheit), sondern ein Momentanbewußtsein von der abgelaufenen Phase und zugleich Unterlage für das retentionale Bewußtsein der nächsten Phase. Indem jede Phase die voranliegende retentional bewußt hat, beschließt sie in einer Kette von mittelbaren Intentionen die gesamte Reihe der abgelaufenen Retentionen in sich: eben dadurch konstituieren sich die Dauereinheiten, die durch die Vertikalreihen des Zeitdiagramms wiedergegeben werden, und die die Objekte der rückschauenden Akte sind. In diesen Akten kommt mit der konstituierten Einheit (z. B. dem dauernd retentional erhaltenen unveränderten Ton) die Reihe der konstituierenden Phasen zur Gegebenheit. Der Retention verdanken wir es also, daß das Bewußtsein zum Objekt gemacht werden kann.

Man kann nun die Frage aufwerfen: Wie steht es mit der Anfangsphase eines sich konstituierenden Erlebnisses? Kommt sie auch nur aufgrund der Retention zur Gegebenheit, und würde sie »unbewußt« sein, wenn sich keine Retention daran schlösse? Darauf ist zu sagen: Zum Objekt werden kann die Anfangsphase nur n a c h ihrem Ablauf auf dem angegebenen Wege, durch Retention und Reflexion (bzw. Reproduktion). Aber wäre sie n u r durch die Retention bewußt, so bliebe es unverständlich, was ihr die Auszeichnung als »Jetzt« verleiht.

Sie könnte allenfalls negativ unterschieden werden von ihren
Modifikationen als diejenige Phase, die keine voranliegende
mehr retentional bewußt macht; aber sie ist ja bewußtseinsmäßig durchaus positiv charakterisiert. Es ist eben ein
Unding, von einem »unbewußten« Inhalt zu sprechen, der
erst nachträglich bewußt würde. Bewußtsein ist notwendig
B e w u ß t s e i n in jeder seiner Phasen. Wie die retentionale
Phase die voran[473]liegende bewußt hat, ohne sie zum
Gegenstand zu machen, so ist auch schon das Urdatum
bewußt – und zwar in der eigentümlichen Form des »jetzt« –
ohne gegenständlich zu sein. Eben dieses Urbewußtsein ist
es, das in die retentionale Modifikation übergeht – die dann
Retention von ihm selbst und dem in ihm originär bewußten
Datum ist, da beide untrennbar eins sind –: wäre es nicht
vorhanden, so wäre auch keine Retention denkbar; Retention
eines unbewußten Inhalts ist unmöglich. Im übrigen ist es
nichts aus Gründen Erschlossenes, sondern in der Reflexion
auf das konstituierte Erleben als konstituierende Phase genau
so wie die Retentionen erschaubar. Man darf nur dieses Urbewußtsein, diese Urauffassung, oder wie man es sonst nennen
will, nicht als einen auffassenden Akt mißverstehen. Abgesehen davon, daß es eine evident falsche Beschreibung der Sachlage wäre, würde man sich dadurch in unlösbare Schwierigkeiten verwickeln. Sagt man: jeder Inhalt kommt nur zum
Bewußtsein durch einen darauf gerichteten Auffassungsakt,
so erhebt sich sofort die Frage nach dem Bewußtsein, in dem
dieser Auffassungsakt, der doch selbst ein Inhalt ist, bewußt
wird, und der unendliche Regreß ist unvermeidlich. Ist aber
jeder »Inhalt« in sich selbst und notwendig »urbewußt«, so
wird die Frage nach einem weiteren gebenden Bewußtsein
sinnlos.

Ferner ist jeder Auffassungsakt selbst eine konstituierte
immanente Dauereinheit. Indem er sich aufbaut, ist das, was
er zum Objekt machen soll, längst vorüber und wäre – wenn
wir nicht das ganze Spiel von Urbewußtsein und Retentionen
schon voraussetzten – für ihn gar nicht mehr erreichbar. Weil

aber Urbewußtsein und Retentionen vorhanden sind, besteht die Möglichkeit, in der Reflexion auf das konstituierte Erlebnis und auf die konstituierenden Phasen hinzusehen und sogar der Unterschiede inne zu werden, die etwa zwischen dem ursprünglichen Fluß, wie er im Urbewußtsein bewußter war, und seiner retentionalen Modifikation bestehen. Alle Einwände, die gegen die Methode der Reflexion erhoben worden sind, erklären sich aus der Unkenntnis der wesensmäßigen Konstitution des Bewußtseins.

Konstitution der Intersubjektivität[1]

[121] 1. *Exposition des Problems der Fremderfahrung in Gegenstellung gegen den Einwand des Solipsismus*

Knüpfen wir unsere neuen Meditationen an einen, wie es scheinen möchte, schwerwiegenden Einwand. Nichts Geringeres betrifft er als den Anspruch der transzendentalen Phänomenologie, schon Transzendentalphilosophie zu sein, also in Form einer im Rahmen des transzendental reduzierten ego sich bewegenden konstitutiven Problematik und Theorie die transzendentalen Probleme der objektiven Welt lösen zu können. Wenn ich, das meditierende Ich, mich durch die phänomenologische ἐποχή auf mein absolutes transzendentales ego reduziere, bin ich dann nicht zum *solus ipse* geworden, und bleibe ich es nicht, solange ich unter dem Titel Phänomenologie konsequente Selbstauslegung betreibe? Wäre also eine Phänomenologie, die Probleme objektiven Seins lösen und schon als Philosophie auftreten wollte, nicht als transzendentaler Solipsismus zu brandmarken?

Überlegen wir näher. Die transzendentale Reduktion bindet mich an den Strom meiner reinen Bewußtseinserlebnisse und an die durch ihre Aktualitäten und Potentialitäten konstituierten Einheiten. Es scheint nun doch selbstverständlich, daß solche Einheiten von meinem ego unabtrennbar sind und somit zu seiner Konkretion selbst gehören.

Aber wie steht es dann mit anderen ego's, die doch nicht bloße Vorstellung und Vorgestelltes in mir sind, synthetische Einheiten möglicher Bewährung im mir, sondern sinngemäß eben A n d e r e. Haben wir also dem transzendentalen Realismus nicht Unrecht getan? Es mag ihm an phänomenologischer Grundlegung fehlen, aber im Prinzipiellen behält er Recht insofern, als er einen Weg von der Immanenz des ego zur Transzendenz des An[122]dern sucht. Können wir als Phänomenologen anders als dem nachgehend sagen, die im ego immanent konstituierte Natur und Welt überhaupt habe hinter sich allererst die *an sich* seiende Welt selbst, zu der eben der Weg erst zu suchen sei, und somit sagen: Schon die Frage der Möglichkeit wirklich transzendenter Erkenntnis, vor allem der Möglichkeit, wie ich aus meinem absoluten ego zu anderen ego's komme, die doch als andere nicht wirklich in mir, sondern in mir nur bewußte sind, sei rein phänomenologisch nicht zu stellen. Ist es nicht von vornherein selbstverständlich, daß mein transzendentales Erkenntnisfeld über meine transzendentale Erfahrungssphäre und das in ihr synthetisch Beschlossene nicht hinausreicht – selbstverständlich, daß das alles in eins durch mein eigenes transzendentales ego bezeichnet und erschöpft ist?

Indessen vielleicht ist doch in solchen Gedanken nicht alles in Ordnung. Ehe man sich für sie und die in ihnen verwerteten »Selbstverständlichkeiten« entscheidet und nun gar sich in dialektische Argumentationen und in »metaphysisch« sich nennende Hypothesen einläßt, deren vermeinte Möglichkeit sich vielleicht als vollkommener Widersinn herausstellt, dürfte es doch angemessener sein, zunächst die sich hier mit dem *alter ego* anzeigende Aufgabe der phänomenologischen Auslegung in konkreter Arbeit systematisch anzugreifen und durchzuführen. Wir müssen uns doch Einblick verschaffen in die explizite und implizite Intentionalität, in der sich auf dem Boden unseres transzendentalen ego das alter ego bekundet und bewährt, wie, in welchen Intentionalitäten, in welchen Synthesen, in welchen Motivationen der Sinn *anderes ego* sich in mir gestaltet und unter den Titeln einstimmiger Fremderfahrung sich als seiend, und in seiner Weise sogar als selbst da sich bewährt. Diese Erfahrungen und ihre Leistungen sind ja transzendentale Tatsachen meiner phänomenologischen Sphäre – kann ich wo anders her als durch ihre Befragung den Sinn seiender Anderer allseitig auslegen?

2. *Die noematisch-ontische Gegebenheitsweise des Anderen als transzendentaler Leitfaden für die konstitutive Theorie der Fremderfahrung*

Zunächst habe ich an dem erfahrenen Anderen, so wie er sich mir geradehin und in Vertiefung in seinen noematisch-ontischen Ge[123]halt gibt (rein als Korrelat meines *cogito*, dessen nähere Struktur erst zu enthüllen ist), den transzendentalen Leitfaden. In der Merkwürdigkeit und Vielfältigkeit dieses Gehaltes zeigt sich schon die Vielseitigkeit und Schwierigkeit der phänomenologischen Aufgabe an. Z. B. die Anderen erfahre ich, und als wirklich seiende, in wandelbaren, einstimmigen Erfahrungsmannigfaltigkeiten, und zwar einerseits als Weltobjekte; nicht als bloße Naturdinge (obschon nach einer Seite auch als das). Sie sind ja auch erfahren als in den ihnen je zugehörigen Naturleibern psychisch waltende. So mit Leibern eigenartig verflochten, als *psychophysische* Objekte, sind sie *in* der Welt. Andrerseits erfahre ich sie zugleich als Subjekte für diese Welt, als diese Welt erfahrend, und diese selbe Welt, die ich selbst erfahre, und als dabei auch mich erfahrend, mich, als wie ich sie und darin die Anderen erfahre. So kann ich, nach dieser Richtung fortschreitend, noch vielerlei noematisch auslegen.

Jedenfalls also in mir, im Rahmen meines transzendental reduzierten reinen Bewußtseinslebens, erfahre ich die Welt mitsamt den Anderen und dem Erfahrungssinn gemäß nicht als mein sozusagen privates synthetisches Gebilde, sondern als mir fremde, als i n t e r s u b j e k t i v e , für jedermann daseiende, in ihren Objekten jedermann zugängliche Welt. Und doch, jeder hat seine Erfahrungen, seine Erscheinungen und Erscheinungseinheiten, sein Weltphänomen, während die erfahrene Welt an sich ist gegenüber allen erfahrenden Subjekten und ihren Weltphänomenen.

Wie klärt sich das auf? Unbeirrbar muß ich daran festhalten, daß jeder Sinn, den irgendein Seiendes für mich hat und haben kann, sowohl nach seinem »Was« als nach seinem »Es ist und ist in Wirklichkeit« Sinn ist in bzw. aus meinem intentionalen Leben, aus dessen konstitutiven Synthesen, in den Systemen einstimmiger Bewährung sich für mich klärend und enthüllend. Es gilt also, um für alle erdenklichen Fragen, die überhaupt sinnvoll sein sollen, den Boden der Beantwortung zu schaffen, ja um sie selbst schrittweise zu stellen und zu lösen, mit einer systematischen Entfaltung der offenen und impliziten Intentionalität zu beginnen, in der das Sein der Anderen für mich sich *macht* und sich nach seinem rechtmäßigen, das ist seinem Erfüllungsgehalt, auslegt.

Das Problem ist also zunächst wie ein spezielles, eben als das [124] des *Für-mich-da* der Anderen gestellt, als Thema also einer transzendentalen Theorie der Fremderfahrung, der sogenannten *Einfühlung*. Aber es erweist sich alsbald, daß die Tragweite einer solchen Theorie sehr viel größer ist als es zunächst scheint, daß sie nämlich auch mit fundiert eine transzendentale Theorie der objektiven Welt, und zwar ganz und gar, insbesondere auch hinsichtlich der objektiven Natur. Zum Seinssinn der Welt und im besonderen der Natur als objektiver gehört ja, wie wir oben schon berührt haben, das *Für-jedermann-da*, als von uns stets mitgemeint, wo wir von objektiver Wirklichkeit sprechen. Zudem gehören zur Erfahrungswelt Objekte mit *geistigen* Prädikaten, die ihrem Ursprung und Sinn gemäß auf Subjekte, und im allgemeinen auf fremde Subjekte und deren aktiv konstituierende Intentionalität verweisen: so alle Kulturobjekte (Bücher, Werkzeuge und Werke irgendwelcher Art usw.), die dabei aber zugleich den Erfahrungssinn des *Für-jedermann-da* mit sich führen (scilicet für jedermann der entsprechenden Kulturgemeinschaft, wie der europäischen, eventuell enger: der französischen etc.).

I. Die primordiale Abstraktion

3. *Reduktion der transzendentalen Erfahrung auf die Eigenheitssphäre*

Ist nun die transzendentale Konstitution und damit der transzendentale Sinn von Fremdsubjekten in Frage, und in weiterer Konsequenz in Frage eine universale Sinnesschicht, die, von ihnen ausstrahlend, allererst objektive Welt für mich möglich macht, so kann der fragliche Sinn von Fremdsubjekten noch nicht der von objektiven, von weltlich seienden Anderen sein. Um hier richtig vorzugehen, ist es ein erstes methodisches Erfordernis, daß wir zunächst innerhalb der transzendentalen Universalsphäre eine eigentümliche Art thematischer ἐποχή durchführen. Wir schalten alles jetzt Fragliche vorerst aus dem thematischen Felde aus, das ist, wir sehen von allen konstitutiven Leistungen der auf fremde Subjektivität unmittelbar oder mittelbar bezogenen Intentionalität ab und umgrenzen zunächst den Gesamtzusammenhang derjenigen Intentionalität, der aktuellen und potentiellen, in der sich das ego in seiner Eigenheit konstituiert und [125] in der es von ihr unabtrennbare, also selbst ihrer Eigenheit zuzurechnende synthetische Einheiten konstituiert.

Die Reduktion auf meine transzendentale Eigensphäre oder mein transzendentales konkretes Ich-selbst durch Abstraktion von allem, was mir transzendentale Konstitution als Fremdes ergibt, hat hier einen ungewöhnlichen Sinn. In der natürlichen Einstellung der Weltlichkeit finde ich unterschieden und in der Form des Gegenüber: mich und die Anderen. Abstrahiere ich von den Anderen in gewöhnlichem Sinne, so bleibe ich *allein* zurück. Aber solche Abstraktion ist nicht radikal, solches Allein-sein ändert noch nichts an dem natürlichen Weltsinn des Für-jedermann-erfahrbar, der auch dem natürlich verstandenen Ich anhaftet und nicht verloren ist,

wenn eine universale Pest mich allein übrig gelassen hätte. In
der transzendentalen Einstellung und zugleich in der vorhin
bezeichneten konstitutiven Abstraktion ist aber mein – des
Meditierenden – ego in seiner transzendentalen Eigenheit
nicht das auf ein bloßes Korrelatphänomen reduzierte
gewöhnliche Menschen-Ich innerhalb des Gesamtphäno-
mens der Welt. Vielmehr handelt es sich um eine wesensmäßige Struktur der universalen Konstitu-
tion, in der das transzendentale ego als eine objektive Welt
konstituierendes dahinlebt.

Das mir als ego spezifisch Eigene, mein konkretes Sein als
Monade rein in mir selbst und für mich selbst in abgeschlosse-
ner Eigenheit, befaßt wie jede so auch die auf Fremdes gerichtete Intentionalität, nur daß zunächst aus methodischen
Gründen deren synthetische Leistung (die Wirklichkeit des
Fremden für mich) thematisch ausgeschaltet bleiben soll. In
dieser ausgezeichneten Intentionalität konstituiert sich der
neue Seinssinn, der mein monadisches ego in seiner Selbst-
eigenheit überschreitet, und es konstituiert sich ein ego nicht
als *Ich-selbst*, sondern als sich in meinem eigenen Ich, meiner
Monade *spiegelndes*. Aber das zweite ego ist nicht schlechthin
da und eigentlich selbst gegeben, sondern es ist als alter ego
konstituiert, wobei das durch diesen Ausdruck alter ego als
Moment angedeutete ego Ich-selbst in meiner Eigenheit bin.
Der *Andere* verweist seinem konstituierten Sinne nach auf
mich selbst, der Andere ist Spiegelung meiner selbst, und
doch nicht eigentlich Spiegelung; Analogon meiner selbst,
und doch wieder nicht Analogon im gewöhnlichen Sinne. Ist
also, und als [126] erstes, das ego in seiner Eigenheit umgrenzt
und in seinem Bestande – nicht nur an Erlebnissen, sondern
auch an von ihm konkret unabtrennbaren Geltungseinhei-
ten – überschaut und gegliedert, so muß, daran anschließend,
die Frage gestellt werden, wie mein ego innerhalb seiner
Eigenheit unter dem Titel »Fremderfahrung« eben *Fremdes*
konstituieren kann – also mit einem Sinne, der das Konstituierte von dem konkreten Bestande des sinnkonstituierenden

konkreten Ich-selbst ausschließt, irgendwie als sein *Analo-gon*. Zunächst betrifft das irgendwelche *alter ego's*, dann aber alles, was von diesen her Sinnbestimmungen gewinnt, kurzum eine objektive Welt in der eigentlichen und vollen Bedeutung.

Diese Problematik wird an Verständlichkeit gewinnen, wenn wir daran gehen, die Eigenheitssphäre des ego zu charakteri-sieren, bzw. die sie ergebende abstraktive ἐποχή explizit durchzuführen. Die thematische Ausschaltung der konstitu-tiven Leistungen der Fremderfahrung und mit ihr aller auf Fremdes bezüglichen Bewußtseinsweisen besagt jetzt nicht bloß die phänomenologische ἐποχή hinsichtlich der naiven Seinsgeltung des Fremden wie alles naiv geradehin für uns seienden Objektiven. Die transzendentale Einstellung ist ja immer und bleibt vorausgesetzt, der gemäß alles vordem geradehin für uns Seiende ausschließlich als *Phänomen*, als vermeinter und sich bewährender Sinn genommen wird, rein wie es als Korrelat der zu enthüllenden konstitutiven Systeme für uns Seinssinn gewonnen hat und gewinnt. Eben diese Enthüllung und Sinnesklärung bereiten wir jetzt durch die neuartige ἐποχή, und des näheren auf folgende Weise vor.

Als transzendental Eingestellter versuche ich zunächst, innerhalb meines transzendentalen Erfahrungshorizontes das *Mir-Eigene* zu umgrenzen. Es ist, sage ich mir zunächst, *Nicht-Fremdes*. Ich beginne damit, diesen Erfahrungshori-zont von allem Fremden überhaupt abstraktiv zu befreien. Es gehört zum transzendentalen Phänomen der *Welt*, daß sie in einstimmiger Erfahrung geradehin gegeben ist, und so gilt es, sie überschauend darauf zu achten, wie Fremdes sinnmitbe-stimmend auftritt, und es, soweit es das tut, abstraktiv auszu-schalten. So abstrahieren wir zunächst von dem, was Men-schen und Tieren ihren spezifischen Sinn als sozusagen ich-artigen lebenden Wesen gibt, und in [127] weiterer Folge von allen Bestimmungen der phänomenalen Welt, die in ihrem Sinne auf *Andere* als Ichsubjekte verweisen und sie danach voraussetzen. So alle Kulturprädikate. Wir können dafür

auch sagen, wir abstrahieren von allem *Fremdgeistigen* als
dem, was am hier fraglichen *Fremden* seiner spezifischen
Sinn ermöglicht. Auch der Charakter der *Umweltlichkeit für
jedermann*, das Für-jedermann-da-und-zugänglich-sein, Je-
dermann-in-Leben-und-Streben-etwas-angehen-oder-nicht-
angehen-können, der allen Objekten der phänomenalen Welt
eignet und ihre Fremdheit ausmacht, ist nicht zu übersehen
und ist abstraktiv auszuschließen.

Wir konstatieren dabei ein Wichtiges. In der Abstraktion
verbleibt uns eine einheitlich zusammenhängende Schicht des Phänomens Welt, des transzendentalen Korrelats der kontinuierlich einstimmig fortgehen-
den Welterfahrung. Wir können trotz unserer Abstraktion
kontinuierlich in der erfahrenden Anschauung fortgehen,
ausschließlich in dieser Schicht verbleibend. Diese einheitliche Schicht ist ferner dadurch ausgezeichnet, daß sie die
wesensmäßig fundierende ist, d. h. ich kann offenbar nicht
das *Fremde* als Erfahrung haben, also nicht den Sinn *objektive Welt* als Erfahrungssinn haben, ohne jene Schicht in
wirklicher Erfahrung zu haben, während nicht das Umge-
kehrte der Fall ist.

Betrachten wir das Ergebnis unserer Abstraktion näher, also
das, was sie uns übrig läßt. Es scheidet sich am Phänomen der
Welt, der mit objektivem Sinn erscheinenden, eine Unterschicht ab als eigenheitliche »Natur«, die wohl
unterschieden bleiben muß von bloßer Natur schlechthin,
also derjenigen, die das Thema des Naturforschers wird.
Diese erwächst zwar auch durch Abstraktion, nämlich von
allem Psychischen und von den personal entsprungenen Prädikaten der objektiven Welt. Aber was in dieser Abstraktion
des Naturforschers gewonnen wird, ist eine zur objektiven
Welt selbst (in transzendentaler Einstellung zum gegenständlichen Sinn »objektive Welt«) gehörige, also selbst objektive
Schicht, wie denn das, wovon abstrahiert wird, seinerseits
Objektives ist (objektives Psychisches, objektive Kulturprädikate usw.). Aber in unserer Abstraktion verschwindet ja

der Sinn »objektiv« ganz und gar, der allem Weltlichen zugehört als intersubjektiv Konstituiertem, als einem für jedermann Er[128]fahrbaren usw. So gehört zu meiner Eigenheit
als von allem Sinn fremder Subjektivität gereinigter ein Sinn
bloße Natur, der eben auch dieses *Für-jedermann* verloren
hat, also keineswegs für eine abstraktive Schicht der Welt
selbst bzw. ihres Sinnes genommen werden darf. Unter den
eigenheitlich gefaßten Körpern dieser *Natur* finde ich dann
in einziger Auszeichnung m e i n e n L e i b, nämlich als
den einzigen, der nicht bloßer Körper ist, sondern eben
L e i b, das einzige Objekt innerhalb meiner abstraktiven
Weltschicht, dem ich erfahrungsgemäß Empfindungsfelder
zurechne, obschon in verschiedenen Zugehörigkeitsweisen
(Tastempfindungsfeld, Wärme-Kälte-Feld usw.), das einzige, *in* dem ich unmittelbar *schalte und walte*, und insonder-
heit walte in jedem seiner *Organe –*. Ich nehme, *mit* den
Händen kinästhetisch tastend, mit den Augen ebenso sehend
usw., wahr und kann jederzeit so wahrnehmen, wobei diese
Kinästhesen der Organe im *Ich tue* verlaufen und meinem *Ich
kann* unterstehen; ferner kann ich, diese Kinästhesen ins Spiel
setzend, stoßen, schieben usw. und dadurch unmittelbar und
dann mittelbar leiblich *handeln*. Wahrnehmend tätig erfahre
ich (oder kann ich erfahren) alle Natur, darunter die eigene
Leiblichkeit, die darin also auf sich selbst zurückbezogen ist.
Das wird dadurch möglich, daß ich jeweils *mittelst* der einen
Hand die andre, mittelst einer Hand ein Auge usw. wahrnehmen *kann*, wobei fungierendes Organ zum Objekt und
Objekt zum fungierenden Organ werden muß. Und ebenso
für das allgemein mögliche ursprüngliche Behandeln der
Natur und der Leiblichkeit selbst durch die Leiblichkeit, die
also auch praktisch auf sich selbst bezogen ist.
Die Herausstellung meines eigenheitlich reduzierten Leibes
bedeutet schon ein Stück Herausstellung des e i g e n h e i t -
l i c h e n W e s e n s des objektiven Phänomens *Ich als dieser
Mensch*. Wenn ich andere Menschen eigenheitlich reduziere,
so gewinne ich eigenheitliche Körper, wenn ich mich redu-

ziere als Menschen, so gewinne ich meinen *Leib* und meine
Seele, oder mich als psychophysische Einheit, in ihr mein
personales Ich, das in diesem Leib und *mittelst* seiner in der
Außenwelt wirkt, von ihr leidet, und so überhaupt vermöge
der beständigen Erfahrung solcher einzigartigen Ichbezogen-
heiten und Lebensbezogenheiten mit dem körperlichen Leib
psychophysisch einig konstituiert ist. Ist die eigenheitliche
Reinigung an der Außenwelt und am Leibe [129] und am psychophysischen Ganzen vollzogen, so habe ich meinen natürlichen Sinn eines Ich insofern verloren, als ausgeschieden
bleibt jeder Sinnbezug auf ein mögliches Uns oder Wir und
alle meine Weltlichkeit im natürlichen Sinne. In meiner geistigen Eigenheit bin ich aber doch identischer Ichpol meiner
mannigfaltigen reinen Erlebnisse, derjenigen meiner passiven
und aktiven Intentionalität, und aller von daher gestifteten
und zu stiftenden Habitualitäten.

So haben wir durch diese eigentümliche abstraktive Sinnes-
ausscheidung des Fremden eine Art »Welt« übrig behalten,
eine eigenheitlich reduzierte Natur, ihr durch den körperlichen Leib eingeordnet das psychophysische Ich mit Leib und
Seele und personalem Ich, lauter Einzigartigkeiten dieser
reduzierten »Welt«. Offenbar kommen darin auch vor Prädikate, die von diesem Ich her Bedeutung haben, wie z. B.
Wert- und Werkprädikate. All das (darum die beständigen
Anführungszeichen) ist also ganz und gar nichts Weltliches
im natürlichen Sinn, sondern nur das ausschließlich Eigene in
meiner Welterfahrung, überall durch sie Hindurchgehende
und in ihr auch einheitlich anschaulich Zusammenhängende.
Was wir also in diesem eigenheitlichen Weltphänomen an
Gliederungen unterscheiden, ist konkret einig, wie sich auch
darin zeigt, daß die raumzeitliche Form – aber die entspre-
chend eigenheitlich reduzierte – mit in dieses reduzierte Weltphänomen eingeht; auch also die reduzierten »Objekte«, die
»Dinge«, das »psychophysische Ich« sind außereinander.
Hier aber fällt uns ein Merkwürdiges auf – eine Kette von
Evidenzen, die doch in der Verkettung als Paradoxien anmu-

ten. Von der Abblendung des Fremden wird nicht betroffen das gesamte psychische Leben meiner, dieses *psychophysischen* Ich, darunter mein welterfahrendes Leben, also nicht meine wirkliche und mögliche Erfahrung von Fremdem. Es gehört also in mein seelisches Sein hinein die gesamte Konstitution der für mich seienden Welt, und in weiterer Folge auch deren Scheidung in die konstitutiven Systeme, die Eigenheitliches und die Fremdes konstituieren. Ich, das reduzierte *Menschen-Ich* (psychophysische Ich), bin also konstituiert als Glied der *Welt*, mit dem mannigfaltigen *Außer-mir*, aber ich selbst in meiner Seele konstituiere das alles und trage es intentional in mir. Sollte sich gar zeigen lassen, daß alles als eigenheitlich Konstituierte, also auch die reduzierte *Welt*, zum konkreten Wesen [130] des konstituierenden Subjekts als unabtrennbare innere Bestimmung gehört, so fände sich in der Selbstexplikation des Ich seine eigenheitliche Welt als *drinnen*, und andererseits fände das Ich, geradehin diese Welt durchlaufend, sich selbst als Glied ihrer Äußerlichkeiten und schiede zwischen sich und *Außenwelt*.

4. *Das transzendentale ego und die eigenheitlich reduzierte Selbstapperzeption als psychophysischer Mensch*

Die letzten wie diese gesamten Meditationen haben wir in der Einstellung der transzendentalen Reduktion vollzogen, also ich, der Meditierende, als transzendentales ego. Es ist nun die Frage wie ich, das auf das rein Eigenheitliche reduzierte Menschen-Ich im ebenso reduzierten Weltphänomen, und ich als das transzendentale ego zueinander sich verhalten. Das letztere ist hervorgegangen aus der *Einklammerung* der gesamten objektiven Welt und aller sonstigen (auch idealen) Objektivitäten. Durch sie bin ich inne geworden meiner als des transzendentalen ego, das alles mir je Objektive in seinem konstitutiven Leben konstituiert, das Ich aller Konstitutionen, in dessen aktuellen und potentiellen Erlebnissen und seinen ichlichen Habitualitäten es ist, und in denen es, wie alles Objektive, so auch sich selbst als identisches ego konstituiert. Wir können nun sagen: Indem ich als dieses ego die für mich seiende Welt als Phänomen (als Korrelat) konstituiert habe und fortgehend weiter konstituiere, habe ich unter dem Titel Ich, im gewöhnlichen Sinne des menschlich-personalen Ich, innerhalb der gesamten konstituierten Welt eine v e r w e l t - l i c h e n d e S e l b s t a p p e r z e p t i c n in entsprechenden konstitutiven Synthesen vollzogen und halte sie in beständiger Fortgeltung und Fortbildung. Alles transzendental mir als diesem letzten ego Eigenheitliche tritt vermöge dieser Verweltlichung in *meine Seele* als Psychisches ein. Die verweltlichende Apperzeption finde ich vor und kann nun von der Seele als Phänomen und als Teil im Phänomen Mensch zurückgehen auf mich als das universale, absolute, das transzendentale ego. Wenn ich also als dieses ego mein Phänomen der objektiven Welt auf mein Eigenheitliches reduziere und nun dazunehme, was ich irgend sonst als mir e i g e n finde (das nach jener Reduktion *Fremdes* nicht mehr enthalten kann), so ist dieses gesamte Eigenheitliche meines ego wiederzufinden in dem reduzierten Weltphänomen als das Eigenheitliche [131] *meiner Seele*, nur daß es hier als Komponente meiner Weltapperzeption ein t r a n s z e n d e n t a l S e k u n d ä r e s ist. Halten wir uns an das letzte transzendentale ego und an das Universum des in ihm Konstituierten, so gehört ihm unmittelbar zu die Scheidung seines gesamten transzendentalen Erfahrungsfeldes in die Sphäre s e i n e r Eigenheit – mit der zusammenhängenden Schicht seiner Welterfahrung, in der alles Fremde *abgeblendet* ist – und in die Sphäre des Fremden. Dabei gehört aber doch jedes Bewußtsein v o n Fremdem, jede Erscheinungsweise v o n ihm mit in die erste Sphäre. Was irgend das transzendentale ego in jener e r s t e n Schicht als Nichtfremdes – als *Eigenes* – konstituiert, das gehört in der Tat zu ihm als Komponente seines konkret eigenen Wesens, wie noch zu zeigen sein wird; es ist von seinem konkreten Sein untrennbar. Innerhalb und mit den Mitteln dieses Eigenen konstituiert es aber die *objektive* Welt, als Universum eines ihm fremden Seins, und in erster Stufe das Fremde des Modus alter ego.

5. *Die Eigenheitlichkeit als die Sphäre der Aktualitäten und Potentialitäten des Erlebnisstromes*

Wir haben bisher den Fundamentalbegriff des *Mir-Eigenen* nur indirekt charakterisiert als Nichtfremdes, das seinerseits auf dem Begriff des Anderen fußte, es also voraussetzte. Es ist für eine Klärung seines Sinnes aber wichtig, nun aber auch das p o s i t i v e Charakteristikum dieses *Eigenen* bzw. des *ego in meiner Eigenheit* herauszuarbeiten. Es war in den letzten Sätzen des vorigen Paragraphen nur eben angedeutet. Knüpfen wir an Allgemeineres an. Wenn sich uns in der Erfahrung ein konkreter Gegenstand als etwas für sich abhebt und sich nun der aufmerkend erfassende Blick darauf richtet, so wird er in dieser schlichten Erfassung zugeeignet als bloß »unbestimmter Gegenstand der empirischen Anschauung«. Zum bestimmten und sich weiter bestimmenden wird er in einer Fortführung der Erfahrung in Form einer bestimmenden, und zunächst nur den Gegenstand selbst aus sich selbst auslegenden Erfahrung, einer puren Explikation. Sie entfaltet in ihrem gegliederten synthetischen Fortgang auf dem Grunde des in kontinuierlicher anschaulicher Synthesis der Identifikation in Identität mit sich selbst gegebenen Gegenstandes in einer Verkettung von Sonderanschauungen die ihm selbst eige[132]nen, die *inneren* Bestimmtheiten. Sie treten hierbei ursprünglich auf als solche, i n denen er, der identische selbst, was er ist, und zwar *an und für sich*, in sich selbst ist und worin sein identisches Sein sich in die besonderen Eigenheiten auslegt. Dieser eigenwesentliche Gehalt ist vorweg nur im Allgemeinen und horizontmäßig antizipiert und konstituiert sich ursprünglich (mit dem Sinn: inneres, eigenwesentliches Merkmal, spezieller Teil, Eigenschaft) erst durch die Explikation.

Wenden wir das an. Wenn ich in transzendentaler Reduktion
auf mich, das transzendentale ego, reflektiere, so bin ich für
mich als dieses ego wahrnehmungsmäßig gegeben, und zwar
in erfassender Wahrnehmung. Ich werde auch dessen inne,
daß ich vordem schon immerfort für mich, aber unerfaßt,
original anschaulich (im weiteren Sinne wahrgenommen), da,
vorgegeben war. Das bin ich aber jedenfalls mit einem offenen endlosen Horizont von noch unerschlossenen inneren
Eigenheiten. Auch mein Eigenes erschließt sich durch Explikation, und hat aus ihrer Leistung seinen ursprünglichen
Sinn. Es enthüllt sich ursprünglich in der erfahrend-explizie-
renden Blickrichtung auf mich selbst, auf mein wahrnehmungsmäßig und sogar apodiktisch gegebenes Ich-bin und
seine in der kontinuierlichen einheitlichen Synthesis der
ursprünglichen Selbsterfahrung verharrende Identität mit
sich selbst. Das diesem Identischen Eigenwesentliche charakterisiert sich als dessen wirkliches und mögliches Explikat, als
das, worinnen ich mein eigenes identisches Sein nur entfalte,
als was es als Identisches in Sonderheit ist, es in sich selbst.
Hier ist nun folgendes zu beachten: Obschon ich rechtmäßig
von Selbstwahrnehmung spreche, und zwar hinsichtlich meines konkreten ego, so ist damit nicht gesagt, daß ich so wie bei
der Auslegung eines wahrnehmungsmäßig gegebenen Seh-
dinges immerzu in eigentlichen Sonderwahrnehmungen mich
bewege und somit selbst wahrnehmungsmäßige Explikate
gewinne und keine anderen. Ist doch ein erstes der Explikation meines eigenwesentlichen Seinshorizontes, daß ich auf
meine immanente Zeitlichkeit und damit auf mein Sein in
Form einer offenen Unendlichkeit eines Erlebnisstromes
stoße und aller meiner darin irgendwie beschlossenen Eigenheiten, zu denen mein Explizieren mitgehört. In lebendiger
Gegenwart verlaufend, kann sie eigentlich wahrnehmungsmäßig nur lebendig gegenwärtig Verlaufendes vor[133]finden.
Die mir eigene Vergangenheit enthüllt sie in der denkbar
ursprünglichsten Weise durch Wiedererinnerungen. Obschon ich mir also beständig originaliter gegeben bin und

mein Eigenwesentliches fortschreitend explizieren kann, so
vollzieht sich diese Explikation in weitem Ausmaße in
Bewußtseinsakten, die nicht Wahrnehmungen für die betreffenden mir eigenwesentlichen Momente sind. Nur so kann
mir mein Erlebnisstrom, als in welchem ich als identisches Ich
lebe, zugänglich werden; und zunächst in seinen Aktualitäten
und dann in den mir offenbar ebenfalls eigenwesentlichen
Potentialitäten. Alle Möglichkeiten der Art des: *Ich kann*
oder könnte diese oder jene Erlebnisreihen in Gang bringen,
darunter auch: Ich kann vorblicken oder zurückblicken,
kann enthüllend in den Horizont meines zeitlichen Seins eindringen – gehören offenbar eigenwesentlich zu mir selbst.
Überall aber ist die Auslegung original, wenn sie eben auf
dem Boden der originalen Selbsterfahrung das Erfahrene
selbst entfaltet und zu jener Selbstgegebenheit bringt, die
hierbei die d e n k b a r   u r s p r ü n g l i c h s t e ist. In diese
Auslegung erstreckt sich hinein die a p o d i k t i s c h e   E v i -
d e n z der transzendentalen Selbstwahrnehmung (des *Ich
bin*), obschon in einer früher schon erörterten Beschränkung.
In schlechthin apodiktischer Evidenz treten durch Selbstauslegung nur hervor die universalen Strukturformen, in denen
ich als ego bin, nämlich in wesensmäßiger Universalität bin
und nur sein kann. Dahin gehört (obschon nicht allein) die
Seinsweise in Form eines gewissen universalen Lebens überhaupt, in Form der stetigen Selbstkonstitution seiner eigenen
Erlebnisse als zeitlicher innerhalb einer universalen Zeit usw.
An diesem universalen apodiktischen Apriori in seiner unbestimmten Allgemeinheit, aber Bestimmbarkeit, nimmt dann
jede Auslegung singulärer egologischer Daten Anteil, wie
z. B. als eine gewisse, obschon unvollkommene Evidenz der
Wiedererinnerung an selbsteigenes Vergangenes. Die Teil-
habe an der Apodiktizität zeigt sich an dem selbst apodiktischen Formgesetz: Soviel Schein, soviel (durch ihn nur ver-
decktes, verfälschtes) Sein – nach welchem daher gefragt, das
gesucht werden, das auf einem vorgezeichneten Wege gefunden werden kann, wennschon in einer bloßen Approximation

an seinen vollbestimmten Inhalt. Dieser selbst mit dem Sinn
eines immer wieder und nach allen Teilen und Momenten fest
Identifizierbaren ist eine a priori gültige *Idee*.

[134]   6. *Zur vollen monadischen Konkretion der Eigenheit-
lichkeit ist der intentionale Gegenstand mitgehörig. Immanente Transzendenz und primordiale Welt*

Offenbar erstreckt sich – und das ist von besonderer Wichtigkeit – das mir als ego Eigenwesentliche nicht nur auf die
Aktualitäten und Potentialitäten des Erlebnisstromes, sondern wie auf die konstitutiven Systeme so auch auf die konstituierten Einheiten – aber letzteres nur in einer gewissen
Beschränkung. Nämlich wo und soweit die konstituierte Einheit von der originalen Konstitution selbst in der Weise
unmittelbar konkreter Einigkeit unabtrennbar ist, da ist wie
das konstituierende Wahrnehmen so das wahrgenommene
Seiende zu meiner konkreten Selbstgegenheit gehörig.
Das betrifft nicht nur sinnliche Data, die, als bloße Empfindungsdaten genommen, sich als *immanente Zeitlichkeiten* im
Rahmen meines ego als mir selbst eigen konstituieren; vielmehr gilt es auch für alle meine mir ebenfalls selbsteigenen
Habitualitäten, die im Ausgang von selbsteigenen stiftenden
Akten sich als bleibende Überzeugungen konstituieren, als
solche, in denen ich selbst zu dem bleibend so Überzeugten
werde und wodurch ich als polares Ich (in dem besonderen
Sinne des bloßen Ichpoles) spezifisch ichliche Bestimmungen
gewinne. Andrerseits gehören hierher aber auch *transzendente* Gegenstände, z. B. die Gegenstände der *äußeren*
Sinnlichkeit, Einheiten von Mannigfaltigkeiten sinnlicher
Erscheinungsweisen – wenn ich dabei als ego rein das in
Betracht ziehe, was als erscheinendes Raumgegenständliches
wirklich original durch meine selbsteigene Sinnlichkeit,
meine selbsteigenen Apperzeptionen a l s v o n i h n e n
s e l b s t k o n k r e t u n a b t r e n n b a r k o n s t i t u i e r t i s t.

Wir sehen sofort, daß in diese Sphäre die gesamte von uns
früher durch Ausschaltung der Sinneskomponenten des
Fremden reduzierte *Welt* gehört und daß sie somit rechtmäßig zum positiv definierten konkreten Bestande des ego als
ihm Eigenes zu rechnen ist. Sowie wir die intentionalen Leistungen der *Einfühlung*, der Fremderfahrung außer Betracht
halten, haben wir eine Natur und eine Leiblichkeit, die sich
zwar als raumgegenständliche und gegenüber dem Erlebnisstrom *transzendente* Einheit konstituiert, aber als bloße
Mannigfaltigkeit von Gegenständlichkeiten mög[135]licher
Erfahrung, wobei diese Erfahrung rein mein eigenes Leben ist
und das darin Erfahrene nichts weiter als eine synthetische
Einheit, die von diesem Leben und seinen Potentialitäten
unabtrennbar ist.

In dieser Weise wird es klar, daß das konkret genommene ego
ein Universum des Selbsteigenen hat, das durch eine apodiktische, zumindest eine apodiktische Form vorzeichnende,
originale Auslegung seines apodiktischen *ego sum* zu enthüllen ist. Innerhalb dieser *Originalsphäre* (der originalen
Selbstauslegung) finden wir auch eine *transzendente Welt*, die
durch Reduktion auf das Selbsteigene (in dem jetzt bevorzugten positiven Sinne) auf Grund des intentionalen Phänomens
objektive Welt erwächst: doch gehören auch alle entsprechenden als *transzendent* vorschwebenden Scheme, Phantasien, reinen Möglichkeiten, eidetischen Gegenständlichkeiten, sofern sie nur unserer Eigenheitsreduktion unterworfen
sind, mit in diesen Bereich – den Bereich des mir selbst Eigenwesentlichen, dessen, was ich in mir selbst in voller Konkretion bin, oder, wie wir auch sagen, in meiner *Monade*.

7. *Die Transzendenz der objektiven Welt als höherstufige gegenüber der primordialen Transzendenz*

Daß dieses Eigenwesen sich für mich überhaupt mit etwas
anderem kontrastieren kann, oder daß ich, der ich bin, eines

anderen bewußt werden kann, das ich nicht bin, eines mir
Fremden, das setzt also voraus, daß nicht alle mir eigenen
Bewußtseinsweisen in den Kreis derjenigen gehören, die
Modi meines Selbstbewußtseins sind. Da wirkliches Sein sich
ursprünglich durch Einstimmigkeit der Erfahrung konstituiert, so muß es gegenüber der Selbsterfahrung und dem
System ihrer Einstimmigkeit – also dem der Selbstauslegung
in Eigenheiten – noch andere Erfahrungen in Systemen der
Einstimmigkeit in meinem eigenen Selbst geben, und es ist
nun das Problem, wie es zu verstehen ist, daß das ego solche
neuartige Intentionalitäten in sich hat und immer neu bilden
kann mit einem Seinssinn, durch den es s e i n e i g e n e s
S e i n g a n z u n d g a r t r a n s z e n d i e r t. Wie kann für mich
wirklich Seiendes, und als das nicht nur irgendwie Vermein-
tes, sondern in mir sich einstimmig Bewährendes, anderes
sein als sozusagen Schnittpunkt meiner konstitutiven Synthesis? Ist es also als von ihr konkret untrennbar mein Eigenes?
Aber schon die [136] Möglichkeit vagsten, leersten Vermei-
nens von Fremdem ist problematisch, wenn es wahr ist, daß
wesensmäßig jede solche Bewußtseinsweise ihre Möglichkeiten der Enthüllung, ihrer Überführung in erfüllende oder
enttäuschende Erfahrungen von dem Vermeinten hat und
auch in der Bewußtseinsgenesis auf solche Erfahrungen von
demselben oder ähnlichem Vermeinten zurückweist.
Das Faktum der Erfahrung von Fremdem (Nicht-Ich) liegt
vor als Erfahrung von einer objektiven Welt und darunter von
Anderen (Nicht-Ich in der Form: anderes Ich), und es war ein
wichtiges Ergebnis der eigenheitlichen Reduktion an diesen
Erfahrungen, daß sie eine intentionale Unterschicht derselben zur Abhebung gebracht hat, in der eine reduzierte *Welt*
als immanente Transzendenz zur Ausweisung kommt. Es ist
in der Ordnung der Konstitution einer ichfremden, einer
meinem konkreteigenem Ich *äußeren* (aber ganz und gar
nicht in natürlich-räumlichem Sinne äußeren) Welt die an sich
erste, die *primordiale* Transzendenz (oder *Welt*), die un-
erachtet ihrer Idealität als synthetische Einheit eines unend-

lichen Systems meiner Potentialitäten n o c h e i n Bestim-
m u n g s s t ü c k m e i n e s e i g e n e n k o n k r e t e n S e i n s
a l s e g o i s t.

Es muß nun verständlich gemacht werden, wie in der höheren, fundierten Stufe die Sinngebung der eigentlichen, der
konstitutiv sekundären o b j e k t i v e n T r a n s z e n d e n z
zustande kommt, und das als E r f a h r u n g. Es handelt sich
hier nicht um die Enthüllung einer zeitlich verlaufenden
Genesis sondern um eine statische Analyse. Die objektive
Welt ist für mich immerfort schon fertig da, Gegebenheit
meiner lebendig fortlaufenden objektiven Erfahrung, und
auch nach dem Nicht-mehr-erfahren in habitueller Fortgeltung. Es handelt sich darum, diese Erfahrung selbst zu befragen und die Weise ihrer Sinngebung intentional zu enthüllen,
die Weise, wie sie als Erfahrung auftreten und sich bewähren
kann als Evidenz für wirklich Seiendes eines explizierbaren
eigenen Wesens, das nicht mein eigenes ist, oder sich meinem
eigenen nicht als Bestandstück einfügt, während es doch Sinn
und Bewährung nur in dem meinen gewinnen kann.

[137]   *8. Vorzeichnung des Ganges intentionaler*
       Auslegung der Fremderfahrung

Der Seinssinn *objektive Welt* konstituiert sich auf dem Untergrunde meiner primordialen *Welt* in mehreren Stufen. Als
erste ist abzuheben die Konstitutionsstufe des *Anderen* oder
Anderer überhaupt, das ist aus meinem konkreten Eigensein
(aus mir als dem *primordialen ego*) ausgeschlossener ego's.
Damit in eins, und zwar dadurch motiviert, vollzieht sich
eine a l l g e m e i n e S i n n e s a u f s t u f u n g a u f m e i n e r
p r i m o r d i a l e n W e l t, wodurch sie zur Erscheinung *von*
einer bestimmten *objektiven* Welt wird, als der einen und
selben Welt für jedermann, mich selbst eingeschlossen. Also
d a s a n s i c h e r s t e F r e m d e (das erste *Nicht-Ich*) i s t
d a s a n d e r e I c h. Und das ermöglicht konstitutiv einen

neuen unendlichen Bereich von Fremdem, eine objektive
Natur und objektive Welt überhaupt, der die Anderen alle
und ich selbst zugehören. Es liegt im Wesen dieser von den
puren Anderen (die noch keinen weltlichen Sinn haben) auf-
steigenden Konstitution, daß die für mich *Anderen* nicht ver-
einzelt bleiben, daß sich vielmehr (in meiner Eigenheitssphäre natürlich) eine mich selbst einschließende Ich-
Gemeinschaft als eine solche miteinander und füreinander
seiender Ich konstituiert, l e t z t l i c h e i n e M o n a d e n g e -
m e i n s c h a f t , und zwar als eine solche, die (in ihrer ver-
gemeinschaftet-konstituierenden Intentionalität) die e i n e
u n d s e l b e W e l t konstituiert. In dieser Welt treten nun
wiederum alle Ich, aber in objektivierender Apperzeption mit
dem Sinn *Menschen* bzw. psychophysische Menschen als
Weltobjekte auf.

Die transzendentale Intersubjektivität hat durch diese Vergemeinschaftung eine intersubjektive Eigenheitssphäre, in der
sie die objektive Welt intersubjektiv konstituiert und so als
das transzendentale *Wir* Subjektivität für diese Welt ist und
auch für die Menschenwelt, in welcher Form sie sich selbst
objektiv verwirklicht hat. Wenn aber hier wieder intersubjektive Eigenheitssphäre und objektive Welt unterschieden werden, so ist doch für mich, sowie ich als ego mich auf den
Boden der aus meinen eigenwesentlichen Quellen konstituierten Intersubjektivität stelle, zu erkennen, daß die objektive
Welt sie, bzw. ihr intersubjektives Eigenwesen, nicht mehr
im eigentlichen Sinne t r a n s z e n [138] d i e r t , sondern ihr
als *immanente* Transzendenz einwohnt. Genauer gesprochen: die objektive Welt als I d e e , als ideales Korrelat einer
intersubjektiven und ideell immerfort einstimmig durchzuführenden und durchgeführten Erfahrung – einer intersubjektiv vergemeinschafteten Erfahrung –, ist wesensmäßig
bezogen auf die selbst in der Idealität endloser Offenheit konstituierte Intersubjektivität, deren Einzelsubjekte ausgestattet sind mit einander entsprechenden und zusammenstimmenden konstitutiven Systemen. Danach g e h ö r t z u r

Konstitution der objektiven Welt wesensmäßig eine *Harmonie* der Monaden, eben diese harmonische Einzelkonstitution in den einzelnen Monaden, und demgemäß auch eine harmonisch in den einzelnen verlaufende Genesis. Das ist aber nicht gemeint als eine *metaphysische* Substruktion der monadischen Harmonie, so wenig die Monaden selbst metaphysische Erfindungen oder Hypothesen sind. Es gehört vielmehr selbst mit zur Auslegung der intentionalen Bestände, die in der Tatsache der für uns daseienden Erfahrungswelt liegen. Es ist dabei wiederum zu beachten, was schon mehrfach betont worden, daß die bezeichneten Ideen nicht Phantasien oder Modi eines *Als ob* sind, sondern konstitutiv mit aller objektiven Erfahrung in eins entspringen und ihre Weise der Rechtgebung und ihrer wissenschaftlich aktiven Ausgestaltung haben.

Was wir soeben ausgeführt haben, ist ein Vorblick auf den Stufengang der intentionalen Auslegung, die wir durchzuführen haben, wenn wir das transzendentale Problem in dem einzig erdenklichen Sinne lösen und den transzendentalen Idealismus der Phänomenologie wirklich durchführen sollen.

II. Die fremderfahrende Appräsentation

9. *Die mittelbare Intentionalität der Fremderfahrung als »Appräsentation« (analogische Apperzeption)*

Die eigentlichen und in der Tat nicht geringen Schwierigkeiten macht, nachdem die transzendental sehr bedeutsame Vorstufe, die Definition und Gliederung der primordialen Sphäre von uns schon erledigt worden ist, der erste der oben bezeichneten Schritte zur Konstitution einer objektiven Welt, der Schritt zu dem *Anderen*. Sie liegen also in der transzendentalen Aufklärung der Fremderfahrung in dem Sinne, in dem der Andere noch nicht zu dem Sinn Mensch gekommen ist.

[139] Erfahrung ist Originalbewußtsein, und in der Tat sagen wir im Falle der Erfahrung von einem Menschen allgemein, der Andere stehe selbst *leibhaftig* vor uns da. Andererseits hindert diese Leibhaftigkeit nicht, daß wir ohne weiteres zugestehen, daß dabei eigentlich nicht das andere Ich selbst, nicht seine Erlebnisse, seine Erscheinungen selbst, nichts von dem, was seinem Eigenwesen selbst angehört, zu ursprünglicher Gegebenheit komme. Wäre das der Fall, wäre das Eigenwesentliche des Anderen in direkter Weise zugänglich, so wäre es bloß Moment meines Eigenwesens, und schließlich er selbst und ich selbst einerlei. Es verhielte sich ähnlich mit seinem Leib, wenn er nichts anderes wäre als der *Körper*, der rein in meinen wirklichen und möglichen Erfahrungen sich konstituierende Einheit ist, meiner primordialen Sphäre zugehörig als Gebilde ausschließlich meiner *Sinnlichkeit*. Eine gewisse Mittelbarkeit der Intentionalität muß hier vorliegen, und zwar von der jedenfalls beständig zugrundeliegenden Unterschicht der *primordialen Welt* auslaufend, die ein *Mit da* vorstellig macht, das doch nicht selbst da ist, nie ein Selbst-da werden kann. Es handelt sich also um eine Art des *Mitgegenwärtig*-machens, eine Art *Appräsentation*.

Eine solche liegt schon in der äußeren Erfahrung vor, sofern die eigentlich gesehene Vorderseite eines Dinges stets und notwendig eine dingliche Rückseite appräsentiert, und ihr einen mehr oder minder bestimmten Gehalt vorzeichnet. Andrerseits kann es gerade diese Art der schon die primordiale Natur mitkonstituierenden Appräsentation nicht sein, da zu ihr die Möglichkeit der Bewährung durch entsprechende erfüllende Präsentation gehört (die Rückseite wird zur Vorderseite), während das für diejenige Appräsentation, die in eine andere Originalsphäre hineinleiten soll, a priori ausgeschlossen sein muß. Wie kann in der meinen die Appräsentation einer anderen und damit der Sinn *Anderer* motiviert

sein, und in der Tat als Erfahrung, wie es schon das Wort
Appräsentation (Als-mitgegenwärtig-bewußt-machen) an-
deutet? Eine beliebige Vergegenwärtigung kann das nicht. Sie
kann das nur in Verflechtung mit einer Gegenwärtigung,
einer eigentlichen Selbstgebung; und nur als durch sie gefor-
dert kann sie den Charakter der Appräsentation haben, ähnlich wie in der Dingerfahrung wahrnehmungsmäßiges Dasein
Mitdasein motiviert.
Den Untergrund eigentlicher Wahrnehmung bietet uns die
dem [140] allgemeinen Rahmen der beständigen Selbstwahrnehmung des ego eingeordnete kontinuierlich fortgehende
Wahrnehmung der primordial reduzierten Welt in der von
uns früher beschriebenen Gliederung. Die Frage ist nun, was
in dieser Hinsicht im besonderen in Betracht kommen muß
und wie die Motivation läuft, wie die recht komplizierte
intentionale Leistung der faktisch zustandekommenden
Appräsentation sich enthüllt.
Eine erste Leitung kann uns der Wortsinn Anderer bieten –
anderes Ich; alter sagt alter-ego, und das ego, das hier impliziert ist, das bin ich selbst, innerhalb meiner primordialen
Eigenheit konstituiert, und zwar in Einzigkeit als psychophysische Einheit (als primordialer Mensch), als *personales*
Ich unmittelbar waltend in meinem, dem einzigen Leib,
unmittelbar auch hineinwirkend in die primordiale Umwelt; im übrigen Subjekt eines konkreten intentionalen
Lebens, einer auf sich selbst und auf die *Welt* bezogenen
psychischen Sphäre. Das alles, und zwar in der im erfahrenden Leben erwachsenden Typisierung, mit den vertrauten
Verlaufs- und Komplexionsformen, steht uns zu Gebote.
Durch welche ihrerseits höchst komplizierte Intentionalitäten es sich konstituiert hat, das haben wir freilich nicht unter-
sucht – es bildet eine eigene Schicht großer Untersuchungen,
auf die wir nicht eingegangen sind und nicht eingehen
konnten.
Nehmen wir nun an, es tritt ein anderer Mensch in unseren
Wahrnehmungsbereich, so heißt das, primordial reduziert:

es tritt im Wahrnehmungsbereich meiner primordialen Natur
ein Körper auf, der als primordialer natürlich bloß Bestimmungsstück meiner selbst (*immanente Transzendenz*) ist. Da
in dieser Natur und Welt mein Leib der einzige Körper ist,
der als Leib (fungierendes Organ) ursprünglich konstituiert
ist und konstituiert sein kann, so muß der Körper dort, der als
Leib doch aufgefaßt ist, diesen Sinn von einer apperzeptiven Übertragung von meinem Leib her haben,
und dann in einer Weise, die eine wirklich direkte und somit
primordiale Ausweisung der Prädikate der spezifischen Leiblichkeit, eine Ausweisung durch eigentliche Wahrnehmung
ausschließt. Es ist von vornherein klar, daß nur eine innerhalb
meiner Primordialsphäre jenen Körper dort mit meinem Körper verbindende Ähnlichkeit das Motivationsfundament für
die *analogisierende* Auffassung des ersteren als anderer
Leib abgeben kann.

[141] Es wäre also eine gewisse verähnlichende Apperzeption,
aber darum keineswegs ein Analogieschluß. Apperzeption ist
kein Schluß, kein Denkakt. Jede Apperzeption, in der wir
vorgegebene Gegenstände, etwa die vorgegebene Alltagswelt
mit einem Blick auffassen und gewahrend erfassen, ohne weiteres ihren Sinn mit seinen Horizonten verstehen, weist
intentional auf eine *Urstiftung* zurück, in der sich ein Gegenstand ähnlichen Sinnes erstmalig konstituiert hatte. Auch die
uns unbekannten Dinge dieser Welt sind, allgemein zu reden,
ihrem Typus nach bekannte. Wir haben dergleichen, obschon
gerade nicht dieses Ding hier, früher schon gesehen. So birgt
jede Alltagserfahrung eine analogisierende Übertragung eines
ursprünglich gestifteten gegenständlichen Sinnes auf den
neuen Fall, in seiner antizipierenden Auffassung des Gegenstandes als den ähnlichen Sinnes. Soweit Vorgegebenheit,
soweit solche Übertragung, wobei dann wieder das sich in
weiterer Erfahrung als wirklich neu Herausstellende des Sinnes wieder stiftend fungieren und eine Vorgegebenheit
reicheren Sinnes fundieren mag. Das Kind, das schon Dinge
sieht, versteht etwa erstmalig den Zwecksinn einer Schere,

und von nun ab sieht es ohne weiteres im ersten Blick Scheren
als solche; aber natürlich nicht in expliziter Reproduktion,
Vergleichung und im Vollziehen eines Schlusses. Doch ist die
Art, wie Apperzeptionen entspringen und in weiterer Folge
in sich, durch ihren Sinn und Sinneshorizont, auf ihre Genesis intentional zurückweisen, eine sehr verschiedene. Den
Stufenbildungen der gegenständlichen Sinne entsprechen die
der Apperzeptionen. Letztlich kommen wir immer zurück
auf die radikale Unterscheidung der Apperzeptionen in solche, die ihrer Genesis nach rein der primordialen Sphäre
zugehören, und solche, die mit dem Sinn *alter ego* auftreten
und auf diesem Sinn dank einer höherstufigen Genesis neuen
Sinn aufgestuft haben.

10. *»Paarung« als assoziativ konstituierende Komponente der Fremderfahrung*

Sollen wir nun das Eigentümliche derjenigen analogisieren-
den Auffassung bezeichnen, durch die ein Körper innerhalb
meiner primordialen Sphäre als meinem eigenen Leib-Körper
ähnlich ebenfalls als Leib aufgefaßt wird, so stoßen wir fürs
erste darauf, daß hier das urstiftende Original immerfort
lebendig gegenwärtig [142] ist, also die Urstiftung selbst
immerfort in lebendig wirkendem Gang bleibt; und zweitens
auf die uns schon in ihrer Notwendigkeit bekannt gewordene
Eigenheit, daß das vermöge jener Analogisierung Appräsentierte nie wirklich zur Präsenz kommen kann, also zu eigentlicher Wahrnehmung. Mit der ersteren Eigentümlichkeit
hängt nahe zusammen, daß ego und alter ego immerzu und
notwendig in ursprünglicher *Paarung* gegeben sind.
Paarung, das konfigurierte Auftreten als Paar und in weiterer
Folge als Gruppe, als Mehrheit, ist ein universales Phänomen
der transzendentalen (und parallel der intentional-psycholo-
gischen) Sphäre; und, um es gleich beizufügen, so weit eine
Paarung aktuell ist, so weit reicht jene merkwürdige Art in

lebendiger Aktualität verbleibender Urstiftung einer analogi-
sierenden Auffassung, die wir als jene erste Eigentümlichkeit
der Fremderfahrung hervorgehoben haben, die somit nicht
ihr ausschließlich Eigentümliches ausmacht.

Erläutern wir zunächst das Wesentliche der Paarung (bzw.
Mehrheitsbildung) überhaupt. Sie ist eine Urform derjenigen
passiven Synthesis, die wir gegenüber der passiven Synthesis
der *Identifikation* als *Assoziation* bezeichnen. In einer paarenden Assoziation ist das Charakteristische, daß im primi-
tivsten Falle zwei Daten in der Einheit eines Bewußtseins in
Abgehobenheit anschaulich gegeben sind und auf Grund dessen wesensmäßig schon in purer Passivität, also gleichgültig
ob beachtet oder nicht, als unterschieden Erscheinende phänomenologisch eine Einheit der Ähnlichkeit begründen, also
eben stets als Paar konstituiert sind. Sind ihrer mehrere als
zwei, so konstituiert sich eine in einzelnen Paarungen fun-
dierte phänomenal einheitliche Gruppe, eine Mehrheit. Wir
finden bei genauer Analyse wesensmäßig dabei vorliegend
ein intentionales Übergreifen, genetisch alsbald (und zwar
wesenmäßig) eintretend, sowie die sich Paarenden zugleich
und abgehoben bewußt geworden sind; des näheren ein
lebendiges, wechselseitiges Sich-wecken, ein wechselseitiges,
überschiebendes Sich-überdecken nach dem gegenständlichen Sinn. Diese Deckung kann total oder partiell sein; sie hat
jeweils ihre Gradualität, mit dem Grenzfall der *Gleichheit*.
Als ihre Leistung vollzieht sich am Gepaarten Sinnesüber-
tragung, d. i. die Apperzeption des einen gemäß dem Sinn
des anderen, soweit nicht an [143] dem Erfahrenen verwirk-
lichte Sinnesmomente diese Übertragung im Bewußtsein des
Anders aufheben.

In dem uns besonders angehenden Fall der Assoziation und
Apperzeption des alter ego durch das ego kommt es erst zur
Paarung, wenn der Andere in mein Wahrnehmungsfeld tritt.
Ich als primordiales psychophysisches Ich bin beständig
abgehoben in meinem primordialen Wahrnehmungsfeld, ob
ich auf mich achte und mich irgendwelcher Aktivität

zuwende oder nicht. Im besonderen ist stets da und sinnlich abgehoben mein Leibkörper, aber zudem ebenfalls in primordialer Ursprünglichkeit ausgestattet mit dem spezifischen Sinn der Leiblichkeit. Tritt nun ein Körper in meiner primordialen Sphäre abgehoben auf, der dem meinen *ähnlich* ist, d. h. so beschaffen ist, daß er mit dem meinen eine phänomenale Paarung eingehen muß, so scheint nun ohne weiteres klar, daß er in der Sinnesüberschiebung alsbald den Sinn Leib von dem meinen her übernehmen muß. Aber ist die Apperzeption wirklich so durchsichtig, eine schlichte Apperzeption durch Übertragung wie irgendeine andere? Was macht den Leib zum fremden, und nicht zum zweiten eigenen Leib? Offenbar kommt hier in Betracht, was als der zweite Grundcharakter der fraglichen Apperzeption bezeichnet wurde, daß vom übernommenen Sinn der spezifischen Leiblichkeit nichts in meiner primordialen Sphäre original verwirklicht werden kann.

11. *Appräsentation als Erfahrungsart mit ihrem eigenen Bewährungsstil*

Aber nun erwächst uns das schwierige Problem, verständlich zu machen, wie eine solche Apperzeption möglich ist und nicht vielmehr sofort aufgehoben wird. Wie kommt es, daß, wie die Tatsache lehrt, der überschobene Sinn in Seinsgeltung übernommen ist als an dem Körper dort seiender Gehalt *psychischer* Bestimmungen, während sie doch im Originalitätsbereich der (allein zur Verfügung stehenden) primordialen Sphäre nie als sie selbst sich zeigen können?
Sehen wir uns die intentionale Situation näher an. Die Appräsentation, die das originaliter Unzugängliche des Anderen gibt, ist verflochten mit einer originalen Präsentation (*seines* Körpers als Stück meiner eigenheitlich gegebenen Natur). In dieser Verflechtung aber ist fremder Leibkörper und fremdes waltendes Ich [144] in der Weise einer einheitlichen transzen-

dierenden Erfahrung gegeben. Jede Erfahrung ist angelegt auf
weitere, die appräsentierten Horizonte erfüllend-bestäti-
gende Erfahrungen, sie beschließen potentiell bewährbare
Synthesen einstimmiger Forterfahrung, sie beschließen sie
in Form unanschaulicher Antizipation. Hinsichtlich der
Fremderfahrung ist es klar, daß ihr erfüllend bewährender
Fortgang nur durch synthetisch einstimmig verlaufende neue Appräsentationen erfolgen kann
und durch die Art, wie diese ihre Seinsgeltung dem Motiva-
tionszusammenhang mit den beständig zugehörigen, aber
wechselnden eigenheitlichen Präsentationen verdanken.
Als andeutender Leitfaden für die zugehörige Klärung kann
der Satz genügen: Der erfahrene fremde Leib bekundet sich
fortgesetzt wirklich als Leib nur in seinem wechselnden, aber
immerfort zusammenstimmenden *Gebaren*, derart, daß dieses seine physische Seite hat, die Psychisches appräsentierend
indiziert, das nun in originaler Erfahrung erfüllend auftreten
muß. Und so im stetigen Wechsel des Gebarens von Phase zu
Phase. Der Leib wird als Schein-Leib erfahren, wenn es damit
eben nicht stimmt.
In dieser Art bewährbarer Zugänglichkeit des original Unzugänglichen gründet der Charakter des seienden *Fremden*.
Was je original präsentierbar und ausweisbar ist, das bin ich
selbst bzw. gehört zu mir selbst als Eigenes. Was dadurch in
jener fundierten Weise einer primordial unerfüllbaren Erfahrung, einer nicht original selbstgebenden, aber Indiziertes
konsequent bewährenden, erfahren ist, ist *Fremdes*. Es ist
also nur denkbar als Analogon von Eigenheitlichem. Notwendig tritt es vermöge seiner Sinneskonstitution als *intentionale Modifikation* meines erst objektivierten Ich, meiner
primordialen *Welt* auf: der Andere phänomenologisch als
Modifikation meines Selbst (das diesen Charakter *mein* seinerseits durch die nun notwendig eintretende und kontrastie-
rende Paarung erhält). Es ist klar, daß damit in der analogisie-
renden Modifikation all das appräsentiert ist, was zur Konkretion dieses Ich zunächst als s e i n e primordiale Welt und

dann als das voll konkrete ego gehört. Mit anderen Worten, es konstituiert sich appräsentativ in meiner Monade eine andere.

Ähnlich ist – um einen lehrreichen Vergleich zu ziehen – innerhalb meiner Eigenheit, und zwar ihrer lebendigen Gegenwarts[145]sphäre, meine Vergangenheit nur durch Erinnerung gegeben, und in ihr als das, als vergangene Gegenwart, d. i. als intentionale Modifikation charakterisiert. Die erfahrende Bewährung derselben als Modifikation vollzieht sich dann notwendig in Einstimmigkeitssynthesen der Wiedererinnerung; nur so bewährt sich Vergangenheit als solche. Wie meine erinnerungsmäßige Vergangenheit meine lebendige Gegenwart *transzendiert* als ihre Modifikation, so ähnlich das appräsentierte fremde Sein das eigene (in dem jetzigen reinen und untersten Sinn des primordial Eigenheitlichen). Die Modifikation liegt beiderseits im Sinne selbst als Sinnesmoment, sie ist Korrelat der sie konstituierenden Intentionalität. So wie sich in meiner lebendigen Gegenwart, im Bereich der *inneren Wahrnehmung*, meine Vergangenheit konstituiert vermöge der in dieser Gegenwart auftretenden einstimmigen Erinnerungen, so kann sich in meiner primordialen Sphäre durch in ihr auftretende, vom Gehalt derselben motivierte Appräsentationen in meinem ego fremdes ego konstituieren, also in Vergegenwärtigungen eines neuen Typus, die ein neuartiges Modifikat als Korrelat haben. Freilich, solange ich Vergegenwärtigungen in meiner eigenheitlichen Sphäre betrachte, ist das zugehörige zentrierende Ich das eine identische Ich-selbst. Zu allem Fremden aber gehört, solange es seinen notwendig mitzugehörigen appräsentierten Konkretionshorizont innehält, ein appräsentiertes Ich, das ich selbst nicht bin, sondern mein Modifikat, anderes Ich.

Eine wirklich ausreichende Auslegung der noematischen Zusammenhänge der Fremderfahrung, die für eine volle Aufklärung ihrer konstitutiven Leistung, ihrer Leistung durch konstitutive Assoziation durchaus notwendig sind, ist mit dem bisher Aufgewiesenen noch nicht abgeschlossen. Es bedarf einer Ergänzung, um so weit zu kommen, daß uns von den gewonnenen Erkenntnissen aus Möglichkeit und Tragweite einer transzendentalen Konstitution der objektiven Welt evident und damit der transzendental-phänomenologische Idealismus völlig durchsichtig werden kann.

12. *Die Potentialitäten der primordialen Sphäre und ihre konstitutive Funktion in der Apperzeption des Anderen*

Mein körperlicher Leib hat, als auf sich selbst zurückbezogen, seine Gegebenheitsweise des zentralen *Hier*; jeder andere Körper [146] und so der Körper des *Anderen* hat den Modus *Dort*. Diese Orientierung des Dort unterliegt vermöge meiner Kinästhesen dem freien Wechsel. Dabei ist in meiner primordialen Sphäre im Wechsel der Orientierungen konstituiert die eine räumliche Natur, und zwar konstituiert in intentionaler Bezogenheit auf meine als wahrnehmend fungierende Leiblichkeit. Daß nun mein körperlicher Leib aufgefaßt ist und auffaßbar ist als ein wie jeder andere im Raum seiender und wie jeder andere beweglicher Naturkörper, hängt offenbar zusammen mit der Möglichkeit, die sich in den Worten ausspricht: Ich kann meine Stellung durch freie Abwandlung meiner Kinästhesen und in besonderen des Herumgehens so ändern, daß ich jedes Dort in ein Hier verwandeln, d. i. jeden räumlichen Ort leiblich einnehmen könnte. Darin liegt, daß ich von dort aus wahrnehmend dieselben Dinge, nur in entsprechend anderen Erscheinungsweisen, wie sie zum Selbst-dort-sein gehören, sehen würde, oder daß zu jedem Ding konstitutiv nicht bloß die Erscheinungssysteme meines momentanen *Von hier aus* gehören, sondern ganz bestimmt entsprechende jenes Stellungswechsels, der mich ins Dort versetzt. Und so für jedes Dort.
Sollten diese selbst als assoziativ charakterisierten Zusammenhänge oder vielmehr Zusammengehörigkeiten der primordialen Konstitution meiner Natur nicht für die Aufklärung

der assoziativen Leistung der Fremderfahrung ganz wesentlich in Frage kommen? Ich apperzipiere den Anderen doch
nicht einfach als Duplikat meiner selbst, also mit meiner oder
einer gleichen Originalsphäre, darunter mit den räumlichen
Erscheinungsweisen, die mir von meinem Hier aus eigen
sind, sondern, näher besehen, mit solchen, wie ich sie selbst
in Gleichheit haben würde, wenn ich dorthin ginge und dort
wäre. Ferner, der Andere ist appräsentativ apperzipiert als
Ich einer primordialen Welt bzw. einer Monade, in der sein
Leib im Modus des absoluten Hier, eben als Funktionszen-
trum für sein Walten ursprünglich konstituiert und erfahren
ist. Also indiziert in dieser Appräsentation der in m e i n e r
monadischen Sphäre auftretende Körper im Modus *Dort*, der
als fremder Leibkörper, als Leib des alter ego apperzipiert ist,
denselben Körper im Modus *Hier*, als den, den der Andere in
s e i n e r monadischen Sphäre erfahre. Das aber konkret, mit
der ganzen konstitutiven Intentionalität, die diese Gegebenheitsweise in ihm leistet.

[147] 13. *Explikation des Sinnes der fremderfahrenden*
Appräsentation

Das soeben Aufgewiesene deutet offenbar auf den Gang der
den Modus *Anderer* konstituierenden Assoziation. Sie ist
keine unmittelbare. Der meiner primordialen Umwelt ange-
hörige Körper (des nachmals Anderen) ist für mich Körper im
Modus *Dort*. Seine Erscheinungsweise paart sich nicht in
direkter Assoziation mit der Erscheinungsweise, die mein
Leib jeweils wirklich hat (im Modus *Hier*), sondern sie weckt
reproduktiv eine ähnliche, zum konstitutiven System meines
Leibes als Körper im Raum gehörige Erscheinung. Sie erinnert an mein körperliches Aussehen, *wenn ich dort wäre.*
Auch hier, obschon die Weckung nicht zu einer Erinnerungs-
Anschauung wird, vollzieht sich Paarung. In sie tritt nicht
nur die zunächst geweckte Erscheinungsweise meines Kör-

pers sondern er selbst als synthetische Einheit dieser und seiner mannigfaltigen anderen vertrauten Erscheinungsweisen. So wird die verähnlichende Apperzeption möglich und begründet, durch welche der äußere Körper dort von dem mir eigenen analogisch den Sinn Leib erhält; in weiterer Folge den Sinn Leib einer anderen *Welt* nach Analogie meiner primordialen. Der allgemeine Stil dieser wie jeder assoziativ erwachsenden Apperzeption ist danach so zu beschreiben: Mit der assoziativen Deckung der die Apperzeption fundierenden Daten vollzieht sich eine höherstufige Assoziation. Ist das eine Datum eine der Erscheinungsweisen eines intentionalen Gegenstandes – eines Index für ein assoziativ gewecktes System von mannigfaltigen Erscheinungen, als in welchen er sich selbst zeigen würde –, so wird das andere Datum ebenfalls zur Erscheinung v o n etwas, und zwar eines analogen Gegenstandes ergänzt. Es ist aber nicht so, als ob die ihm *überschobene* Einheit und Mannigfaltigkeit bloß ihn ergänzte durch Erscheinungsweisen von dieser anderen her; vielmehr ist der analogisch aufgefaßte Gegenstand bzw. sein indiziertes Erscheinungssystem eben analogisch angepaßt der analogen Erscheinung, die dieses ganze System mit weckte. Jede durch assoziative Paarung erwachsende Fernüberschiebung ist zugleich Verschmelzung und in ihr, soweit nicht Unverträglichkeiten eingreifen, Verähnlichung. Angleichung des Sinnes des einen an den des anderen.

[148] Gehen wir nun zu unserem Fall der Apperzeption des alter ego zurück, so ist es jetzt selbstverständlich, daß, was da appräsentiert ist von seiten jenes *Körpers* dort, in meiner primordialen *Umwelt* nicht mein Psychisches, nichts überhaupt aus meiner Eigenheitssphäre ist. Ich bin leiblich hier, Zentrum einer um mich orientierten primordialen *Welt*. Damit hat meine gesamte primordiale Eigenheit als Monade den Gehalt des Hier, und nicht den irgendeines und so auch jenes bestimmten Dort, der sich in irgendeinem einzusetzenden *Ich kann und ich tue* abwandelt. Eines und das andere schließt sich aus, es kann nicht zugleich sein. Indem aber der

fremde Körper im Dort eine paarende Assoziation eingeht
mit meinem Körper im Hier und, weil er wahrnehmungsmäßig gegeben ist, zum Kern einer Appräsentation wird, der
Erfahrung eines mitdaseienden ego, muß dieses nach dem
ganzen sinngebenden Gang der Assoziation notwendig
appräsentiert sein als jetzt mitdaseiendes ego im Modus Dort
(*wie wenn ich dort wäre*). Mein eigenes ego, das in ständiger
Selbstwahrnehmung gegeben, ist aber jetzt aktuell mit dem
Gehalt seines Hier. Es ist also ein ego als anderes appräsentiert. Das primordial Unverträgliche in der Koexistenz wird
verträglich dadurch, daß mein primordiales ego das für es
andere ego durch eine appräsentative Apperzeption konstituiert, die ihrer Eigenart gemäß nie Erfüllung durch Präsentation fordert und zuläßt.

Leicht verständlich ist auch die Art, wie eine solche Fremdap-
präsentation im beständigen Fortgang der wirksamen Assoziation immer neue appräsentative Gehalte liefert, also die
wechselnden Gehalte des anderen ego zu einer bestimmten
Kenntnis bringt; andrerseits wie durch die Verflechtung mit
beständiger Präsentation und die an sie erwartungsmäßig
gerichteten assoziativen Forderungen eine konsequente
Bewährung möglich wird. Den ersten bestimmten Gehalt
muß offenbar das Verstehen der Leiblichkeit des Anderen
und seines spezifisch leiblichen Gehabens bilden: das Verstehen der Glieder ⟨als⟩ als tastend oder auch stoßend fungierende Hände, als gehend fungierende Füße, als sehend fungierende Augen usw., wobei das Ich zunächst nur als so leiblich waltendes bestimmt ist und in bekannter Weise sich
beständig bewährt, sofern die ganze Stilform der für mich
primordial sichtlichen sinnlichen Verläufe der vom eigenen
leiblichen Walten her typisch bekannten beständig entsprechen muß. [149] In weiterer Folge kommt es begreiflicher-
weise zur *Einfühlung* von bestimmten Gehalten der *höheren
psychischen Sphäre*. Auch sie indizieren sich leiblich und im
außenweltlichen Gehaben der Leiblichkeit, z. B. als äußeres
Gehaben des Zornigen, des Fröhlichen etc. – wohl verständ-

lich von meinem eigenen Gehaben her unter ähnlichen
Unständen. Die höheren psychischen Vorkommnisse, wie
vielfältig sie sind und bekannt geworden sind, haben dann
wieder ihren Stil der synthetischen Zusammenhänge und
ihrer Verlaufsformen, die für mich verständlich sein können
durch assoziative Anhalte an meinem eigenen, in seiner ungefähren Typik mir empirisch vertrauten Lebensstil. Dabei
wirkt auch jedes gelungene Einverstehen in den Anderen als
neue Assoziationen und neue Verständnismöglichkeiten
eröffnend; wie es umgekehrt, da jede paarende Assoziation
wechselseitig ist, das eigene Seelenleben nach Ähnlichkeit
und Andersheit enthüllt, und durch die neuen Abhebungen
für neue Assoziationen fruchtbar macht.

14. *Vergemeinschaftung der Monaden und die erste Form der Objektivität: die intersubjektive Natur*

Jedoch wichtiger ist die Aufklärung der in verschiedenen Stufen sich fortbildenden Gemeinschaft, die sich vermöge der
Fremderfahrung alsbald zwischen mir, dem primordialen
psychophysischen Ich, dem in und mit meinem primordialen
Leib waltenden, und dem appräsentiert erfahrenen Anderen
herstellt, und dann, konkreter und radikaler betrachtet, zwischen meinem und seinem monadischen ego. Das e r s t e in
Form der Gemeinschaft Konstituierte und F u n d a m e n t
aller a n d e r e n i n t e r s u b j e k t i v e n G e m e i n s c h a f t -
l i c h k e i t e n ist die Gemeinsamkeit der Natur, in eins mit
derjenigen des fremden Leibes und fremden psychophysischen Ich in Paarung mit dem eigenen psychophysischen Ich.
Da die fremde Subjektivität durch Appräsentation innerhalb
der abgeschlossenen Eigenwesentlichkeit der meinen mit
Sinn und Geltung einer eigenwesentlichen anderen Subjektivität erwächst, so möchte man im ersten Momente hierin ein
dunkles Problem sehen, wie Vergemeinschaftung, und schon
die erste, in Form einer gemeinschaftlichen Welt zustande-

kommen soll. Der fremde Leib, als in meiner primordialen Sphäre erscheinend, ist zunächst Körper in meiner primordi[150]alen Natur, die meine synthetische Einheit, also von mir selbst als mein eigenwesentliches Bestimmungsstück unabtrennbar ist. Fungiert er appräsentierend, so wird in eins mit ihm mir bewußt der *Andere*, und zunächst mit seinem Leib, als für ihn in der Erscheinungsweise seines *absoluten Hier* gegeben. Aber wie kommt es, daß ich überhaupt von d e m s e l b e n Körper sprechen kann, der in meiner primordialen Sphäre im Modus Dort, in der seinen und für ihn im Modus Hier erscheint? Sind nicht die beiden primordialen Sphären, die meine, die für mich als ego die originale ist, und die seine, die für mich appräsentierte ist, durch einen Abgrund getrennt, über den ich nicht wirklich hinüber kann, was ja hieße, daß ich originale und nicht appräsentierende Erfahrung von dem Anderen gewänne? Halten wir uns an die faktische, also jederzeit zustandekommende Fremderfahrung, so finden wir, daß wirklich der sinnlich gesehene Körper ohne weiteres als der des Anderen erfahren ist, und nicht bloß als eine Anzeige für den Anderen; ist diese Tatsache nicht ein Rätsel?

Wie kommt die Identifikation des Körpers meiner Originalsphäre und des doch im anderen ego ganz getrennt konstituierten Körpers, der da identifiziert derselbe Leib des Anderen heißt, zustande, wie kann sie überhaupt zustandekommen? Indessen das Rätsel entsteht erst, wenn die beiden Originalsphären schon unterschieden worden sind – eine Unterscheidung, die schon voraussetzt, daß die Fremderfahrung ihr Werk getan hat. Da hier keine zeitliche Genesis dieser Art der Erfahrung auf Grund einer zeitlich vorangehenden Selbsterfahrung in Frage ist, so kann offenbar nur eine genaue Auslegung der in der Fremderfahrung wirklich aufweisbaren Intentionalität und die Nachweisung der in ihr wesensmäßig implizierten Motivationen uns Aufschluß geben. Appräsentation setzt als solche, sagten wir schon einmal, einen Kern von Präsentation voraus. Sie ist eine durch Assoziationen mit

dieser, der eigentlichen Wahrnehmung, verbundene Vergegenwärtigung, aber eine solche, die in der besonderen Funktion der Mitwahrnehmung mit ihr verschmolzen ist. Mit
anderen Worten, beide sind so verschmolzen, daß sie in der
Funktionsgemeinschaft e i n e r Wahrnehmung stehen, die in
sich zugleich präsentiert und appräsentiert, und doch für den
Gesamtgegenstand das Bewußtsein seines Selbstdaseins herstellt. Noematisch ist also an dem im Modus des Selbst-da
auftretenden Gegenstand einer sol[151]chen präsentierend-
appräsentierenden Wahrnehmung zu unterscheiden zwischen dem von ihm eigentlich Wahrgenommenen und dem
Überschuß des in ihr eigentlich nicht Wahrgenommenen,
und eben doch Mitdaseienden. So ist jede Wahrnehmung dieses Typus transzendierend, sie setzt mehr als Selbst-da, als
was sie jeweils *wirklich* präsent macht. Hierher gehört jede
beliebige äußere Wahrnehmung, etwa die eines Hauses (Vor-
derseite-Rückseite); aber im Grunde ist damit j e d e Wahrnehmung, ja jede Evidenz überhaupt einem Allgemeinsten
nach beschrieben, wenn wir nur das Präsentieren in einem
weiteren Sinn verstehen.

Wenden wir diese allgemeine Erkenntnis auf den Fall der
Fremdwahrnehmung an, so ist also auch bei ihr darauf zu
achten, daß sie nur appräsentieren kann dadurch, daß sie präsentiert, daß Appräsentation auch bei ihr nur in jener Funktionsgemeinschaft mit der Präsentation sein kann. Darin liegt
aber, daß, was sie präsentiert, von vornherein zur Einheit
desselben Gegenstandes gehören muß, der da der appräsentierte ist. Mit anderen Worten: Es ist nicht so und kann nicht
so sein, daß der Körper meiner Primordialsphäre, der mir das
andere Ich (und damit die ganz andere Primordialsphäre oder
das andere konkrete ego) indiziert, sein Dasein und Mitdasein
also appräsentieren könnte, ohne daß dieser Primordialkör-
per den Sinn gewönne eines mit zu dem anderen ego gehörigen, also nach Art der ganzen assoziativ-apperzeptiven Leistung den Sinn des fremden Leibes, und zunächst des fremden Leibkörpers selbst. Also nicht als ob der Körper dort

meiner primordialen Sphäre getrennt bliebe von dem körperlichen Leib der Anderen, als wäre er so etwas wie ein Signal für sein Analogon (in einer offenbar undenkbaren Motivation) und als bliebe danach in der Ausbreitung der Assoziation und Appräsentation meine primordiale Natur und die appräsentierte des Anderen, demnach mein konkretes ego von dem anderen getrennt. Vielmehr dieser meiner Sphäre zugehörige Naturkörper dort appräsentiert vermöge der paarenden Assoziation mit meinem körperlichen Leib und dem psychophysisch darin waltenden Ich in meiner primordial konstituierten Natur das andere Ich. Er appräsentiert dabei zunächst dessen Walten in diesem Körper dort und mittelbar dessen Walten in der ihm wahrnehmungsmäßig erscheinenden N a t u r – derselben, der dieser Körper dort angehört, derselben, die meine primordiale [152] Natur ist. Es ist dieselbe, nur in der Erscheinungsweise, *wie wenn ich dort anstelle des fremden Leibkörpers stünde.* Der Körper ist derselbe, mir als dort, ihm als hier, als Zentralkörper gegeben, und »meine« gesamte Natur ist dieselbe wie die des Anderen, sie ist in meiner Primordialsphäre derart konstituiert als identische Einheit meiner mannigfaltigen Gegebenheitsweisen – als identische in wechselnden Orientierungen um meinen Leib als Nullkörper im absoluten Hier, als identische der noch reicheren Mannigfaltigkeiten, die als wechselnde Erscheinungsweisen verschiedener Sinne, als wandelbare Perspektiven zu jeder einzelnen Orientierung hier und dort gehören und zu meinem an das absolute Hier gebundenen Leib in ganz besonderer Weise gehören. Das alles hat für mich die Originalität des Eigenheitlichen, des durch ursprüngliche Auslegung meiner selbst direkt Zugänglichen. In der Appräsentation des Anderen sind die synthetischen Systeme dieselben, mit allen ihren Erscheinungsweisen, also mit allen möglichen Wahrnehmungen und deren noematischen Gehalten; nur daß die wirklichen Wahrnehmungen und die in ihnen verwirklichten Gegebenheitsweisen und zum Teil auch die dabei wirklich wahrgenommenen Gegenstände nicht dieselben sind, sondern eben die, die von dort aus wahrzunehmen sind, und so, wie sie es von dort aus sind. Ähnlich gilt es für alles Eigenheitliche und Fremde, auch wo ursprüngliche Auslegung nicht in Wahrnehmungen verläuft. Nicht habe ich eine appräsentierte zweite Originalsphäre mit einer zweiten Natur und einem zweiten Leibkörper (den des Anderen selbst) in dieser Natur und dann erst zu fragen, wie ich es mache, beide als Erscheinungsweisen derselben objektiven Natur aufzufassen. Sondern durch die Appräsentation selbst und die ihr *als* Appräsentation notwendige Einheit mit der für sie mitfungierenden Präsentation (vermöge deren überhaupt ein Anderer und in Konsequenz sein konkretes ego für mich da ist) ist schon der Identitätssinn m e i n e r primordialen Natur und der vergegenwärtigten anderen notwendig hergestellt. Ganz rechtmäßig heißt es also Fremdwahrnehmung, und in weiterer Folge Wahrnehmung der objektiven Welt, Wahrnehmung, daß der Andere auf dasselbe hinsieht wie ich usw., obschon diese Wahrnehmung ausschließlich innerhalb meiner eigenheitlichen Sphäre sich abspielt. Das schließt eben nicht aus, daß ihre Intentionalität meine Eigenheit transzendiert, daß also mein ego in sich ein an[153]deres ego, und zwar als seiendes, konstituiert. Das, was ich wirklich sehe, ist nicht ein Zeichen und nicht ein bloßes Analogon, in irgend einem natürlichen Sinne ein Abbild, sondern der Andere; und das dabei in wirklicher Originalität Erfaßte, diese Körperlichkeit dort (und sogar nur die eine Oberflächenseite derselben), das ist der Körper des Anderen selbst, nur eben von meiner Stelle und von dieser Seite gesehen und gemäß der Sinneskonstitution der Fremdwahrnehmung körperlicher Leib einer prinzipiell für mich nicht originaliter zugänglichen Seele, beide in der Einheit einer psychophysischen Realität.

Andrerseits liegt aber im intentionalen Wesen dieser Wahrnehmung des Anderen – des nunmehr wie ich selbst innerhalb der nunmehr objektiven Welt seienden, daß ich als Wahrnehmender jene Scheidung zwischen meiner primordialen Sphäre und der nur vergegenwärtigten des Anderen vorfinden kann, und demgemäß die noematische Doppelschichtung in ihrer Eigentümlichkeit verfolgen und die Zusammenhänge der assoziativen Intentionalität auslegen kann. Das Erfahrungsphänomen objektive Natur hat über der primordial konstituierten eine zweite aus der Fremderfahrung appräsentierte Schicht, und zwar betrifft das zunächst den fremden Leibkörper, der sozusagen das an sich erste Objekt ist, wie der fremde Mensch konstitutiv der an sich erste Mensch ist. Für diese Urphänomene der Objektivität ist uns die Sachlage schon klar: blenden wir die Fremderfahrung ab, so habe ich die unterste, nur einschichtige, präsentative Konstitution des fremden Körpers innerhalb meiner primordialen Sphäre; nehme ich sie hinzu, so habe ich, appräsentativ und in synthetischer Deckung mit dieser präsentativen Schichte, denselben Leib, so wie er dem Anderen selbst gegeben ist, und die weiter für ihn bestehenden möglichen Gegebenheitsweisen.

Von da aus bekommt, wie leicht verständlich, j e d e s von mir in der Unterschicht erfahrene und erfahrbare Naturobjekt eine appräsentative (obschon keineswegs explizit anschaulich werdende) Schicht, in synthetischer Identitätseinheit mit der mir in primordialer Originalität gegebenen: dasselbe Naturobjekt in den möglichen Gegebenheitsweisen des Anderen. Das wiederholt sich mutatis mutandis für die nachmals konstituierten höherstufigen Weltlichkeiten der konkreten objektiven Welt, wie sie als Menschen- und Kulturwelt für uns immer da ist.

[154] Zu beachten ist dabei, daß es im Sinne gelingender Fremdapperzeption liegt, daß eben ohne weiteres die Welt der Anderen als die ihrer Erscheinungssysteme als dieselbe erfahren sein muß wie die meiner Erscheinungssysteme, was eine Identität des Erscheinungssystems in sich schließt. Nun wissen wir wohl, daß es so etwas wie *Abnormalitäten* gibt, Blinde, Taube und dgl., daß also keineswegs stets die Erscheinungssysteme absolut identische sind und ganze Schichten (obschon nicht alle Schichten) differieren können. Aber die

Abnormalität muß sich als solche selbst erst konstituieren, und kann es nur auf dem Grunde einer an sich vorangehenden Normalität. Das weist wieder hin auf neue Aufgaben einer schon höherstufigen phänomenologischen Analyse des konstitutiven Ursprungs der objektiven Welt, als welche für uns, und nur aus eigenen Sinnesquellen, daseiende ist und anders für uns nicht Sinn und Dasein haben kann. Dasein hat sie vermöge einstimmiger Bewährung der einmal gelungenen apperzeptiven Konstitution durch Fortgang des erfahrenden Lebens in konsequenter, eventuell *durch Korrekturen* hindurch sich immer wieder herstellender Einstimmigkeit. Die Einstimmigkeit erhält sich nun auch vermöge einer Umbildung der Apperzeptionen durch Unterscheidung zwischen Normalität und Anormalitäten als ihren intentionalen Modifikationen bzw. die Konstitution neuer Einheiten im Wechsel dieser Anomalitäten. Zu der Problematik der Anomalitäten gehört auch das Problem der Tierheit und ihrer Stufenfolgen *höherer und niederer* Tiere. In Bezug auf das Tier ist der Mensch, konstitutiv gesprochen, der Normalfall, wie ich selbst konstitutiv die Urnorm bin für alle Menschen; Tiere sind wesensmäßig konstituiert für mich als anomale *Abwandlungen* meiner Menschlichkeit, möge sich dann auch bei ihnen wieder Normalität und Anomalität scheiden. Es handelt sich immer wieder um intentionale Modifikationen, in der Sinnesstruktur selbst als das sich bezeugend. Das alles bedarf zwar einer sehr viel tiefer dringenden phänomenologischen Auslegung, es genügt aber in dieser Allgemeinheit hier für unsere Zwecke.

Nach diesen Aufklärungen ist es also kein Rätsel mehr, wie ich in mir ein anderes Ich, und radikaler, wie ich in meiner Monade eine andere Monade konstituieren, und das in mir Konstituierte eben doch als Anderes erfahren kann; und damit auch, was ja davon unabtrennbar ist, wie ich eine in mir konstituierte Natur [155] mit einer vom Anderen konstituierten identifizieren kann (oder in notwendiger Genauigkeit gesprochen: mit einer in mir als vom Anderen konstituiert

konstituierten). Diese synthetische Identifizierung ist kein
größeres Rätsel als jede, also auch jede in meiner eigenen
Originalsphäre sich haltende, vermöge deren überhaupt
gegenständliche Einheit für mich Sinn und Sein gewinnt
durch das Medium von Vergegenwärtigungen. Betrachten
wir folgendes lehrreiche Beispiel und verwerten wir es
zugleich zur Herausstellung eines fortführenden Gedankens,
des einer sich durch das Medium der Vergegenwärtigung
konstituierenden Verbindung. Wie gewinnt für mich ein
eigenes Erlebnis Sinn und Geltung eines seienden, seiend in
seiner identischen Zeitgestalt und seinem identischen Zeitin-
halt? Das Original ist dahin, aber in wiederholten Vergegenwärtigungen komme ich darauf zurück, und das in der Evidenz: *so kann ich immer wieder.* Diese wiederholten sind
aber evidenterweise selbst ein Nacheinander, sie sind von
einander getrennt. Das hindert nicht, daß eine Synthesis der
Identifizierung sie verknüpft im evidenten Bewußtsein *dasselbe,* worin beschlossen ist dieselbe und einmalige Zeitgestalt, ausgefüllt mit demselben Inhalt. Also *dasselbe* besagt
hier wie überall: identischer intentionaler Gegenstand ge-
trennter Erlebnisse, ihnen also nur als Irreelles immanent.
Ein anderer, an sich sehr wichtiger Fall ist der der Konstitution im prägnanten Sinne idealer Gegenstände, wie aller
logisch idealen. In einer lebendigen, vielgliedrigen Denk-
aktion erzeuge ich ein Gebilde, einen Lehrsatz, ein Zahlen-
gebilde. Ein andermal wiederhole ich die Erzeugung, unter
Wiedererinnerung an die frühere. Alsbald und wesensmäßig
tritt Synthesis der Identifizierung ein, und eine neue bei jeder
im Bewußtsein der Beliebigkeit zu vollziehenden Wiederholung: es ist identisch derselbe Satz, identisch dasselbe Zahlen-
gebilde, nur wiederholt erzeugt oder, was dasselbe, wiederholt zur Evidenz gebracht. Hier spannt sich also die Synthesis
(durch das Medium erinnernder Vergegenwärtigung) innerhalb meines stets schon konstituierten Erlebnisstromes von
der lebendigen Gegenwart in meine jeweilig beteiligten Vergangenheiten und stellt damit zwischen ihnen Verbindung

her. Damit löst sich übrigens das an sich höchst bedeutsame transzendentale Problem der im spezifischen Sinne so genannten idealen Gegenständlichkeiten. Ihre Überzeitlichkeit erweist sich als Allzeitlichkeit, als Korrelat einer beliebigen Er[156]zeugbarkeit und Wiedererzeugbarkeit an jeder beliebigen Zeitstelle. Das überträgt sich dann offenbar nach Konstitution der objektiven Welt mit ihrer objektiven Zeit und ihren objektiven Menschen als möglichen Denksubjekten auch auf die ihrerseits sich objektivierenden Idealgebilde und ihre objektive Allzeitlichkeit, wobei der Kontrast gegen die objektiven Realitäten verständlich wird, als zeiträumlich individuierten.

Kehren wir nun wieder zu unserem Fall der Fremderfahrung zurück, so leistet sie in ihrem komplizierten Bau eine ähnliche, durch Vergegenwärtigung vermittelte Verbindung zwischen der in ungebrochener Lebendigkeit fortschreitenden Selbsterfahrung (als rein passiver originaler Selbsterscheinung) des konkreten ego, also seiner primordialen Sphäre, und der in ihr vergegenwärtigten fremden Sphäre. Sie leistet das durch die identifizierende Synthesis des primordial gegebenen fremden Leibkörpers und desselben, nur in anderer Erscheinungsweise appräsentierten, und von da aus sich ausbreitend durch die identifizierende Synthesis derselben zugleich primordial (in purer sinnlicher Originalität) und appräsentativ gegebenen und bewährten Natur. Dadurch urgestiftet ist die Koexistenz meines Ich (und meines konkreten ego überhaupt) und des fremden Ich, meines und seines intentionalen Lebens, meiner und seiner *Realitäten*, kurzum eine gemeinsame Zeitform, wobei von selbst jede primordiale Zeitlichkeit die bloße Bedeutung einer einzelsubjektiven originalen Erscheinungsweise der objektiven gewinnt. Man sieht hierbei, wie die zeitliche Gemeinschaft der konstitutiv aufeinander bezogenen Monaden untrennbar ist, weil wesensmäßig mit der Konstitution einer Welt und Weltzeit zusammenhängend.

III. Zur Konstitution der höheren Stufen der Intersubjektivität

15. *Konstitution der höheren Stufen der intermonadologischen Gemeinschaft*

Hiermit ist also die erste und niederste Stufe der Vergemeinschaftung zwischen mir, der für mich primordialen Monade, und der in mir als fremd und somit als für sich seiend, aber mir nur appräsentativ ausweisbar konstituierten Monade aufgeklärt. Daß die Anderen sich in mir als Andere konstituieren, ist die einzig denkbare Weise, wie sie als seiende und so seiende für mich Sinn und Geltung haben können; haben sie das aus Quellen einer beständigen Bewährung, so sind sie eben, wie ich aussagen [157] m u ß , aber dann ausschließlich mit dem Sinn, in dem sie konstituiert sind: Monaden, für sich selbst genau so seiend, wie ich für mich bin; dann aber auch in Gemeinschaft, also (ich wiederhole betonend den schon früher gebrauchten Ausdruck) in Verbindung mit mir als konkretem ego, als Monade. Zwar sind sie reell von der meinen getrennt, sofern keine reelle Verbindung von ihren Erlebnissen zu meinen Erlebnissen und so überhaupt von ihrem Eigenwesentlichen zu dem meinen überführt. Dem entspricht ja die reale Trennung, die weltliche, meines psychophysischen Daseins von dem des Anderen, die sich als räumliche darstellt vermöge der Räumlichkeit der objektiven Leiber. Andererseits ist diese ursprüngliche Gemeinschaft nicht ein Nichts. Ist jede Monade reell eine absolut abgeschlossene Einheit, so ist das irreale intentionale Hineinreichen der anderen in meine Primordialität nicht irreal im Sinne eines Hineingeträumtseins, eines Vorstellig-seins nach Art einer bloßen Phantasie. Seiendes ist mit Seiendem in intentionaler Gemeinschaft. Es ist eine prinzipiell eigenartige Verbundenheit, eine wirkliche Gemeinschaft, und eben die, die das Sein

einer Welt, einer Menschen- und Sachenwelt, transzendental
möglich macht.

Nachdem die erste Stufe der Vergemeinschaftung und, was
fast gleichgilt, die erste Konstitution einer objektiven Welt
von der primordialen aus hinreichend geklärt ist, bieten die
höheren Stufen relativ geringe Schwierigkeiten. So sehr auch
in Bezug auf sie zu Zwecken einer allseitigen Auslegung
umfangreiche Untersuchungen mit einer sich differenzieren-
den Problematik notwendig sind, können uns hier rohe und
auf dem gelegten Grunde leicht verständliche Hauptstriche
genügen. Von mir aus, konstitutiv der Urmonade, gewinne
ich die für mich anderen Monaden bzw. die Anderen als psychophysische Subjekte. Darin liegt, ich gewinne sie nicht
bloß als mir leiblich gegenüber und vermöge der assoziativen
Paarung auf mein psychophysisches Dasein zurückbezogen,
das ja überhaupt, und in verständlicher Weise auch in der
vergemeinschafteten Welt jetziger Stufe *Zentralglied* ist vermöge ihrer notwendig orientierten Gegebenheitsweise. Vielmehr im Sinne einer Menschengemeinschaft und des *Menschen*, der schon als einzelner den Sinn eines Gemeinschafts-
gliedes mit sich führt (was sich auf tierische Gesellschaftlich-
keit überträgt), liegt ein Wechselseitig-für-einander-sein, das
eine objektivierende [158] Gleichstellung meines Daseins und
des aller Anderen mit sich bringt: also ich und jedermann als
ein Mensch unter anderen Menschen. Dringe ich, mich in ihn
einverstehend, in seinen Eigenheitshorizont tiefer ein, so
werde ich bald darauf stoßen, daß, wie sein Körperleib in
meinem, so mein Leib sich in seinem Wahrnehmungsfeld
befindet und daß er im allgemeinen mich ohne weiteres so als
für ihn Anderen erfährt, wie ich ihn als meinen Anderen
erfahre. Desgleichen, daß die Mehreren auch für einander als
Andere erfahren sind; in weiterer Folge, daß ich den jeweilig
Anderen erfahren kann nicht nur als Anderen, sondern als
selbst wieder auf seine Anderen bezogen, und eventuell in
einer iterierbar zu denkenden Mittelbarkeit, zugleich auf

mich selbst. Auch ist es klar, daß die Menschen nur apperzi-
pierbar werden als nicht nur in Wirklichkeit, sondern in
Möglichkeit und nach eigenem Belieben Andere und wieder
Andere vorfindende. Die offen endlose Natur selbst wird
dann zu einer solchen, die auch in offener Mannigfaltigkeit
unbekannt wie sich im unendlichen Raume verteilende Menschen, allgemeiner Animalien in sich faßt, als Subjekte möglicher Wechselgemeinschaft. Natürlich entspricht dieser
Gemeinschaft in transzendentaler Konkretion eine entsprechende offene Monadengemeinschaft, die wir als transzendentale Intersubjektivität bezeichnen. Sie ist, wie kaum
gesagt werden muß, rein in mir, im meditierenden ego, rein
aus Quellen meiner Intentionalität für mich konstituiert,
aber als solche, die in jeder in der Modifikation *Anderer*
konstituierten als dieselbe, nur in anderer subjektiver
Erscheinungsweise konstituiert ist, und konstituiert als dieselbe objektive Welt notwendig in sich tragend. Offenbar
gehört zum Wesen der in mir (und ähnlich in jeder mir
erdenklichen Monadengemeinschaft) transzendental konstituierten Welt, daß sie wesensnotwendig auch eine Menschenwelt ist, daß sie in jedem einzelnen Menschen mehr oder
minder vollkommen innerseelisch konstituiert ist in intentionalen Erlebnissen, potentiellen Systemen der Intentionalität,
die als *Seelenleben* ihrerseits schon als weltlich seiend konstituiert sind. Die seelische Konstitution der objektiven Welt
versteht sich z. B. als meine wirkliche und mögliche Welterfahrung, meine, des sich selbst als Menschen erfahrenden Ich.
Diese Erfahrung ist mehr oder minder vollkommen, aber
doch zumindest als offen unbestimmter Horizont. In diesem
Horizont liegt für jeden Menschen jeder Andere physisch,
[159] psychophysisch, innerpsychisch als Reich offen endloser Zugänglichkeiten, schlecht und recht, wenn auch zumeist eben schlecht.

16. *Aufklärung der Parallelität innerpsychischer und egologisch-transzendentaler Auslegung*

Nicht schwer aufzuklären ist von hier aus die notwendige Parallelität innerseelischer und egologisch-transzendentaler Auslegungen oder die Tatsache, daß die reine Seele, wie schon früher gesagt, eine in der Monade sich vollziehende Selbstobjektivierung derselben ist, deren verschiedene Stufen Wesensnotwendigkeiten sind, wenn überhaupt für die Monade Andere sollen sein können.

Damit hängt zusammen, daß a priori jede transzendental-phänomenologische Analyse und Theorie – auch die soeben in Grundzügen entworfene Theorie der transzendentalen Konstitution einer objektiven Welt – durch Aufgeben der transzendentalen Einstellung auch auf dem natürlichen Boden vollzogen werden kann. In diese transzendentale Naivität versetzt, wird sie zu einer innerpsychologischen Theorie. Eidetisch und empirisch entspricht einer *reinen* Psychologie, d. i. einer ausschließlich das intentionale Eigenwesen einer Seele, eines konkreten Menschen-ich auslegenden – eine transzendentale Phänomenologie, und umgekehrt. Das aber ist eine transzendental einsichtig zu machende Sachlage.

17. *Problemgliederung der intentionalen Analytik der höheren intersubjektiven Gemeinschaften. Ich und Umwelt*

Die Konstitution des Menschentumes bzw. derjenigen Gemeinschaft, die zum vollen Wesen desselben gehört, ist mit dem bisherigen noch nicht abgeschlossen. Aber verständlich ist sehr leicht, im Ausgange von der Gemeinschaft in dem zuletzt gewonnenen Sinne, die Möglichkeit von Ich-Akten, die durch das Medium der appräsentierenden Fremderfahrung in das andere Ich hineinreichen, ja von spezifisch ichlich-personalen, die den Charakter von *sozialen* Akten

haben, durch welche alle menschliche personale Kommuni-
kation hergestellt wird. Diese Akte in ihren verschiedenen
Gestalten sorgsam zu studieren und von da aus das Wesen
aller Sozialität transzendental verständlich zu machen, ist
eine wichtige Aufgabe. Mit der [160] eigentlichen, der sozialen
Vergemeinschaftung konstituieren sich innerhalb der objektiven Welt als eigenartige geistige Objektivitäten die verschiedenen Typen sozialer Gemeinschaften in ihrer möglichen
Stufenordnung, darunter die ausgezeichneten Typen, die den
Charakter von *Personalitäten höherer Ordnung* haben.

In weiterer Folge käme in Betracht das von der angedeuteten
Problematik unabtrennbare und in gewissem Sinn korrelative
Problem der Konstitution der spezifisch menschlichen, und
zwar einer kulturellen Umwelt für jeden Menschen und jede
Menschengemeinschaft und ihrer obschon beschränkten Art
der Objektivität. Beschränkt ist diese Objektivität, obschon
für mich und jedermann die Welt konkret nur als Kulturwelt
gegeben ist, und mit dem Sinn der Zugänglichkeit für Jedermann. Aber eben diese Zugänglichkeit ist aus konstitutiven
Wesensgründen, wie bei genauer Sinnesauslegung alsbald
hervortritt, keine unbedingte. Sie ist darin offenbar unterschieden von der absolut unbedingten Zugänglichkeit für
jedermann, die wesensmäßig zum konstitutiven Sinn der
Natur, der Leiblichkeit und damit des psychophysischen
Menschen, letzterer in einer gewissen Allgemeinheit verstanden, gehört. Allerdings reicht in die Sphäre der unbedingten
Allgemeinheit noch dies hinein (als Korrelat der Wesensform
der Weltkonstitution), daß jedermann, und a priori, in derselben Natur lebt, und einer Natur, die er in notwendiger
Vergemeinschaftung seines Lebens mit dem Anderer in individuellem und vergemeinschaftetem Handeln und Leben zu
einer Kulturwelt, einer Welt mit menschlichen Bedeutsam-
keiten gestaltet hat – mag sie auch noch so primitiver Stufe
sein. Aber das schließt ja nicht aus, wie a priori so faktisch,
daß die Menschen einer und derselben Welt in loser oder gar
keiner kulturellen Gemeinschaft leben und danach verschie-

dene kulturelle Umwelten konstituieren, als konkrete Lebenswelten, in denen die relativ oder absolut gesonderten Gemeinschaften leidend und wirkend leben. Jeder Mensch versteht zunächst einem Kerne nach und mit einem unenthüllten Horizont s e i n e konkrete Umwelt bzw. seine Kultur, eben als Mensch der sie historisch gestaltenden Gemeinschaft. Ein tieferes Verständnis, ein solches, das den Horizont der für das Verständnis der Gegenwart selbst mitbestimmenden Vergangenheit eröffnet, ist jedermann aus dieser Gemeinschaft prinzipiell möglich, in einer gewissen nur ihm möglichen Ursprünglichkeit, [161] die einem mit dieser Gemeinschaft in Beziehung tretenden Menschen aus einer anderen Gemeinschaft verschlossen ist. Zunächst versteht er die Menschen der fremden Welt, wie notwendig, als Menschen überhaupt und als solche einer *gewissen* Kulturwelt; von der aus muß er sich erst schrittweise die weiteren Verständigungsmöglichkeiten schaffen. Er muß von dem allgemeinst Verständlichen aus sich erst Zugang zu dem Nachverstehen immer größerer Schichten der Gegenwart und von da der historischen Vergangenheit erschließen, das dann wieder für ein erweitertes Erschließen der Gegenwart hilft.

Die Konstitution von *Welten* irgendwelcher Art, von dem eigenen Erlebnisstrom angefangen mit seinen offen endlosen Mannigfaltigkeiten bis hinauf zur objektiven Welt in ihren verschiedenen Objektivationsstufen, steht unter der Gesetzmäßigkeit *orientierter* Konstitution, einer Konstitution, die in verschiedenen Stufen, aber innerhalb eines weitest zu fassenden Sinnes primordial und sekundär Konstituiertes voraussetzt. Dabei tritt immer das Primordiale in die sekundär konstituierte Welt so ein mit einer neuen Sinnesschicht, daß es zum Zentralglied in orientierten Gegebenheitsweisen wird. Sie ist als *Welt* notwendig gegeben als von ihm aus zugänglicher und geordnet erschließbarer Seinshorizont. So schon für die erste, die immanente Welt, die wir den Erlebnisstrom nennen. Er ist als System des Außereinander orientiert gegeben um die primordial sich konstituierende lebendige

Gegenwart, von der aus alles außer ihr, das der immanenten Zeitlichkeit, zugänglich ist. Wieder ist mein Leib innerhalb der in unserem spezifischen Sinne primordialen Sphäre Zentralglied für die *Natur*, als der sich erst durch sein Walten konstituierenden *Welt*. Ebenso ist mein psychophysischer Leib primordial für die Konstitution der objektiven Welt des Außereinander und geht in deren orientierte Gegebenheitsweise als Zentralglied ein. Wenn die in unserem ausgezeichneten Sinn primordiale *Welt* nicht selbst Zentrum der objektiven Welt wird, so liegt es daran, daß sich dieses Ganze so objektiviert, daß sie kein neues Außereinander schafft. Dagegen ist die Mannigfaltigkeit der Fremdwelt um die meine orientiert gegeben, also eine Welt, weil sie sich mit einer ihr immanenten gemeinsamen objektiven Welt konstituiert, deren raumzeitliche Form zugleich die Funktion einer Zugangsform für sie hat.

[162] Kehren wir zu unserem Fall der Kulturwelt zurück, so ist auch sie als Welt von Kulturen orientiert gegeben auf dem Untergrunde der allgemeinen Natur und ihrer raumzeitlichen Zugangsform, die für die Zugänglichkeit der Mannigfaltigkeiten der Kulturgebilde und Kulturen mitzufungieren hat. So ist, sehen wir, auch die Kulturwelt *orientiert* gegeben in Beziehung auf ein Nullglied, bzw. auf eine *Personalität*. Hier sind Ich und meine Kultur das Primordiale gegenüber jeder *fremden* Kultur. Sie ist mir und meinen Kulturgenossen nur zugänglich in einer Art *Fremderfahrung*, einer Art *Einfühlung* in die fremde Kulturmenschheit und ihre Kultur, und auch diese Einfühlung fordert ihre intentionalen Untersuchungen.

Die genauere Erforschung der Sinnesschicht, welche der Menschheits- und Kulturwelt als solcher ihren spezifischen Sinn gibt, sie also zu einer mit spezifisch *geistigen* Prädikaten ausgestatteten macht, müssen wir uns versagen. Die konstitutiven Auslegungen, die wir durchgeführt haben, wiesen die intentionalen Motivationszusammenhänge aus, in denen die zusammenhängende Unterschicht der konkreten vollen Welt

konstitutiv erwuchs, welche uns verbleibt, wenn wir von
allen Prädikaten des *objektiven Geistes* abstrahieren. Wir
behalten die ganze Natur, schon in sich konkret einheitlich
konstituiert, in sie einbezogen die menschlichen und tieri-
schen Leiber, aber das Seelenleben nicht mehr konkret vollständig, da menschliches Sein als solches bewußtseinsmäßig
auf eine seiende praktische Umwelt, als mit Prädikaten
menschlicher Bedeutsamkeit immer schon ausgestattete, bezogen ist und diese Beziehung psychologische Konstitution
dieser Prädikate voraussetzt.

Daß jedes solche Prädikat der Welt aus einer zeitlichen Genesis zuwächst, und zwar einer solchen, die im menschlichen
Leiden und Tun verwurzelt ist, bedarf keines Beweises. Vorausgesetzt für den Ursprung solcher Prädikate in den einzelnen Subjekten und für den ihrer intersubjektiven Geltung, als
der gemeinsamen Lebenswelt zugehörig verbleibenden, ist
danach, daß eine Menschengemeinschaft, und daß sie wie
jeder einzelne Mensch, in eine konkrete Umwelt hineinlebt,
auf sie in Leiden und Tun bezogen – daß all das schon konstituiert ist. In diesem beständigen Wandel der menschlichen
Lebenswelt wandeln sich offenbar auch die Menschen selbst
als Personen, sofern sie korrelativ immer neue habituelle
Eigenheiten annehmen müssen. Hier werden [163] weitrei-
chende Probleme der statischen und genetischen Konstitution, letztere als Teilproblem der rätselvollen universalen
Genesis, sehr empfindlich. Z. B. hinsichtlich der Personalität
nicht nur das Problem der statischen Konstitution einer Einheit des personalen Charakters gegenüber der Mannigfaltigkeit gestifteter und wieder aufgehobener Habitualitäten, sondern auch das genetische, das auf Rätsel des *angeborenen*
Charakters zurückführt.

Es muß uns genügen, diese höherstufige Problematik als konstitutive angedeutet und dadurch verständlich gemacht zu
haben, daß sich uns im systematischen Fortgang der tran-
szendental-phänomenologischen Auslegung vom apodiktischen ego schließlich der transzendentale Sinn der Welt auch

in der vollen Konkretion enthüllen muß, in der sie unser aller beständige Lebenswelt ist. Das betrifft mit alle umweltlichen Sondergestalten, in denen sie sich für uns je nach unserer persönlichen Erziehung und Entwicklung oder nach unserer Mitgliedschaft dieser oder jener Nation, dieses oder jenes Kulturkreises darstellt. In all dem herrschen Wesensnotwendigkeiten, bzw. ein wesensmäßiger Stil, der im transzendentalen ego und dann in der in ihm sich erschließenden transzendentalen Intersubjektivität die Quellen seiner Notwendigkeit hat, also in den Wesensgestalten transzendentaler Motivation und transzendentaler Konstitution. Gelingt deren Enthüllung, so gewinnt dieser apriorische Stil eine rationale Erklärung höchster Dignität, diejenige einer letzten, einer transzendentalen Verständlichkeit.

[174]   18. *Überschauende Charakteristik der intentionalen Auslegung der Fremderfahrung*

Kehren wir am Abschluß dieses Kapitels auf den Einwand zurück, von dem aus wir uns zunächst haben leiten lassen, den Einwand gegen unsere Phänomenologie, sofern sie von vornherein den Anspruch erhöbe, Transzendentalphilosophie zu sein, also als solche die Probleme der Möglichkeit objektiver Erkenntnis zu lösen. Dazu sei sie im Ausgang von dem transzendentalen ego der phänomenologischen Reduktion und daran gebunden nicht mehr befähigt, sie verfalle, ohne es wahrhaben zu wollen, in einen transzendentalen Solipsismus, und der ganze Schritt zur fremden Subjektivität und echten Objektivität sei nur möglich durch eine uneingestandene Metaphysik, durch eine geheime Übernahme L e i b n i z i s c h e r Traditionen.

[175] Der Einwand zerfließt in seiner Haltlosigkeit nach den durchgeführten Auslegungen. Es ist vor allem zu beachten, daß an keiner Stelle die transzendentale Einstellung, die der transzendentalen ἐποχή, verlassen worden ist und daß unsere

Theorie der Fremderfahrung, der Erfahrung von *Anderen*, nichts weiteres sein wollte und sein durfte als die Auslegung ihres Sinnes *Anderer* aus ihrer konstitutiven Leistung und des Limes *wahrhaft seiender Anderer* aus den entsprechenden Synthesen der Einstimmigkeit. Was ich als *Anderen* einstimmig ausweise und dabei also in Notwendigkeit und nicht in Willkür als eine zu erkennende Wirklichkeit gegeben habe, das ist in transzendentaler Einstellung eo ipso der seiende Andere, das alter ego, ausgewiesen eben innerhalb der erfahrenden Intentionalität meines ego. Innerhalb der Positivität sagen wir und finden es selbstverständlich: in meiner eigenen Erfahrung erfahre ich nicht nur mich selbst, sondern in der besonderen Gestalt der Fremderfahrung den Anderen. Die zweifellose transzendentale Auslegung zeigte uns nicht nur das transzendentale Recht dieser positiven Aussage, sondern daß auch das transzendentale, konkret gefaßte ego (das in der transzendentalen Reduktion vorerst mit unbestimmtem Horizont seiner selbst inne wird) sowohl sich selbst in seinem primordialen Eigensein als auch in Form seiner transzendentalen Fremderfahrung, Andere, andere transzendentale ego erfaßt, obschon sie nicht mehr in Originalität und schlichter apodiktischer Evidenz, sondern in einer Evidenz *äußerer* Erfahrung gegeben sind. *In* mir erfahre, erkenne ich den Anderen, in mir konstituiert er sich – appräsentativ gespiegelt, und nicht als Original. Insofern kann in einem e r w e i t e r t e n Sinne sehr wohl gesagt werden, daß das ego, daß ich als meditierend Auslegender, durch *Selbstauslegung*, nämlich Auslegung dessen, was ich in mir selbst finde, alle Transzendenz gewinne, und als transzendental konstituierte, also nicht als in naiver Positivität hingenommene. So verschwindet der Schein, daß alles, was ich als transzendentales ego aus mir selbst als seiend erkenne und als in mir selbst Konstituiertes auslege, mir selbst eigenwesentlich zugehören muß. Nur von den *immanenten Transzendenzen* gilt das; Konstitution als Titel für die mir als ego in der Eigenwesentlichkeit Sinn und Sein zueignenden Systeme synthetischer Aktualität und Potentialität besagt Konstitution von immanenter gegenständlicher Wirklichkeit. Zu An[176]fang der Phänomenologie und in der Einstellung des erst Anfangenden, der eben erst die phänomenologische Reduktion als universalen Habitus konstitutiven Forschens zur Urstiftung bringt, ist das in den Blick tretende transzendentale ego zwar apodiktisch erfaßt, aber mit einem ganz unbestimmten Horizont, der bloß dadurch in Allgemeinheit gebunden ist, daß die Welt und alles, was ich von ihr weiß, zu bloßem *Phänomen* werden soll. Es fehlen also, wenn ich so anfange, alle Unterscheidungen, die erst die intentionale Auslegung schafft, und die doch, wie ich einsehe, wesensmäßig zu mir gehören. Vor allem fehlt also die Selbstverständigung über mein primordiales Wesen, meine Eigenheitssphäre im prägnanten Sinne, und was in ihr selbst unter dem Titel Fremderfahrung als Fremdes, als ein appräsentiertes, aber prinzipiell nicht in meiner primordialen Sphäre selbst original Gegebenes und je zu Gebendes sich konstituiert. Ich muß erst das Eigene als solches auslegen, um zu verstehen, daß im Eigenen auch Nichteigenes Seinssinn bekommt, und zwar als analogisch Appräsentiertes. So verstehe ich, der Meditierende, am Anfang nicht, wie ich, da die anderen Menschen insgesamt *eingeklammert* sind, überhaupt zu Anderen und mir selbst kommen soll. Im Grunde verstehe ich auch noch nicht und erkenne es nur widerwillig an, daß ich selbst, mich als Menschen und als menschliche Person *einklammernd*, nun doch als ego erhalten bleiben soll. So kann ich noch nichts wissen von einer transzendentalen Intersubjektivität; unwillkürlich halte ich mich, das ego, für einen *solus ipse*, und halte alle konstitutiven Bestände, schon nachdem ich ein erstes Verständnis gewonnen habe für konstitutive Leistungen, immer noch für bloß eigene Gehalte dieses einzigen ego. So wären also die weitergehenden Auslegungen des vorliegenden Kapitels notwendige. Durch sie wird uns erst der v o l l e   u n d   e i g e n t l i c h e   S i n n   d e s   p h ä n o m e - n o l o g i s c h - t r a n s z e n d e n t a l e n »I d e a l i s m u s« ver- ständlich. Der Schein eines Solipsismus ist aufgelöst, obschon der Satz die fundamentale Geltung behält, daß alles, was für mich ist, seinen Seinssinn ausschließlich aus mir selbst, aus meiner Bewußtseinssphäre schöpfen kann. Dieser Idealismus ergab sich als eine Monadologie, die bei allen absichtlichen Anklängen an Leibnizens Metaphysik ihren Gehalt rein aus der phänomenologischen Auslegung der in der transzendentalen Reduktion freigelegten transzendentalen [177] Erfahrung schöpft, also aus der ursprünglichsten Evidenz, in der alle erdenklichen Evidenzen gründen müssen – oder aus dem ursprünglichsten Recht, aus dem alle Rechte und insbesondere Erkenntnisrechte je schöpfen können. Phänomenologische Auslegung ist also wirklich nichts dergleichen wie *metaphysische Konstruktion*, und nicht, weder offen noch versteckt, ein Theoretisieren mit übernommenen Voraussetzungen oder Hilfsgedanken aus der historischen metaphysischen Tradition. Sie steht zu all dem in schärfstem Gegensatz durch ihr Verfahren im Rahmen reiner *Intuition*, oder vielmehr der reinen Sinnesauslegung durch erfüllende Selbstgebung. Insbesondere tut sie hinsichtlich der objektiven Welt der Realitäten (wie auch jeder der mannigfachen idealen objektiven Welten, die Felder rein apriorischer Wissenschaften sind) nichts anderes – das kann nicht oft genug eingeschärft werden – als den Sinn auslegen, den diese Welt für uns alle vor jedem Philosophieren hat und offenbar nur aus unserer Erfahrung hat, ein Sinn, der philosophisch enthüllt, aber nie geändert werden kann und der nur aus Wesensnotwendigkeit und nicht aus unserer Schwäche, in jeder aktuellen Erfahrung Horizonte mit sich führt, die der prinzipiellen Klärung bedürfen.

Das Problem der Lebenswelt[1]

I. Die lebensweltliche Motivation der mathematisierten neuzeitlichen Naturwissenschaft

[18]   1. *Der Ursprung der neuen Idee der Universalität der Wissenschaft in der Umgestaltung der Mathematik*

Als erstes gilt es jetzt, die wesentliche Verwandlung der Idee, der Aufgabe der universalen Philosophie zu verstehen, welche sich zu Beginn der Neuzeit bei der Übernahme der antiken Idee vollzogen hat. Von D e s c a r t e s an regiert die neue Idee den gesamten Entwicklungsgang der philosophischen Bewegungen und wird zum inneren Motiv aller ihrer Spannungen.

Die Umgestaltung setzt zunächst ein als eine solche hervorstechender Einzelwissenschaften des antiken Erbgutes: der Euklidischen Geometrie und der sonstigen griechischen Mathematik, in weiterer Folge der griechischen Naturwissenschaft. In unseren Augen sind das Stücke, Anfänge unserer entwickelten Wissenschaften. Man darf aber dabei die gewaltige Sinnwandlung nicht übersehen, in der zunächst der Mathematik (als Geometrie und als formal-abstrakter Zahlen- und Größenlehre) u n i v e r s a l e Aufgaben gestellt werden, und zwar eines p r i n z i p i e l l   n e u e n, den Alten fremden Stiles. Diese hatten zwar schon, von der Platonischen Ideenlehre geleitet, die empirischen Zahlen, Maßgrößen, die empirischen Raumfiguren, die Punkte, Linien, Flächen, Körper idealisiert; ineins damit die Sätze und Beweise der Geometrie in ideal-geometrische Sätze und Beweise verwandelt. Noch mehr: mit der Euklidischen Geometrie war die höchst eindrucksvolle Idee einer auf ein weit- und hochgestecktes ideales Ziel ausgerichteten, systematisch einheitlichen deduktiven Theorie erwachsen, beruhend auf »axiomatischen« Grundbegriffen [19] und Grundsätzen, in apodiktischen

Schlußfolgerungen fortschreitend – ein Ganzes aus reiner Rationalität, ein in seiner unbedingten Wahrheit einsehbares Ganzes von lauter unbedingten unmittelbar und mittelbar einsichtigen Wahrheiten. Aber die Euklidische Geometrie und die alte Mathematik überhaupt kennt nur endliche Aufgaben, ein endlich geschlossenes Apriori. Dahin gehört auch das der Aristotelischen Syllogistik als ein allem anderen übergeordnetes Apriori. So weit kommt das Altertum; niemals aber so weit, die Möglichkeit der unendlichen Aufgabe zu erfassen, die für uns mit dem Begriff des geometrischen Raumes wie selbstverständlich verknüpft ist, und mit dem Begriff der Geometrie als ihm zugehöriger Wissenschaft. Zum idealen Raum gehört für uns ein universales systematisch einheitliches Apriori, eine unendliche und trotz der Unendlichkeit in sich geschlossen einheitliche systematische Theorie, die, von axiomatischen Begriffen und Sätzen aufsteigend, jede erdenkliche in den Raum einzuzeichnende Gestalt in deduktiver Eindeutigkeit zu konstruieren gestattet. Im voraus ist, was im geometrischen Raume idealiter »existiert«, in allen seinen Bestimmtheiten eindeutig entschieden. Unser apodiktisches Denken »entdeckt« nur, nach Begriffen, Sätzen, Schlüssen, Beweisen etappenmäßig ins Unendliche fortschreitend, was im voraus, was an sich schon in Wahrheit ist.

Die Konzeption dieser I d e e e i n e s r a t i o n a l e n u n e n d l i c h e n S e i n s a l l s mit e i n e r s y s t e m a t i s c h e s b e h e r r s c h e n d e n r a t i o n a l e n W i s s e n s c h a f t ist das unerhört Neue. Eine unendliche W e l t, hier eine W e l t v o n I d e a l i t ä t e n, ist konzipiert, als eine solche, deren Objekte nicht einzelweise, unvollkommen und wie zufällig unserer Erkenntnis zugänglich werden, sondern die eine rationale, systematisch einheitliche Methode erreicht – im unendlichen Fortschreiten schließlich j e d e s Objekt nach seinem vollen An-sich-sein.

So aber nicht nur hinsichtlich des idealen Raumes. Noch viel ferner lag den Alten die Konzeption einer ähnlichen, aber (als durch formalisierende Abstraktion entsprungen) allgemeineren Idee, die einer f o r m a l e n M a t h e m a t i k. Erst in den Anfängen der Neuzeit beginnt die eigentliche Eroberung und Entdeckung der unendlichen mathematischen Horizonte. Es er[20]wachsen Anfänge der Algebra, der Mathematik der Kontinua, der analytischen Geometrie. Mit der dem neuen Menschentum eigentümlichen Kühnheit und Originalität wird von da aus sehr bald das große Ideal einer in diesem neuen Sinne rationalen allumfassenden Wissenschaft antizipiert, bzw. die Idee, daß die unendliche Allheit des überhaupt Seienden in sich eine rationale Alleinheit sei, die korrelativ durch eine universale Wissenschaft, und zwar restlos, zu beherrschen sei. Lange ehe diese Idee ausgereift ist, ist sie schon als unklare oder halbklare Vorahnung für die weitere Entwicklung bestimmend. Jedenfalls mit der neuen Mathematik hat es nicht sein Bewenden. Alsbald greift ihr Rationalismus auf die Naturwissenschaft über und schafft für sie die völlig neue Idee der m a t h e m a t i s c h e n N a t u r w i s s e n - s c h a f t : der Galileischen, wie sie längerhin mit Recht genannt wurde. Sobald diese in den Gang einer glückenden Realisierung kommt, verwandelt sich die Idee der Philosophie (als Wissenschaft vom Weltall, vom All des Seienden) überhaupt.

2. *Galileis Mathematisierung der Natur*

Für den Platonismus hatte das Reale eine mehr oder minder vollkommene Methexis am Idealen. Das gab für die antike Geometrie Möglichkeiten einer primitiven Anwendung auf die Realität. In der Galileischen M a t h e m a t i s i e r u n g d e r N a t u r wird nun d i e s e s e l b s t unter der Leitung der neuen Mathematik idealisiert, sie wird – modern ausgedrückt – selbst zu einer mathematischen Mannigfaltigkeit. W a s i s t d e r S i n n d i e s e r M a t h e m a t i s i e r u n g d e r

Natur, wie rekonstruieren wir den Gedankengang, der sie motivierte?

Die Welt ist vorwissenschaftlich in der alltäglichen sinnlichen Erfahrung subjektiv-relativ gegeben. Jeder von uns hat seine Erscheinungen, und jedem gelten sie als das wirklich Seiende. Dieser Diskrepanz unserer Seinsgeltungen sind wir im Verkehr miteinander längst innegeworden. Wir meinen aber darum nicht, es seien viele Welten. Notwendig glauben wir an die Welt mit denselben, uns nur verschieden erscheinenden Dingen. Ha[21]ben wir nichts weiter als die leere notwendige Idee von an sich objektiv seienden Dingen? Ist nicht in den Erscheinungen selbst ein Gehalt, den wir der wahren Natur zusprechen müssen? Dahin gehört doch – ich beschreibe, ohne selbst Stellung zu nehmen, die das Galileische Denken motivierende »Selbstverständlichkeit« – alles, was in der Evidenz absoluter Allgemeingültigkeit die reine Geometrie und überhaupt die Mathematik der reinen Raumzeitform hinsichtlich der in ihr idealiter konstruierbaren reinen Gestalten lehrt.

Was in dieser »Selbstverständlichkeit« Galileis lag und was für ihn an weiteren Selbstverständlichkeiten hinzukam, die Idee einer mathematischen Naturerkenntnis in seinem neuen Sinne zu motivieren, bedarf einer sorgfältigen Auslegung. Wir beachten, daß er, der Naturphilosoph und »Bahnbrecher« der Physik, noch nicht Physiker im vollen heutigen Sinne war; daß sein Denken sich noch nicht, wie das unserer Mathematiker und mathematischen Physiker, in einer anschauungsfernen Symbolik bewegte und daß wir unsere, durch ihn und die weitere historische Entwicklung gewordenen »Selbstverständlichkeiten« ihm nicht einlegen dürfen.

a) »Reine Geometrie«

Überlegen wir zunächst die »reine Geometrie«, die reine Mathematik der raumzeitlichen Gestalten überhaupt, Galilei

als alte Tradition vorgegeben, in lebendiger Fortentwicklung
begriffen – also dem Allgemeinen nach so, wie sie für uns
selbst noch da ist, als Wissenschaft von »reinen Idealitäten«,
andererseits in ständiger praktischer Anwendung auf die Welt
sinnlicher Erfahrung. So alltäglich vertraut ist der Wechsel
zwischen apriorischer Theorie und Empirie, daß wir gewöhnlich geneigt sind, Raum und Raumgestalten, über welche die Geometrie spricht, von Raum und Raumgestalten der
Erfahrungswirklichkeit nicht zu scheiden, als ob es einerlei wäre. Soll aber die Geometrie als Sinnesfundament der
exakten Physik verstanden werden, müssen wir hierin und
überhaupt sehr genau sein. Wir werden daher, um Galileis
Gedankenbildung aufzuklären, nicht nur das, was ihn
bewußt motivierte, rekonstruieren müssen. Vielmehr wird es
auch lehr[22]reich sein, aufzuhellen, was in seinem Leitbild
der Mathematik implizite beschlossen war, obschon es ihm
bei seiner Interessenrichtung verschlossen blieb: als verborgene Sinnesvoraussetzung mußte es natürlich in seine Physik
mit eingehen.

In der anschaulichen Umwelt erfahren wir in der abstraktiven
Blickrichtung auf die bloßen raumzeitlichen Gestalten »Körper« – nicht geometrisch-ideale Körper, sondern eben d i e
Körper, die wir wirklich erfahren, und mit dem Inhalt, der
wirklich Erfahrungsinhalt ist. Wie willkürlich wir sie in der
Phantasie umdenken mögen: die freien, in gewissem Sinne
»idealen« Möglichkeiten, die wir so gewinnen, sind nichts
weniger als die geometrisch-idealen Möglichkeiten, nicht die
in den idealen Raum einzuzeichnenden geometrisch »reinen«
Gestalten – die »reinen« Körper, die »reinen« Geraden, die
»reinen« Ebenen, die »reinen« Figuren sonst und die in »reinen« Figuren verlaufenden Bewegungen und Deformationen. Geometrischer Raum besagt also nicht etwa phantasier-
ter Raum, und in Allgemeinheit: Raum einer, wie immer
phantasierbaren (erdenklichen) Welt überhaupt. Die Phantasie kann sinnliche Gestalten nur wieder in sinnliche Gestalten
verwandeln. Und dergleichen Gestalten, ob in Wirklichkeit

oder Phantasie, sind nur denkbar in Gradualitäten: des mehr
oder minder Geraden, Ebenen, Kreisförmigen usw.

Die Dinge der anschaulichen Umwelt stehen ja überhaupt
und in allen ihren Eigenschaften im Schwanken des bloß
Typischen; ihre Identität mit sich selbst, ihr Sich-selbst-
Gleichsein und in Gleichheit zeitweilig Dauern ist ein bloß
ungefähres, ebenso wie ihr Gleichsein mit anderem. Das
greift in alle Veränderungen ein, und in i h r e möglichen
Gleichheiten und Veränderungen. Entsprechendes gilt also
auch für die abstrakt gefaßten Gestalten der empirisch anschaulichen Körper und ihrer Beziehungen. Diese Gradualität charakterisiert sich als eine solche größerer oder geringe-
rer Vollkommenheit. Praktisch gibt es wie sonst auch hier ein
Vollkommenes schlechthin in dem Sinne, daß das spezielle
praktische Interesse dabei eben voll befriedigt ist. Aber im
Wechsel der Interessen ist das für das eine als völlig genau
Befriedigende es nicht mehr für das andere, wobei allerdings
dem normalen technischen Vermögen der Vervollkommnung, dem Vermögen z. B., das Gerade noch gerader, das
Ebene noch ebener zu machen, eine Grenze des Könnens
gesetzt ist. Aber [23] mit der Menschheit schreitet die Technik
fort, wie auch das Interesse für das technisch Feinere; und so
schiebt sich das Ideal der Vollkommenheit immer weiter hinaus. Von daher haben wir auch immer schon einen offenen
Horizont e r d e n k l i c h e r , immer weiter zu treibender
Verbesserung.

Ohne von hier aus tiefer in die Wesenszusammenhänge einzugehen (was systematisch nie geschehen und keineswegs
leicht ist), werden wir schon verstehen, daß sich von der
Vervollkommnungspraxis her, im freien Eindringen in die
Horizonte e r d e n k l i c h e r Vervollkommnung im »Immer
wieder«, überall L i m e s - G e s t a l t e n vorzeichnen, auf die
hin, als invariante und nie zu erreichende Pole die jeweilige
Vervollkommnungsreihe hinläuft. Für diese idealen Gestalten interessiert und konsequent damit beschäftigt, sie zu
bestimmen und aus den schon bestimmten neue zu konstru-

ieren, sind wir »Geometer«. Und ebenso für die weitere
Sphäre, die auch die Dimension der Zeit befaßt, sind wir
Mathematiker der »reinen« Gestalten, deren universale Form
die selbst mitidealisierte Raumzeitform ist. Anstelle der realen Praxis – sei es also der handelnden oder die empirischen
Möglichkeiten bedenkenden, die es mit wirklichen und real-
möglichen empirischen Körpern zu tun hat – haben wir jetzt
eine i d e a l e P r a x i s eines »reinen Denkens«, das sich ausschließlich i m R e i c h e r e i n e r L i m e s g e s t a l t e n hält.
Diese sind durch die historisch längst ausgebildete, in inter-
subjektiver Vergemeinschaftung zu übende Methode der
Idealisierung und Konstruktion zu habituell-verfügbaren
Erwerben geworden, mit welchen man immer wieder Neues
erarbeiten kann: eine unendliche und doch in sich geschlossene Welt idealer Gegenständlichkeiten als Arbeitsfeld. Wie
alle durch menschliche Arbeitsleistung entspringenden Kul-
turerwerbe bleiben sie objektiv erkennbar und verfügbar,
auch ohne daß ihre Sinnbildung stets wieder explizit erneuert
werden müßte; sie werden aufgrund sinnlicher Verkörpe-
rung, z. B. durch Sprache und Schrift, schlicht apperzeptiv
erfaßt und operativ behandelt. In ähnlicher Weise fungieren
die sinnlichen »Modelle«, zu welchen insbesondere gehören
die während der Arbeit beständig verwendeten Zeichnungen
auf dem Papier, für das Lesend-Lernen die gedruckten Zeichnungen im Lehrbuch und dergleichen. Es ist ähnlich, wie
sonst Kulturobjekte (Zangen, Bohrer usw.) [24] verstanden,
schlicht »gesehen« werden in ihren spezifischen Kultureigen-
schaften, ohne jedes Wiederanschaulichmachen dessen, was
solchen Eigenschaften ihren eigentlichen Sinn gab. In dieser
Gestalt altverstandener Erwerbe dienen in der methodischen
Praxis der Mathematiker die in den Verkörperungen sozusagen sedimentierten Bedeutungen. Und so ermöglichen sie ein
geistiges Hantieren in der geometrischen Welt idealer Gegenständlichkeiten. (Geometrie vertritt uns hier überall die ganze
Mathematik der Raumzeitlichkeit).

Aber in dieser mathematischen Praxis erreichen wir, was uns in der empirischen Praxis versagt ist: » E x a k t h e i t «; denn für die idealen Gestalten ergibt sich die Möglichkeit, sie i n a b s o l u t e r I d e n t i t ä t z u b e s t i m m e n, sie als Substrate absolut identischer und methodisch-eindeutig bestimmbarer Beschaffenheiten zu erkennen. Das aber nicht nur im einzelnen und nach einer allgemein gleichen Methode, die, an beliebig herausgegriffenen sinnlich anschaulichen Gestalten betätigt, die Idealisierung überall ausführen und die ihnen entsprechenden reinen Idealitäten in objektiver und eindeutiger Bestimmtheit originär schaffen könnte. In dieser Hinsicht sind e i n z e l n e G e b i l d e a u s g e z e i c h n e t, wie gerade Strecken, Dreiecke, Kreise. Es ist aber möglich – und das war d i e E n t d e c k u n g, d i e d i e G e o m e t r i e s c h u f – mittels jenen vorweg als allgemein verfügbar ausgezeichneten Elementargestalten und nach allgemein mit ihnen zu vollführenden Operationen nicht nur immer wieder andere Gestalten zu k o n s t r u i e r e n, die vermöge der erzeugenden Methode intersubjektiv eindeutig bestimmt sind. Denn schließlich eröffnete sich die Möglichkeit, a l l e ü b e r h a u p t e r d e n k l i c h e n idealen Gestalten in einer apriorischen, allumfangenden systematischen Methode konstruktiv eindeutig zu erzeugen.

Die geometrische Methodik der operativen Bestimmung einiger und schließlich aller idealen Gestalten aus Grundgestalten, als den elementaren Bestimmungsmitteln, w e i s t z u r ü c k auf die schon in der v o r w i s s e n s c h a f t l i c h - a n s c h a u l i c h e n U m w e l t, zuerst ganz primitiv, und dann kunstmäßig geübte M e t h o d i k d e s a u s m e s s e n - d e n u n d ü b e r h a u p t m e s s e n d e n B e s t i m m e n s. Dessen Abzweckung hat seinen einleuchtenden Ursprung in der Wesens[25]form dieser Umwelt. Die in ihr sinnlich erfahrbaren und sinnlich-anschaulich erdenklichen Gestalten und die in jeder Allgemeinheitsstufe erdenklichen Typen gehen kontinuierlich ineinander über. In dieser Kontinuität

füllen sie die (sinnlich anschauliche) Raumzeitlichkeit als ihre Form aus. Jede Gestalt aus dieser offenen Unendlichkeit, auch wenn sie in der Realität als F a k t u m anschaulich gegeben ist, ist doch o h n e »O b j e k t i v i t ä t«, sie ist so nicht intersubjektiv für jedermann – für jeden Anderen, der sie nicht zugleich faktisch sieht – bestimmbar, in ihren Bestimmtheiten mitteilbar. Dem dient offenbar die M e ß -
k u n s t. Es handelt sich in ihr um mehrfältiges, worunter das eigentliche Messen nur das Schlußstück ist: einerseits darum, für körperliche Gestalten von Flüssen, Bergen, Gebäuden etc., die in der Regel festbestimmender Begriffe und Namen entbehren müssen, solche Begriffe zu schaffen; zunächst für ihre »Formen« (innerhalb der bildlichen Ähnlichkeit) und dann in ihren Größen und Größenverhältnissen, dazu noch für die Lagebestimmungen, durch Messung der Abstände und Winkel bezogen auf bekannte, als unverrückt vorausgesetzte Orte und Richtungen. Die Meßkunst entdeckt p r a k t i s c h die Möglichkeit, gewisse empirische Grundgestalten, an faktisch allgemein verfügbaren empirisch-starren Körpern konkret festgelegt, als M a ß e auszuwählen und mittels der zwischen ihnen und anderen Körper-Gestalten bestehenden (bzw. zu entdeckenden) Beziehungen diese anderen Gestalten intersubjektiv und praktisch eindeutig zu bestimmen – zuerst in engeren Sphären (z. B. in der F e l d m e ß k u n s t), eben sodann für neue Gestaltsphären. So versteht sich, daß im Gefolge des wach gewordenen Strebens nach einer »philosophischen«, einer das »wahre«, das objektive Sein der Welt bestimmenden Erkenntnis, die e m p i r i s c h e M e ß k u n s t und ihre empirisch-praktisch objektivierende Funktion, unter Umstellung des praktischen in ein rein theoretisches Interesse, i d e a l i s i e r t w u r d e u n d s o i n d a s r e i n g e o m e t r i s c h e D e n k v e r f a h r e n ü b e r g i n g. Die Meßkunst wird also zur Wegbereiterin der schließlich universellen Geometrie und ihrer »Welt« reiner Limesgestalten.

[26]   b) Der Grundgedanke der Galileischen Physik:
          Natur als mathematisches Universum

Die relativ entwickelte Geometrie, die für G a l i l e i , und
schon in einer breiten, nicht nur irdischen, sondern astrono-
mischen Anwendung vorlag, war demnach für ihn bereits
traditional vorgegeben als Anleitung für sein das Empirische
auf die mathematischen Limesideen beziehendes Denken.
Für ihn war natürlich auch als Tradition da die ihrerseits
inzwischen selbst schon von der Geometrie mitbestimmte
Meßkunst in ihrer Intention auf immer weiter zu steigernde
Genauigkeit der Messung und durch sie der objektiven
Bestimmung der Gestalten selbst. Hatte die empirische und
sehr beschränkte Aufgabenstellung der technischen Praxis
ursprünglich die der reinen Geometrie motiviert, so war ja
nachher und längst schon auch umgekehrt die Geometrie, als
»angewandte«, zum M i t t e l f ü r d i e T e c h n i k geworden, zu ihrer Leitung in der Konzeption und Durchführung
der Aufgabe: eine Messungsmethodik für die objektive Ge-
staltbestimmung systematisch auszubilden, in ständiger Steigerung als »Approximation« auf die geometrischen Ideale,
die Limesgestalten hin.
Das lag für G a l i l e i also vor – freilich ohne daß er, und
wohlbegreiflich, das Bedürfnis empfand, in die Art, wie die
idealisierende Leistung ursprünglich erwuchs (nämlich wie
sie erwuchs auf dem Untergrunde der vorgeometrischen
sinnlichen Welt und ihrer praktischen Künste), einzugehen
und sich in Fragen zu vertiefen nach dem Ursprung der apodiktischen mathematischen Evidenz. In der Einstellung des
Geometers fehlt dafür das Bedürfnis: man hat ja Geometrie
studiert, man »versteht« die geometrischen Begriffe und
Sätze, ist vertraut mit den Operationsmethoden als den Weisen, mit bestimmt definierten Gebilden umzugehen, dabei
von den Figuren auf dem Papier (den »Modellen«) entsprechenden Gebrauch zu machen. Daß es für die Geometrie als
Zweig einer universalen Erkenntnis vom Seienden (einer Phi-

losophie) einmal relevant, ja grundwichtig werden könnte, die geometrische Evidenz, das »Wie« ihres Ursprungs, zum Problem zu machen, das lag einem Galilei ganz fern. Wie eine Umkehrung der Blickrichtung dringlich werden und der »Ursprung« der Erkenntnis zum Hauptproblem werden [27] mußte, das wird für uns im Fortgang der geschichtlichen Betrachtungen von Galilei aus alsbald zu einem wesentlichen Interesse werden.

Hier sehen wir zu, wie die Geometrie, in derjenigen Naivität apriorischer Evidenz übernommen, die jede normale geometrische Arbeit in Bewegung hält, das Denken Galileis bestimmt und es auf die Idee einer Physik hinleitet, die nunmehr in seiner Lebensarbeit erstmalig entspringt. Also von der praktisch verständlichen Art ausgehend, wie Geometrie von vornherein in einer altüberlieferten Sphäre der sinnlichen Umwelt zu einer eindeutigen Bestimmung verhilft, sagte sich Galilei: Wo immer eine solche Methodik ausgebildet ist, da haben wir damit auch die Relativität der subjektiven Auffassungen überwunden, die nun einmal der empirisch-anschaulichen Welt wesentlich ist. Denn auf diese Weise gewinnen wir e i n e i d e n t i s c h e, i r r e l a t i v e W a h r h e i t, von der jedermann, der diese Methode zu verstehen und zu üben vermag, sich überzeugen kann. H i e r a l s o e r k e n n e n w i r e i n w a h r h a f t S e i e n d e s s e l b s t – obschon nur in Form einer vom empirisch Gegebenen aus stetig zu steigernden Approximation an die geometrische Idealgestalt, die als leitender Pol fungiert.

Indessen diese ganze r e i n e Mathematik hat es mit den Körpern und der körperlichen Welt in einer bloßen A b s t r a k t i o n zu tun, nämlich nur mit den a b s t r a k t e n G e s t a l t e n in der Raumzeitlichkeit, und zudem mit diesen nur als rein »idealen« Limesgestalten. K o n k r e t aber sind uns, zunächst in der empirischen sinnlichen Anschauung, die wirklichen und möglichen empirischen Gestalten bloß als » F o r m e n « einer »Materie«, einer s i n n l i c h e n F ü l l e gegeben; also mit dem, was sich in den sogenannten » s p e -

zifischen« Sinnesqualitäten², Farbe. Ton, Geruch und dergleichen, und in eigenen Gradualitäten darstellt.

[28] Zur Konkretion der sinnlich anschaulichen Körper, ihres Seins in wirklicher und möglicher Erfahrung, gehört auch, daß sie in der ihnen eigenwesentlichen Veränderlichkeit gebunden sind. Ihre Veränderungen nach raumzeitlicher Stelle, nach Form- und Füllebeschaffenheiten, sind nicht zufällig-beliebig, sondern in sinnlich-typischen Weisen von einander empirisch abhängig. Solche Bezogenheiten der körperlichen Geschehnisse aufeinander sind selbst Momente der alltäglich erfahrenden Anschauung; sie werden als das erfahren, was den simultan und sukzessiv zusammen seienden Körpern Zusammengehörigkeit gibt, oder als das ihr Sein und Sosein miteinander Verbindende. Vielfach, aber nicht immer, treten uns diese real-kausalen Verbundenheiten nach ihren Verbindungsgliedern in der Erfahrung bestimmt entgegen. Wo das nicht der Fall ist und irgendetwas auffällig Neues geschieht, fragen wir gleichwohl alsbald nach dem Warum und sehen uns in den raumzeitlichen Umständen danach um. Die Dinge der anschaulichen Umwelt (immer genommen so, wie sie anschaulich in der Lebensalltäglichkeit für uns da sind und uns als Wirklichkeiten gelten) haben sozusagen ihre »Gewohnheiten«, sich unter typisch ähnlichen Umständen ähnlich zu verhalten. Nehmen wir die anschauliche Welt im Ganzen in der strömenden Jeweiligkeit, in welcher sie für uns schlicht da ist, so hat sie auch als ganze ihre »Gewohnheit«, nämlich sich gewohnheitsmäßig so wie bisher fortzusetzen. So hat unsere empirisch anschauliche Umwelt einen empirischen Gesamtstil. Wie immer wir diese Welt in der Phantasie gewandelt denken oder den künftigen Weltverlauf in seinen Unbekanntheiten uns vorstellig machen, »als wie er sein könnte«, in seinen Möglichkeiten: notwendig stellen wir ihn in dem Stil vor, in dem wir die Welt schon haben und bisher [29] hatten. Dessen können wir in Reflexion und in freier Variation dieser

Möglichkeiten ausdrücklich bewußt werden. Wir können so den invarianten allgemeinen Stil, in dem diese anschauliche Welt im Strömen der totalen Erfahrung verharrt, zum Thema machen. Eben damit sehen wir, daß allgemein die Dinge und ihre Geschehnisse nicht beliebig auftreten, verlaufen, sondern durch diesen Stil, durch die invariante Form der anschaulichen Welt »a priori« gebunden sind; mit anderen Worten, daß durch eine universale kausale Regelung alles in der Welt Zusammen-Seiende eine allgemeine unmittelbare oder mittelbare Zusammengehörigkeit hat, in der die Welt nicht bloß eine Allheit, sondern Alleinheit, ein (obschon unendliches) Ganzes ist. Das ist a priori evident, wie geringes auch von den besonderen kausalen Verbundenheiten wirklich erfahren, wie wenig davon aus früherer Erfahrung bekannt und für künftige Erfahrung vorzeichnend ist.

Dieser universale Kausalstil der anschaulichen Umwelt macht in ihr Hypothesen, macht Induktionen, macht Voraussichten hinsichtlich der Unbekanntheiten der Gegenwart, der Vergangenheit und Zukunft möglich. Aber im vorwissenschaftlich erkennenden Leben stecken wir bei alledem im Ungefähren, Typischen. Wie soll eine »Philosophie«, eine wissenschaftliche Erkenntnis von der Welt möglich werden, wenn es bei dem vagen Totalitätsbewußtsein sein Bewenden hätte, in welchem die Welt als Horizont bei allem Wechsel zeitweiliger Interessen und Erkenntnisthemen mitbewußt ist? Allerdings können wir auch, wie vorhin gezeigt, auf dieses Weltganze thematisch reflektieren und dessen Kausalstil in den Griff bekommen. Aber wir gewinnen dabei nur die Evidenz der leeren Allgemeinheit: daß alles erfahrbare Geschehen an jedem Orte und zu allen Zeiten kausal bestimmt ist. Wie steht es jedoch mit der jeweilig bestimmten Weltkausalität, als dem jeweilig bestimmten Geflechte von kausalen Verbundenheiten, das alle realen Vorkommnisse aller Zeiten konkret macht? Die Welt »philosophisch«, ernstlich wissenschaftlich erkennen, das kann nur Sinn und Möglichkeit haben, wenn eine Methode zu erfinden ist, die Welt, die Unendlichkeit ihrer Kausalitäten, von dem geringen Bestande des jeweils in direkter Erfahrung und [30] nur relativ Festzustellenden aus systematisch, gewissermaßen im voraus, zu k o n s t r u i e r e n und diese Konstruktion trotz der Unendlichkeit zwingend zu b e w ä h r e n. Wie ist das denkbar?

Aber hier bietet sich die M a t h e m a t i k uns als L e h r - m e i s t e r i n an. Hinsichtlich der raumzeitlichen Gestalten hatte sie also schon die Bahn gebrochen, und zwar in doppelter Weise; fürs E r s t e : Durch ihre Idealisierung der Körperwelt in Hinsicht auf ihr raumzeitlich Gestalthaftes hat sie ideale Objektivitäten geschaffen. Sie hat aus der unbestimmt allgemeinen lebensweltlichen Form Raum und Zeit mit der Mannigfaltigkeit in sie hineinzufingierender empirischanschaulicher Gestalten allererst eine o b j e k t i v e Welt im eigentlichen Sinne gemacht; nämlich eine unendliche Totalität von methodisch und ganz allgemein für jedermann eindeutig bestimmbaren i d e a l e n G e g e n s t ä n d l i c h k e i - t e n. Sie hat damit zum ersten Male gezeigt, daß eine Unendlichkeit von subjektiv-relativen und nur in einer vagen Allgemeinvorstellung gedachten Gegenständen in einer a priori allumfassenden Methode o b j e k t i v b e s t i m m b a r u n d a l s a n s i c h b e s t i m m t e w i r k l i c h z u d e n k e n s e i ; genauer: als eine an sich nach allen ihren Gegenständen und nach allen Eigenschaften und Relationen derselben bestimmte, im voraus e n t s c h i e d e n e Zu denken sei – sagte ich; nämlich eben dadurch, daß sie e x d a t i s in ihrem objektiv wahren An-sich-sein konstruierbar ist durch ihre nicht bloß postulierte, sondern wirklich geschaffene, apodiktisch erzeugende Methode.

Fürs Z w e i t e : In Konnex mit der Meßkunst tretend und nunmehr sie leitend, hat die Mathematik – damit von der Welt der Idealitäten wieder zur empirisch anschaulichen Welt herabsteigend – gezeigt, daß man universal a n d e n D i n g e n d e r a n s c h a u l i c h - w i r k l i c h e n W e l t, und zwar nach der sie als Gestaltenmathematik allein interessierenden Seite (an der alle Dinge notwendig teilhaben), eine o b j e k t i v r e a l e E r k e n n t n i s von einer völlig n e u e n A r t, nämlich eine a p p r o x i m a t i v auf ihre eigenen Idealitäten bezogene, gewinnen kann. Alle Dinge der empirisch anschaulichen Welt haben dem Weltstil gemäß Körperlichkeit, sind »r e s e x t e n s a e«, sind in veränderlichen Kollokationen erfahren, die, je als Ganze [31] betrachtet, ihre Gesamtkollokation haben, in ihnen die einzelnen Körper ihre relative Örtlichkeit usw. Vermöge der reinen Mathematik und praktischen Meßkunst kann man für alles dergleichen Extensionale an der Körperwelt eine v ö l l i g n e u a r t i g e i n d u k t i v e V o r a u s s i c h t schaffen, nämlich man kann von jeweils gegebenen und gemessenen Gestaltvorkommnissen aus unbekannte und direkter Messung nie zugängliche in zwingender Notwendigkeit »b e r e c h n e n«. So wird die w e l t - e n t f r e m d e t e i d e a l e G e o m e t r i e zur »a n g e w a n d - t e n« und so in einer gewissen Hinsicht zu einer allgemeinen Methode der Erkenntnis von Realitäten.

Aber legt nicht schon diese Art der in einer abstrakt beschränkten Weltseite zu übenden Objektivierung den Gedanken und die vermutende Frage nahe:

M u ß ä h n l i c h e s n i c h t f ü r d i e k o n k r e t e W e l t ü b e r h a u p t m ö g l i c h s e i n? Ist man gar schon vermöge der Rückwendung der Renaissance zur alten Philosophie – wie G a l i l e i – in der sicheren Überzeugung der Möglichkeit einer Philosophie, einer objektive Weltwissenschaft leistenden Episteme, und hatte es sich eben schon gezeigt, daß reine Mathematik, angewandt auf Natur, das Postulat der Episteme in ihrer Gestaltensphäre vollendet erfülle: mußte da für Galilei nicht auch vorgezeichnet sein die Idee einer in gleicher Weise n a c h a l l e n a n d e r e n S e i t e n k o n s t r u k t i v b e s t i m m b a r e n N a t u r?

Ist das aber anders möglich als dadurch, daß die Methode der Messung in Approximationen und konstruktiven Bestimmungen hineinreiche in a l l e realen Eigenschaften und real-kausalen Bezogenheiten der anschaulichen Welt, in alles je in Sondererfahrungen Erfahrbare? Aber wie ist dieser allgemeinen Antizipation genugzutun, und wie sollte sie zur durchführbaren Methode einer konkreten Naturerkenntnis werden können?

Die Schwierigkeit liegt hier darin, daß eben die die raumzeitlichen Gestaltmomente der körperlichen Welt konkret ergänzenden materiellen Füllen – die »spezifischen« Sinnesqualitäten – in ihren eigenen Gradualitäten nicht direkt so zu behandeln sind wie die Gestalten selbst. Gleichwohl müssen auch diese Qualitäten, muß alles, was Konkretion der sinnlich anschaulichen Welt ausmacht, als Bekundung einer »objektiven« [32] Welt gelten. Oder vielmehr, in Geltung bleiben; denn (so ist die die Idee der neuen Physik motivierende Denkweise) durch allen Wandel subjektiver Auffassungen hindurch erstreckt sich ungebrochen die uns alle verbindende Gewißheit von der einen und selben Welt, der an sich seienden Wirklichkeit; alle Momente der erfahrenden Anschauungen bekunden etwas von ihr. Sie wird für unsere objektive Erkenntnis erreichbar, wenn diejenigen Momente, die wie die sinnlichen Qualitäten in der reinen Mathematik der raumzeitlichen Form und ihrer möglichen Sondergestalten wegabstrahiert und nicht selbst, direkt mathematisierbar sind, es eben doch indirekt werden.

c) Das Problem der Mathematisierbarkeit der »Füllen«

Die Frage ist nun, was eine indirekte Mathematisierung meinen soll.

Überlegen wir zunächst den tieferen Grund, der eine direkte Mathematisierung (oder ein Analogon einer approximativen Konstruktion) auf seiten der spezifisch sinnlichen Qualitäten der Körper prinzipiell unmöglich macht.

Auch diese Qualitäten treten in Gradualitäten auf, und in gewisser Weise gehört auch zu ihnen, gehört zu allen Gradua-

litäten Messung – »Schätzung« der »Größe« der Kälte und
Wärme, der Rauhigkeit und Glätte, der Helligkeit und Dunkelheit usw. Aber es gibt hier keine exakte Messung, keine
Steigerung der Exaktheit und der Maßmethoden. Wo wir
Heutigen von Messung, von Maßgrößen, Maßmethoden,
von Größen schlechthin sprechen, meinen wir in der Regel
immer schon auf Idealitäten bezogene »exakte«; wie es uns
auch schwer wird, die hier sehr notwendige abstraktive
Isolierung der Füllen zu vollziehen: nämlich in universaler
Gegenabstraktion gegen diejenige, die die universale Gestaltenwelt ergibt, sozusagen versuchsweise die körperliche
Welt ausschließlich nach der »Seite« der unter dem Titel
»spezifische Sinnesqualitäten« stehenden Eigenschaften zu
betrachten.

Was macht die »Exaktheit«? Offenbar nichts anderes, als was wir oben bloßgelegt haben: empirische Messung
in Steigerung der Genauigkeit, aber unter der Leitung einer
schon [33] im voraus durch Idealisation und Konstruktion
objektivierten Welt von Idealitäten bzw. gewissen den jeweiligen Maßskalen zuzuordnenden besonderen Idealgebilden.
Und nun können wir mit einem Wort den Kontrast klarma-
chen. Wir haben nur e i n e , n i c h t e i n e d o p p e l t e U n i -
v e r s a l f o r m d e r W e l t , nur e i n e , und nicht eine zwie-
fache G e o m e t r i e , nämlich eine solche der Gestalten, und
nicht auch eine zweite der Füllen. So geartet sind die Körper
der empirisch-anschaulichen Welt gemäß der a priori ihr
zugehörigen Weltstruktur, daß jeder Körper je seine Extension – abstrakt gesprochen – zu eigen hat, daß aber alle diese
Extensionen Gestalten sind der einen, totalen, unendlichen
Extension der Welt. A l s W e l t , als universale Konfigura-
tion aller Körper, hat sie also e i n e a l l e F o r m e n u m f a s-
s e n d e T o t a l f o r m , und d i e s e ist in der analysierten
Weise i d e a l i s i e r b a r und d u r c h K o n s t r u k t i o n b e -
h e r r s c h b a r .

Zur Weltstruktur gehört nun allerdings auch, daß alle Körper
je ihre spezifischen Sinnesqualitäten haben. Aber d i e r e i n

in diesen fundierten qualitativen Konfigurationen sind
keine Analoga der raumzeitlichen Gestalten,
sind nicht eingeordnet in eine ihnen eigene Weltform.
Die Limesgestalten dieser Qualitäten sind nicht in analogem
Sinne idealisierbar, ihre Messungen (»Schätzungen«) nicht
auf entsprechende Idealitäten einer konstruierbaren, einer
schon in Idealität objektivierten Welt zu beziehen. Somit hat
hier auch der Begriff der »Approximation« nicht einen
analogen Sinn wie in der mathematisierbaren Gestaltsphäre:
den einer objektivierenden Leistung.

Was nun die »indirekte« Mathematisierung derjenigen Weltseite, die an sich selbst keine mathematisierbare
Weltform hat, anbelangt, so ist sie nur in dem Sinne denkbar,
daß die an den anschaulichen Körpern erfahrbaren spezifisch
sinnlichen Qualitäten (»Füllen«) mit den wesensmäßig
ihnen zugehörigen Gestalten in einer ganz besonderen
Weise geregelt verschwistert sind. Fragen wir, was
durch die universale Weltform mit ihrer universalen Kausalität a priori vorbestimmt ist, befragen wir also den invarianten
allgemeinen Seinsstil, welchen die anschauliche Welt in ihrem
unaufhörlichen Wandel innehält, so ist einerseits vorbestimmt [34] die Raumzeitform, als alle Körper hinsichtlich der Gestalt befassend, und was dazu a priori (vor
der Idealisierung) gehört; ferner daß jeweils an realen Körpern faktische Gestalten faktische Füllen und
umgekehrt fordern; daß also diese Art allgemeiner
Kausalität besteht, die nur abstrakt, aber nicht real trennbare
Momente eines Konkretum verbindet. Ferner, total genommen: Es besteht eine universale konkrete Kausalität. In ihr ist notwendig antizipiert, daß die anschauliche Welt nur als Welt im endlos offenen Horizont
anschaulich sein kann, also auch die unendliche Mannigfaltigkeit der Sonderkausalitäten nicht selbst gegeben sondern nur
horizonthaft antizipiert sein kann. Wir sind also jedenfalls
und a priori dessen gewiß, daß die totale Gestaltseite der
Körperwelt nicht nur überhaupt eine durch alle Gestalten

hindurchgreifende Seite der Fülle fordert, sondern daß j e d e
V e r ä n d e r u n g , ob sie G e s t a l t - oder F ü l l e momente
betrifft, nach irgendwelchen – unmittelbaren oder mittelbaren, aber gerade sie fordernden – Kausalitäten verläuft. So
weit reicht, wie gesagt, die unbestimmt allgemeine apriorische Antizipation.

Damit ist aber nicht gesagt, daß sich der g e s a m t e W a n d e l
d e r F ü l l e q u a l i t ä t e n in ihren Veränderungen und Un-
veränderungen d e r a r t nach kausalen Regeln abspielt, daß
diese ganze abstrakte Weltseite e i n h e i t l i c h a b h ä n g i g
w i r d v o n d e m , w a s s i c h i n d e r W e l t s e i t e d e r
G e s t a l t e n k a u s a l a b s p i e l t . Mit anderen Worten: es ist
nicht a priori einzusehen, daß jede erfahrbare, jede in wirklicher und möglicher Erfahrung erdenkliche Veränderung von
spezifischen Qualitäten der anschaulichen Körper auf Vorkommnisse in der abstrakten Weltschicht der Gestalten kausal angewiesen wäre, daß sie sozusagen ihr G e g e n b i l d i m
G e s t a l t e n r e i c h e hätte derart, daß d i e j e w e i l i g e
G e s a m t v e r ä n d e r u n g d e r G e s a m t f ü l l e i h r k a u -
s a l e s G e g e n b i l d i n d e r G e s t a l t s p h ä r e hätte.

So hingestellt, könnte dieser Gedanke geradezu abenteuerlich
erscheinen. Indessen, nehmen wir nun hinzu die altvertraute
und seit Jahrtausenden (in weiten Sphären, obschon keineswegs vollständig) durchgeführte Idealisierung der Raumzeitform mit allen ihren Gestalten, auch mit den diese selbst
betreffenden Verände[35]rungen und Veränderungsgestalten.
Darin war beschlossen, wie wir wissen, die Idealisierung der
Meßkunst als Kunst nicht bloß zu messen, sondern als Kunst
empirisch kausaler Konstruktionen (wobei selbstverständlich, wie in jeder Kunst, auch deduktive Schlüsse mithalfen).
Die theoretische Einstellung und Thematisierung der reinen
Idealitäten und Konstruktionen führte auf reine Geometrie
(darin sei hier aber befaßt die reine Gestalten-Mathematik
überhaupt); und später – in der wohl verständlich gewordenen Umkehrung – ergab sich (wie wir uns erinnern) die angewandte Geometrie: die von den Idealitäten und den mit ihnen

ideal vollzogenen Konstruktionen geleitete praktische Meßkunst, also in den betreffenden beschränkten Sphären eine Objektivierung der konkret-kausalen Körperwelt. Sowie wir uns alles das wieder vergegenwärtigen, verliert der vorhin angesetzte und zunächst fast absonderlich anmutende Gedanke seine Befremdlichkeit und nimmt für uns – vermöge unserer früheren wissenschaftlichen Schulerziehung – geradezu den Charakter der S e l b s t v e r s t ä n d l i c h k e i t an. Was wir im vorwissenschaftlichen Leben als Farben, Töne, Wärme, als Schwere an den Dingen selbst erfahren, kausal als Wärmestrahlung eines Körpers, der die umgebenden Körper warm macht und dergleichen, das zeigt natürlich »physikalisch« an: Tonschwingungen, Wärmeschwingungen, also reine Vorkommnisse der Gestaltenwelt. Diese universale Indikation wird also heute wie eine fraglose Selbstverständlichkeit behandelt. Gehen wir aber auf G a l i l e i zurück, so konnte für ihn, als Schöpfer der Konzeption, die überhaupt erst Physik möglich machte, nicht das, was durch seine Tat erst selbstverständlich wurde, schon selbstverständlich sein. Für ihn selbstverständlich war nur die reine Mathematik und die altübliche Art, Mathematik anzuwenden.

Halten wir uns nun rein an die Galileische Motivation, als wie sie für die neuartige Idee der Physik faktisch urstiftend war, so müssen wir uns die B e f r e m d l i c h k e i t klar machen, die in der damaligen Situation in seinem Grundgedanken lag, und demnach fragen, wie er auf diesen Gedanken kommen konnte: daß alles in den spezifischen Sinnesqualitäten sich als real Bekundende seinen m a t h e m a t i s c h e n I n d e x haben müsse in Vorkommnissen der selbstverständlich immer schon idealisiert gedachten Gestaltsphäre und daß sich von da aus die Möglich[36]keit einer i n d i r e k t e n Mathematisierung auch in dem vollen Sinne ergeben müsse, nämlich daß dadurch (obschon indirekt und in besonderer induktiver Methode) es möglich sein müsse, a l l e Vorkommnisse auf Seiten der Fülle ex datis zu konstruieren und damit objektiv zu bestimmen. Die gesamte unendliche Natur als k o n k r e -

tes Universum der Kausalität – das lag in dieser
befremdlichen Konzeption – wurde zu einer eigenartig
angewandten Mathematik.

Doch zunächst beantworten wir die Frage, was an der vorgegebenen und schon in der alten beschränkten Weise mathematisierten Welt zu dem Galileischen Grundgedanken anre-
gen konnte.

d) Motivation der Galileischen Naturkonzeption

Hier boten sich nun, freilich sehr dürftige, Anlässe zu
mannigfaltigen, aber zusammenhangslosen Erfahrungen
innerhalb der vorwissenschaftlichen Gesamterfahrung, die so
etwas wie indirekte Quantifizierbarkeit gewisser sinnlicher
Qualitäten und somit eine gewisse Möglichkeit, sie durch
Größen und Maßzahlen zu kennzeichnen, nahelegte. Schon
die alten Pythagoräer erregte die Beobachtung der funktio-
nellen Abhängigkeit der Tonhöhe von der Länge der in
Schwingungen versetzten Saite. Natürlich waren auch viele
andere kausale Zusammenhänge ähnlicher Art allbekannt. Im
Grunde liegen in allen konkret-anschaulichen Vorgängen der
vertrauten Umwelt leicht herauszuachtende Angewiesenhei-
ten von Fülle-Geschehnissen auf solche der Gestaltsphäre.
Aber es fehlte im allgemeinen ein Motiv dafür, sich analysie-
rend auf die Verflechtungen der kausalen Abhängigkeiten
einzustellen. In ihrer vagen Unbestimmtheit konnten sie
kein Interesse erregen. Anders, wo sie den Charakter einer
Bestimmtheit annahmen, der sie zu bestimmender Induktion
geeignet machte; und das führt uns wieder auf Messung der
Füllen zurück. Nicht alles auf der Gestaltseite sichtlich sich
Mitverändernde war durch die altausgebildeten Maßmethoden schon meßbar. Und zudem war von solchen Erfahrungen
der Weg zur universalen Idee und Hypothese, daß alle spezifisch qualitativen Vorkommnisse als Indizes auf bestimmt
zugehörige Gestaltkonstellationen und -geschehnisse verweisen, noch weit. Nicht zu weit für Menschen der [37] Renais-

sance, die überall zu kühnen Verallgemeinerungen geneigt waren und bei welchen entsprechend überschwengliche Hypothesen sofort ein empfängliches Publikum fanden. Mathematik als Reich echter objektiver Erkenntnis (und Technik unter ihrer Leitung), das war für Galilei und schon vor ihm im Brennpunkt des den »modernen« Menschen bewegenden Interesses für eine philosophische Welterkenntnis und eine rationale Praxis. Es muß Maßmethoden geben für alles, was Geometrie, was Gestaltenmathematik in ihrer Idealität und Apriorität umfaßt. Und die ganze konkrete Welt muß sich als mathematisierbar-objektive erweisen, wenn wir jenen einzelnen Erfahrungen nachgehen und alles an ihnen vorausgesetztermaßen der angewandten Geometrie zu Unterstellende wirklich messen, also die entsprechenden Maßmethoden ausbilden. Wenn wir das tun, muß sich die Seite der spezifisch qualitativen Vorkommnisse in direkt mitmathematisieren.

In der Auslegung der Galileischen Selbstverständlichkeit einer universalen Anwendbarkeit der reinen Mathematik ist folgendes zu beachten. In jeder Anwendung auf die anschaulich gegebene Natur muß die reine Mathematik ihre Abstraktion von der anschaulichen Fülle fahren lassen, während sie doch das Idealisierte der Gestalten (der Raumgestalten, der Dauer, der Bewegungen, der Deformationen) unberührt läßt. Damit vollzieht sich aber in einer Hinsicht eine Mitidealisierung der zugehörigen sinnlichen Füllen. Die extensive und intensive Unendlichkeit, die mit der Idealisierung der sinnlichen Erscheinungen substruiert war, über alle Vermöglichkeiten wirklicher Anschauung hinaus – die Zerstückbarkeit und Teilbarkeit in infinitum und so alles, was zum mathematischen Kontinuum gehört – bedeutet eine Substruktion von Unendlichkeiten für die eo ipso mitsubstruierten Füllequalitäten. Die ganze konkrete Körperwelt wird so mit Unendlichkeiten, nicht nur der Gestalt, sondern auch der Füllen behaftet. Aber von neuem zu beachten ist nun auch, daß damit noch nicht jene »indirekte Mathematisierbarkeit« gegeben ist, die die eigentlich Galileische Konzeption einer Physik ausmacht.

Soweit wir bisher gekommen sind, ist zunächst nur ein allgemeiner Gedanke gewonnen, präzis ausgedrückt, eine allgemeine H y p o t h e s e : daß eine u n i v e r s a l e I n d u k t i v i t ä t [38] in der anschaulichen Welt herrsche, eine sich in jenen alltäglichen Erfahrungen ankündigende, aber eine in ihrer Unendlichkeit verborgene.

Freilich, für G a l i l e i war sie nicht als H y p o t h e s e verstanden. Eine Physik war für ihn alsbald fast so gewiß wie die bisherige reine und angewandte Mathematik. Sie zeichnet ihm auch gleich den methodischen Gang der Realisierung vor (eine Realisierung, deren Gelingen in unseren Augen notwendig die Bedeutung der B e w ä h r u n g d e r H y p o t h e s e hat – dieser durchaus nicht selbstverständlichen Hypothese hinsichtlich der unzugänglichen faktischen Struktur der konkreten Welt). Zunächst kam es ihm also darauf an, weiterreichende und immer mehr zu vervollkommnende M e t h o d e n zu gewinnen, um alle in der Idealität der reinen Mathematik als ideale Möglichkeiten vorgezeichneten Meßmethoden wirklich auszubilden, über die bisherigen faktisch ausgebildeten hinaus; also z. B. Geschwindigkeiten, Beschleunigungen zu messen. Aber auch die reine Mathematik der Gestalten selbst bedurfte einer reicheren Ausbildung in der konstruktiven Quantifizierung – was späterhin auf die analytische Geometrie hinleitete. Es galt nun durch solche Hilfsmittel die universale Kausalität oder, wie wir sagen können, die eigenartige universale Induktivität der Erfahrungswelt systematisch zu erfassen, die in der Hypothese vorausgesetzt war. Es ist zu beachten, daß mit der neuartigen, konkreten, also doppelseitigen I d e a l i s i e r u n g d e r W e l t , die in der Galileischen Hypothese lag, auch gegeben war die Selbstverständlichkeit einer u n i v e r s a l e n e x a k t e n K a u s a l i t ä t , die natürlich nicht durch Induktion allererst aus der Nachweisung einzelner Kausalitäten zu gewinnen ist, sondern allen Induktionen besonderer Kausalitäten vorangeht und sie leitet – wie das schon für die konkret-allgemein anschauliche Kausalität gilt, welche die konkret-anschauliche Weltform selbst ausmacht, gegenüber den besonderen erfahrbaren Einzelkausalitäten in der Lebensumwelt.

Diese universale i d e a l i s i e r t e Kausalität umgreift alle faktischen Gestalten und Füllen in ihrer idealisierten Unendlichkeit. Offenbar müssen, wenn die in der Gestaltsphäre zu vollziehenden Messungen wirklich objektive Bestimmungen leisten sollen, auch die Geschehnisse auf Seiten der Füllen metho[39]disch in Frage kommen. Es müssen die jeweils voll konkreten Dinge und Geschehnisse bzw. die Weisen, wie faktische Füllen und Gestalten in Kausalität stehen, in die Methode eingehen. Die Anwendung der Mathematik auf real gegebene Füllen der Gestalt macht schon vermöge der Konkretion kausale Voraussetzungen, die erst zu Bestimmtheit zu bringen sind. Wie da nun wirklich vorzugehen, wie die durchaus innerhalb der anschaulichen Welt zu leistende Arbeit methodisch zu regeln ist; wie in dieser Welt, in die die hypothetische Idealisierung noch unbekannte Unendlichkeiten hineingetragen hat, die faktisch erfaßbaren körperlichen Gegebenheiten nach b e i d e n Seiten zu ihrem kausalen Rechte kommen und wie von ihnen, immerfort nach Maßmethoden, die verborgenen Unendlichkeiten zu erschließen sind; wie sich dabei in zu steigernden Approximationen in der Gestaltensphäre immer vollkommenere Indizierungen für die qualitative Fülle der idealisierten Körper ergeben; wie diese selbst als konkrete nach allen ihren ideal möglichen Geschehnissen in Approximationen bestimmbar werden: das alles ist Sache der e n t d e c k e n d e n P h y s i k gewesen. Mit anderen Worten: es war Sache der leidenschaftlichen F o r s c h u n g s - p r a x i s , und nicht etwa Sache einer ihr vorangehenden systematischen Besinnung auf die prinzipiellen Möglichkeiten, auf die wesensmäßigen Voraussetzungen einer mathematischen Objektivierung, die in der Tat Konkret-Reales im Geflecht universaler konkreter Kausalität soll bestimmen können.

E n t d e c k u n g, das ist eine Mischung von I n s t i n k t u n d
M e t h o d e. Man wird sich allerdings fragen müssen, ob eine
solche Mischung im strengen Sinne Philosophie, Wissenschaft, ob sie im letzten Sinne, und dem einzigen, der uns zu
einem Welt- und Selbstverständnis dienen könnte, Welterkenntnis sein kann. G a l i l e i ging als Entdecker geradehin
darauf aus, seine Idee zu realisieren, Maßmethoden an den
nächstliegenden Gegebenheiten der allgemeinen Erfahrung
auszubilden; und die wirkliche Erfahrung zeigte (natürlich in
einer nicht radikal aufgeklärten Methodik), was seine hypothetische Antizipation jeweils forderte; er fand wirklich kausale Zusammenhänge, die sich mathematisch aussprechen lassen in »Formeln«.

In dem aktuellen messenden Tun an den anschaulichen Erfahrungsgegebenheiten sind es freilich nur empirisch-inexakte
Grö[40]ßen und ihre Zahlen, die gewonnen werden. Aber die
Meßkunst ist in sich zugleich Kunst, die »Genauigkeit« der
Messung in Richtung auf eine aufsteigende Vervollkommnung immer weiter zu treiben. Sie ist eine Kunst nicht
als fertige Methode, etwas fertig zu machen, sondern
z u g l e i c h M e t h o d e, i h r e M e t h o d e i m m e r w i e -
d e r z u v e r b e s s e r n, durch Erfindung immer neuer
Kunstmittel (z. B. instrumentaler). Vermöge der Bezogenheit der Welt auf die reine Mathematik als ihr Anwendungs-
feld gewinnt aber das »Immer wieder« den mathematischen
Sinn des » i n i n f i n i t u m« und so jede Messung den Sinn
einer Approximation auf einen zwar unerreichbaren, aber
ideal-identischen Pol, nämlich auf eine bestimmte der mathematischen Idealitäten bzw. der ihnen zugehörigen Zahlge-
bilde.

Die ganze Methode hat von vornherein einen a l l g e m e i -
n e n Sinn, wie sehr man es jeweils stets mit Individuell-Fakti-
schem zu tun hat. Z. B. von vornherein hat man nicht den
freien Fall d i e s e s Körpers im Auge, sondern das individuell
Faktische ist E x e m p e l in der konkreten Gesamttypik der
anschaulichen Natur, in deren empirisch vertrauter Invarianz

vorweg mitbeschlossen; und das überträgt sich natürlich in die Galileische idealisierend-mathematisierende Einstellung. Die indirekte Mathematisierung der Welt, die sich nun als methodische Objektivierung der anschaulichen Welt abspielt, ergibt allgemeine Zahlformeln, die, einmal gefunden, anwendungsmäßig dazu dienen können, an den darunter zu subsumierenden Einzelfällen die faktische Objektivierung zu vollziehen. Offenbar drücken die Formeln allgemeine kausale Zusammenhänge aus, »Naturgesetze«, Gesetze realer Abhängigkeiten in Form von »funktionalen« Abhängigkeiten von Zahlen. Ihr eigentlicher Sinn liegt also nicht in reinen Zusammenhängen von Zahlen (als ob sie Formeln in rein arithmetischem Sinne wären), sondern in dem, was die Galileische Idee einer universalen Physik mit ihrem, wie zu zeigen war, höchst komplizierten Sinngehalt als eine der wissenschaftlichen Menschheit gestellte Aufgabe vorgezeichnet hat und was der Prozeß ihrer Erfüllung in der gelingenden Physik ergibt, als Prozeß der Ausbildung besonderer Methoden und durch sie geprägter mathematischer Formeln und »Theorien«.

[41]   e) Der Bewährungscharakter der naturwissenschaftlichen Fundamentalhypothese

Nach unserer Bemerkung – die allerdings das bloße Problem der Aufklärung der Galileischen Motivation und der aus ihr entsprungenen Idee und Aufgabe einer Physik überschreitet – ist die Galileische Idee eine Hypothese, und zwar von einer höchst merkwürdigen Art; die aktuelle Naturwissenschaft der Jahrhunderte ihrer Bewährung ist eine Bewährung entsprechend merkwürdiger Art. Merkwürdig: denn die Hypothese bleibt trotz der Bewährung auch weiter und für immer Hypothese; die Bewährung (die für sie einzig erdenkliche) ist ein unendlicher Gang von Bewährungen. Es ist das eigene Wesen der Naturwissenschaft, es ist a priori ihre Seinsweise,

ins Unendliche Hypothese und ins Unendliche
Bewährung zu sein. Dabei ist die Bewährung nicht nur
so wie in allem tätigen Leben der Möglichkeit des Irrtums
anheimgegeben und gelegentlich Korrekturen erfordernd. Es
gibt hier in jeder Phase der naturwissenschaftlichen Entwicklung eine völlig korrekte Methodik und Theorie, in welcher
»Irrtum« schon als ausgeschaltet gilt. Newton, das Ideal der
exakten Naturforscher, sagt » h y p o t h e s e s n o n f i n g o «,
und darin ist auch beschlossen, daß er sich nicht verrechnet
und methodische Fehler macht. Wie in allem Einzelnen, in
allen Begriffen, Sätzen, Methoden, welche eine »Exaktheit«,
eine Idealität ausdrücken, so steckt auch in der Totalidee
einer exakten Wissenschaft, und wie schon in der Idee der
reinen Mathematik, so auch in der Totalidee der Physik, das
» i n i n f i n i t u m « als ständige Form der eigentümlichen
Induktivität, welche zuerst die Geometrie in die geschichtliche Welt gebracht hat. Im unendlichen Progressus korrekter
Theorien und einzelner unter dem Titel »jeweilige Naturwissenschaft einer Zeit« zusammengefaßter haben wir einen
Progreß von Hypothesen, die in allem Hypothesen u n d
Bewährungen sind. Im Progressus liegt aufsteigende Vervollkommnung; total genommen für die ganze Naturwissenschaft, daß sie immer mehr zu sich selbst, zu ihrem »endgülti-
gen« wahren Sein kommt, daß sie eine immer bessere »Vor-
stellung« davon gibt, was »wahre Natur« ist. Aber wahre
Natur [42] liegt im Unendlichen nicht etwa so wie eine reine
Gerade, sie ist auch als unendliches ferner »Pol« eine
Unendlichkeit von Theorien und nur denkbar als
Bewährung, also bezogen auf einen u n e n d l i c h e n h i s t o -
r i s c h e n P r o z e ß d e r A p p r o x i m a t i o n. Das mag wohl
das philosophische Denken beschäftigen; aber es verweist auf
Fragen, die hier noch nicht zu fassen sind und nicht zu dem
Kreis derjenigen gehören, welche uns jetzt zunächst beschäf-
tigen müssen: uns gilt es ja, völlige Klarheit zu schaffen hinsichtlich der Idee und Aufgabe einer Physik, die als Galileische ursprungsmäßig die neuzeitliche Philosophie be-

stimmte, so wie sie in seiner Motivation aussah, auch was in diese aus traditionalen Selbstverständlichkeiten einfloß und daher u n g e k l ä r t e S i n n e s v o r a u s s e t z u n g blieb oder sich hinterher, in vermeinter Selbstverständlichkeit den eigentlichen Sinn verwandelnd, anschloß.

In dieser Hinsicht ist es auch nicht erforderlich, konkreter in die ersten Anfänge der Inszenierung der Galileischen Physik und der Ausbildung ihrer Methode einzugehen.

f) Das Problem des naturwissenschaftlichen »Formel«-Sinnes

Aber eines ist hier noch für unsere Aufklärung von Wichtigkeit. Die e n t s c h e i d e n d e L e i s t u n g , mit welcher, dem Gesamtsinn der naturwissenschaftlichen Methode gemäß, bestimmte Voraussichten über die Sphäre unmittelbar erfahrender Anschauungen und der möglichen Erfahrungserkenntnisse der vorwissenschaftlichen Lebenswelt hinaus in systematischer Ordnung ohne weiteres möglich werden, ist die w i r k l i c h e Z u o r d n u n g der im voraus in unbestimmter Allgemeinheit hypothetisch substruierten, aber in ihrer Bestimmtheit erst aufzuweisenden m a t h e m a t i - s c h e n I d e a l i t ä t e n . Hat man sie, und zwar nach ihrem Ursprungssinn, noch lebendig, so genügt eine bloße thematische Blickwendung auf diesen Sinn, um die von den Quantitäten der funktionalen Koordination (kurz gesagt: die von den Formeln) angezeigten Steigerungsreihen der (nunmehr als Approximationen geltenden) A n s c h a u u n g e n zu erfassen bzw. sie, den Anzeichen folgend, sich lebendig zu vergegenwärtigen. Ebenso hinsichtlich der Koordination selbst, die sich in den funktionalen Formen ausdrückt, und man kann da[43]nach d i e z u e r w a r t e n d e n e m p i r i - s c h e n R e g e l m ä ß i g k e i t e n d e r p r a k t i s c h e n L e - b e n s w e l t e n t w e r f e n . Mit anderen Worten: Ist man einmal bei den F o r m e l n , so besitzt man damit im voraus schon die praktisch erwünschte V o r a u s s i c h t des in empirischer Gewißheit, in der anschaulichen Welt des konkret wirklichen Lebens, in welcher das Mathematische nur eine spezielle Praxis ist, zu Erwartenden. Die für das Leben entscheidende Leistung ist also die Mathematisierung mit ihren erzielten Formeln.

Von dieser Überlegung aus versteht man, daß sich das leidenschaftliche Interesse der Naturforscher sogleich mit der ersten Konzeption und Ausführung der Methode auf dieses entscheidende Grundstück der bezeichneten Gesamtleistung richtete, also auf die Formeln, und unter dem Titel »naturwissenschaftliche Methode«, »Methode wahrer Naturerkenntnis« auf diese kunstmäßige Methode, sie zu gewinnen, sie für jedermann logisch zwingend zu begründen. Und wieder ist es verständlich, daß man dazu verführt wurde, in diesen Formeln und ihrem Formelsinn das wahre Sein der Natur selbst zu fassen.

Dieser »Formelsinn« bedarf jetzt, und zwar hinsichtlich der mit der kunstmäßigen Ausbildung und Übung der Methode unvermeidlich sich einstellenden Sinnesveräußerlichung, einer näheren Aufklärung. Die Messungen ergeben Maßzahlen, und in allgemeinen Sätzen über funktionale Abhängigkeiten von Maßgrößen anstatt der bestimmten Zahlen Zahlen im Allgemeinen, und zwar ausgesagt in allgemeinen Sätzen, welche Gesetze funktioneller Abhängigkeit ausdrücken. Hier ist nun die gewaltige, in gewisser Richtung segensreiche, in anderer verhängnisvolle Auswirkung der algebraischen Bezeichnungen und Denkweisen in Betracht zu ziehen, welche sich in der Neuzeit seit Vieta, also schon vor Galilei, verbreiten. Zunächst bedeutet das eine ungeheure Erweiterung der Möglichkeiten des in den alten primitiven Formen überlieferten arithmetischen Denkens. Es wird nun zu einem freien, systematischen, von aller anschaulichen Wirklichkeit völlig losgelösten apriorischen Denken über Zahlen überhaupt, Zahlverhältnisse, Zahlgesetze. Alsbald wird dasselbe in allen Erweiterungen, in der Geometrie, in der ganzen reinen Mathematik der raumzeitlichen Gestalten angewandt, und diese wer[44]den nun durchaus in methodischer Absicht algebraisch formalisiert. So erwächst eine » A r i t h m e - t i s i e r u n g   d e r   G e o m e t r i e «, eine Arithmetisierung des ganzen Reiches reiner Gestalten (der idealen Geraden, Kreise, Dreiecke, Bewegungen, Lageverhältnisse usw.). Sie sind idealiter exakt als meßbar gedacht, nur daß die selbst idealen Maßeinheiten einen raumzeitlichen Größensinn haben.

Diese Arithmetisierung der Geometrie führt wie von selbst in gewisser Weise zur E n t l e e r u n g   i h r e s   S i n n e s. Die wirklich raumzeitlichen Idealitäten, so wie sie sich unter dem üblichen Titel »reine Anschauungen« im geometrischen Denken originär darstellen, verwandeln sich sozusagen in pure Zahlgestalten, in algebraische Gebilde. Man läßt im algebraischen Rechnen von selbst die geometrische Bedeutung zurücktreten, ja ganz fallen; man rechnet, sich erst am Schluß erinnernd, daß die Zahlen Größen bedeuten sollten. Man rechnet allerdings nicht wie im gewöhnlichen Zahlenrechnen »mechanisch«, man denkt, man erfindet, man macht ev. große Entdeckungen – aber mit einem unvermerkt verschobenen, » s y m b o l i s c h e n « Sinn. Daraus wird später eine vollbewußte methodische Verschiebung – ein methodischer Übergang z. B. von der Geometrie in die reine, als eigene Wissenschaft behandelte A n a l y s i s und eine Anwendung der in dieser erzielten Ergebnisse auf die Geometrie. Darauf müssen wir noch in Kürze näher eingehen.

Dieser in der theoretischen Praxis sich instinktiv-unreflektiert vollziehende Verwandlungsprozeß der Methode beginnt schon im Galileischen Zeitalter und führt in einer unaufhörlichen Bewegung der Fortbildung zu einer höchsten Stufe und zugleich Überhöhung der »Arithmetisierung«: zu einer völlig universalen »Formalisierung«. Dies geschieht eben durch Fortbildung und Erweiterung der algebraischen Zahlen- und Größenlehre zu einer universalen und dabei r e i n   f o r - m a l e n   » A n a l y s i s «, » M a n n i g f a l t i g k e i t s l e h r e «,

»Logistik« – Worte, die bald in engerer, bald in weiterer
Bedeutung zu verstehen sind, da es leider bis jetzt an einer
eindeutigen Bezeichnung für das fehlt, was tatsächlich, und in
der mathematischen Arbeit praktisch verständlich, ein einheitliches mathematisches Feld ist. L e i b n i z hat zuerst,
freilich seiner Zeit weit vorauseilend, die universale in sich
geschlossene Idee eines höchsten algebraischen Denkens, [45]
einer » m a t h e s i s   u n i v e r s a l i s «, wie er es nannte, erschaut und als Aufgabe der Zukunft erkannt, während sie erst
in unserer Zeit einer systematischen Ausgestaltung mindestens nahegekommen ist. Ihrem vollen und ganzen Sinne
nach ist sie nichts anderes als eine allseitig durchgeführte
(bzw. in ihrer eigenwesentlichen Totalität ins Unendliche
durchzuführende) f o r m a l e   L o g i k, eine Wissenschaft
von den in einem reinen Denken, und zwar in leerformaler Allgemeinheit, konstruierbaren S i n n g e s t a l t e n   d e s
» E t w a s   ü b e r h a u p t « und auf diesem Grunde von den
nach formalen Elementargesetzen der Widerspruchslosigkeit
solcher Konstruktionen systematisch als in sich wider-
spruchslos aufzubauenden » M a n n i g f a l t i g k e i t e n «; zu-
höchst Wissenschaft vom Universum der so erdenklichen
»Mannigfaltigkeiten« überhaupt. »Mannigfaltigkeiten« sind
also in sich k o m p o s s i b l e   A l l h e i t e n   v o n   G e g e n -
s t ä n d e n   ü b e r h a u p t, die nur in leerformaler Allgemeinheit als »gewisse«, und zwar als durch bestimmte Modalitäten
des Etwas-überhaupt definierte gedacht sind. Unter ihnen
sind die sogenannten » d e f i n i t e n «   M a n n i g f a l t i g k e i -
t e n ausgezeichnet, deren Definition durch ein »vollständiges
Axiomensystem« den in ihnen beschlossenen formalen Sub-
stratgegenständen in allen deduktiven Bestimmungen eine
eigenartige Totalität gibt, mit der, wie man sagen kann, d i e
f o r m a l - l o g i s c h e   I d e e   e i n e r   » W e l t   ü b e r h a u p t «
k o n s t r u i e r t   w i r d. Die » M a n n i g f a l t i g k e i t s l e h -
r e « im ausgezeichneten Sinn ist die universale Wissenschaft
von den d e f i n i t e n Mannigfaltigkeiten[3].

g) Die Sinnentleerung der mathematischen Naturwissenschaft in der »Technisierung«

Diese äußerste Erweiterung der selbst schon formalen, aber beschränkten algebraischen Arithmetik hat in ihrer Apriorität sofort in aller »konkret sachhaltigen« reinen Mathematik, der [46] Mathematik der »reinen Anschauungen«, und damit auf die mathematisierte Natur ihre Anwendung; aber auch Anwendung auf sich selbst, Anwendung auf die vorgängige algebraische Arithmetik und wieder in der Erweiterung auf alle ihr eigenen formalen Mannigfaltigkeiten; sie ist also in dieser Weise auf sich selbst zurückbezogen. Sie wird dabei, wie schon die Arithmetik, ihre Methodik kunstmäßig ausbildend, von selbst in eine Verwandlung hineingezogen, durch die sie geradezu zu einer K u n s t wird; nämlich zu einer bloßen Kunst, durch eine rechnerische Technik nach technischen Regeln Ergebnisse zu gewinnen, deren wirklicher Wahrheitssinn nur in einem an den Themen selbst und wirklich geübten sachlich-einsichtigen Denken zu gewinnen ist. Bloß jene Denkweisen und Evidenzen sind nun in Aktion, die einer Technik als solcher unentbehrlich sind. Man operiert mit Buchstaben, Verbindungs- und Beziehungszeichen (+, ×, = usw.) und nach S p i e l r e g e l n ihrer Zusammenordnung, in der Tat im wesentlichen nicht anders wie im Karten- oder Schachspiel. Das u r s p r ü n g l i c h e Denken, das diesem technischen Verfahren eigentlich Sinn und den regelrechten Ergebnissen Wahrheit gibt (sei es auch die der formalen m a t h e s i s u n i v e r s a l i s eigentümliche »formale Wahrheit«), ist hier ausgeschaltet; in dieser Art also auch ausgeschaltet in der formalen Mannigfaltigkeitslehre selbst wie in der vorgängigen algebraischen Zahlen- und Größenlehre, dann in allen sonstigen Anwendungen des technisch Erarbeiteten, ohne Rückkehr in den eigentlichen wissenschaftlichen Sinn; darunter also auch in der Anwendung auf die Geometrie, auf die reine Mathematik der raumzeitlichen Gestalten.

An sich ist der Fortgang von sachhaltiger Mathematik zu ihrer formalen Logifizierung und ist die Verselbständigung der erweiterten formalen Logik als reiner Analysis oder Mannigfaltigkeitslehre etwas durchaus Rechtmäßiges, ja Notwendiges; desgleichen die Technisierung mit dem sich zeitweise ganz Verlieren in ein bloß technisches Denken. Das alles aber kann und muß vollbewußt verstandene und geübte Methode sein. Das ist es aber nur, wenn dafür Sorge getragen ist, daß hierbei gefährliche Sinnverschiebungen vermieden bleiben, und zwar dadurch, daß die ursprüngliche Sinngebung der Methode, aus welcher sie den Sinn einer Lei[47]stung für die Welterkenntnis hat, immerfort aktuell verfügbar bleibt; ja noch mehr, daß sie von aller unbefragten Traditionalität befreit wird, die schon in der ersten Erfindung der neuen Idee und Methode Momente der Unklarheit in den Sinn einströmen ließ.

Natürlich gilt, wie wir ausgeführt haben, das vorwiegende Interesse des entdeckenden Naturforschers den Formeln, den gewonnenen und zu gewinnenden. Je weiter die Physik in der wirklichen Mathematisierung der anschaulichen umweltlich vorgegebenen Natur gekommen ist, über je mehr mathematisch-naturwissenschaftliche Sätze sie schon verfügt, und zugleich je weiter ihr berufenes Instrument, die »mathesis universalis«, schon ausgebildet ist, umso größer ist der Bereich der ihr möglichen deduktiven Schlußfolgerungen auf neue Tatsachen der quantifizierten Natur und damit der Verweisungen auf entsprechend zu leistende Verifizierungen. Diese selbst obliegen dem Experimentalphysiker, wie auch die ganze Arbeit des Aufstieges von der anschaulichen Umwelt und den in ihr zu vollziehenden Experimenten und Messungen zu den idealen Polen hin. Die mathematischen Physiker hingegen, angesiedelt in der arithmetisierten Raum-Zeit-Sphäre oder ineins damit in der formalisierenden mathesis universalis, behandeln die ihnen zugebrachten mathe-

matisch-physikalischen Formeln so wie besondere reine
Gebilde der formalen Mathesis, natürlich die in ihnen als in
Funktionalgesetzen der faktischen Natur auftretenden
Konstanten invariant haltend. Sie ziehen, die gesamten
»schon erwiesenen oder als Hypothesen in der Arbeit stehenden Naturgesetze« mitberücksichtigend, aufgrund des ganzen ihnen verfügbaren formalen Gesetzessystems dieser
Mathesis die logischen Konsequenzen, deren Ergebnisse die
Experimentalisten zu übernehmen haben. Sie leisten aber
auch die Ausformung der jeweils verfügbaren logischen Möglichkeiten für neue Hypothesen, die ja mit der Gesamtheit der
jeweils als gültig angenommenen verträglich sein müssen. Sie
sorgen so für die Bereitstellung der nunmehr allein noch
zulässigen Formen von Hypothesen, als hypothetischen
Möglichkeiten für die Interpretation der hinfort durch Beobachtung und Experiment empirisch festzustellenden Kausal-
regelungen auf die ihnen zugehörigen idealen Pole, d. i. auf
exakte Ge[48]setze hin. Aber auch die Experimentalphysiker
sind ja in ihrer Arbeit beständig auf ideale Pole hin gerichtet,
auf Zahlgrößen, auf allgemeine Formeln. Diese stehen also in
aller naturwissenschaftlichen Forschung im Zentrum des
Interesses. Alle Entdeckungen der alten wie neuen Physik
sind Entdeckungen in der sozusagen der Natur zugeordneten
Formelwelt.

Ihr Formelsinn liegt in Idealitäten, während die ganze mühse-
lige Leistung auf sie hin den Charakter des bloßen Weges zum
Ziele annimmt. Und hier ist der Einfluß der vorhin charakterisierten Technisierung der formal-mathematischen Denkarbeit in Betracht zu ziehen: die Verwandlung ihres erfahrenden, entdeckenden, konstruktive Theorien ev. in höchster
Genialität gestaltenden Denkens in ein Denken mit verwan-
delten Begriffen, mit »symbolischen« Begriffen. Damit ent-
leert sich auch das rein geometrische Denken sowie, in dessen
Anwendung auf die faktische Natur, auch das naturwissenschaftliche Denken. Eine Technisierung ergreift zudem alle
der Naturwissenschaft sonst eigenen Methoden. Nicht nur,

daß diese hinterher sich »mechanisieren«. Zum Wesen aller
Methode gehört die Tendenz, sich in eins mit der Technisierung zu veräußerlichen. So unterliegt also die Naturwissenschaft einer mehrfältigen Sinnverwandlung und Sinnüber-
deckung. Das ganze Zusammenspiel zwischen Experimental-
physik und mathematischer Physik und die ungeheuere hier
immerfort wirklich geleistete Denkarbeit verläuft in einem
v e r w a n d e l t e n S i n n e s h o r i z o n t. Zwar ist man einigermaßen des Unterschiedes zwischen τέχνη und Wissenschaft bewußt, aber die Rückbesinnung auf den eigentlichen
Sinn, der durch die kunstmäßige Methode für die Natur
gewonnen sein soll, macht zu früh halt. Sie reicht nicht mehr
so weit, um auch nur auf den Stand der aus der schöpferischen
Galileischen Meditation vorgezeichneten Idee einer Mathematisierung der Natur zurückzuführen, auf das, was also für
Galilei und seine Nachfolger mit dieser gewollt war und ihrer
ausführenden Arbeit den Sinn gab.

h) Die Lebenswelt als vergessenes Sinnesfundament der Naturwissenschaft

Aber nun ist als höchst wichtig zu beachten eine schon bei [49]
G a l i l e i sich vollziehende Unterschiebung der mathematisch substruierten Welt der Idealitäten für die einzig wirkliche, die wirklich wahrnehmungsmäßig gegebene, die je erfahrene und erfahrbare Welt – unsere alltägliche Lebenswelt.
Diese Unterschiebung hat sich alsbald auf die Nachfolger, auf
die Physiker der ganzen nachfolgenden Jahrhunderte vererbt.
G a l i l e i war hinsichtlich der reinen Geometrie selbst Erbe.
Die e r e r b t e G e o m e t r i e und die ererbte Weise »anschaulichen« Erdenkens, Erweisens, »anschaulicher« Konstruktionen war n i c h t m e h r u r s p r ü n g l i c h e G e o -
m e t r i e , war selbst schon in dieser »Anschaulichkeit«
s i n n e n t l e e r t. In ihrer Art war auch die antike Geometrie
schon τέχνη, von den Urquellen wirklich unmittelbarer

Anschauung und ursprünglich anschaulichen Denkens entfernt, aus welchen Quellen die sogenannte geometrische
Anschauung, d. i. die mit Idealitäten operierende, allererst
ihren Sinn schöpfte. Der Geometrie der Idealitäten ging
voran die praktische Feldmeßkunst, die von Idealitäten nichts
wußte. Solche vorgeometrische Leistung war aber
für die Geometrie Sinnesfundament, Fundament für die
große Erfindung der Idealisierung: darin gleich mitbefaßt die
Erfindung der idealen Welt der Geometrie bzw. der Methodik objektivierender Bestimmung der Idealitäten durch die
»mathematische Existenz« schaffenden Konstruktionen. Es
war ein verhängnisvolles Versäumnis, daß Galilei nicht auf
die ursprünglich sinngebende Leistung zurückfragte, welche,
als Idealisierung an dem Urboden alles theoretischen wie
praktischen Lebens – der unmittelbar anschaulichen Welt
(und hier speziell an der empirisch anschaulichen Körperwelt) – betätigt, die geometrischen Idealgebilde ergibt. Des
näheren hat er nicht überlegt: wie das freie Umphantasieren
dieser Welt und ihrer Gestalten erst nur mögliche empirisch-
anschauliche und nicht die exakten Gestalten ergibt; welche
Motivation und welche neue Leistung die eigentlich erst geometrische Idealisierung erforderte. Für die ererbte geometrische Methode waren ja diese Leistungen nicht mehr
lebendig betätigte, geschweige denn reflektiv als
innerlich den Sinn der Exaktheit zustandebringende Methoden in das theoretische Bewußtsein erhoben. So konnte es
scheinen, daß die Geometrie in einem eigenen unmittelbar
evidenten apriorischen »Anschauen« und damit hantieren-
[50]den Denken eine eigenständige absolute Wahrheit schaffe,
die als solche – selbstverständlich – ohne weiteres anwendbar
sei. Daß diese Selbstverständlichkeit ein Schein war – wie wir,
im Auslegen der Galileischen Gedanken selbst mitdenkend,
oben in Grundzügen merklich gemacht haben –, daß auch der
Sinn der Anwendung der Geometrie seine komplizierten Sinnesquellen hat, blieb für Galilei und die Folgezeit ver-
deckt. Gleich mit Galilei beginnt also die Unterschiebung

der idealisierten Natur für die vorwissenschaftlich anschauliche Natur.

So macht denn jede gelegentliche (oder auch »philosophische«) Rückbesinnung von der kunstmäßigen Arbeit auf
ihren eigentlichen Sinn stets bei der idealisierten Natur halt,
ohne die Besinnungen radikal durchzuführen bis zu dem
letztlichen Zweck, dem die neue Naturwissenschaft mit der
von ihr unabtrennbaren Geometrie, aus dem vorwissenschaftlichen Leben und seiner Umwelt hervorwachsend, von
Anfang an dienen sollte, einem Zwecke, der doch in d i e s e m
L e b e n selbst liegen und auf seine Lebenswelt bezogen sein
mußte. Der in dieser Welt lebende Mensch, darunter der
naturforschende, konnte alle seine praktischen und theoretischen Fragen nur an s i e stellen, theoretisch nur s i e in ihren
offen unendlichen Unbekanntheitshorizonten betreffen. Alle
Gesetzeserkenntnis konnte nur Erkenntnis von gesetzlich zu
fassenden Voraussichten der Verläufe wirklicher und möglicher Erfahrungsphänomene sein, welche sich ihm mit der
Erweiterung der Erfahrung durch systematisch in die unbekannten Horizonte eindringende Beobachtungen und Experimente vorzeichnen und sich in der Weise von Induktionen
bewähren. Aus der alltäglichen Induktion wurde so freilich
die Induktion nach wissenschaftlicher Methode, aber das
ändert nichts an dem wesentlichen Sinn der vorgegebenen
Welt als Horizont aller sinnvollen Induktionen. Sie finden
wir als Welt aller bekannten und unbekannten Realitäten.
Ihr, der Welt der wirklich erfahrenden Anschauung, gehört
zu die Raumzeitform mit allen dieser einzuordnenden körperlichen Gestalten, in ihr leben wir selbst, gemäß unserer
leiblich personalen Seinsweise. Aber hier finden wir nichts
von geometrischen Idealitäten, nicht den geometrischen
Raum, nicht die mathematische Zeit mit allen ihren Gestalten.

Eine wichtige, obschon so triviale Bemerkung. Aber diese
Trivialität ist eben durch die exakte Wissenschaft, und schon
seit [51] der antiken Geometrie, verschüttet, eben durch jene

Unterschiebung einer methodisch idealisierenden Leistung
für das, was unmittelbar, als bei aller Idealisierung vorausgesetzte Wirklichkeit gegeben ist, gegeben in einer in ihrer Art
unübertrefflichen Bewährung. Diese wirklich anschauliche,
wirklich erfahrene und erfahrbare Welt, in der sich unser
ganzes Leben praktisch abspielt, bleibt, als die sie ist, in ihrer
eigenen Wesensstruktur, in ihrem e i g e n e n konkreten
Kausalstil ungeändert, was immer wir kunstlos oder als
Kunst tun. Sie wird also auch nicht dadurch geändert, daß wir
eine besondere Kunst, die geometrische und Galileische
Kunst erfinden, die da Physik heißt. Was leisten wir durch sie
wirklich? Eben eine ins Unendliche erweiterte V o r a u s -
s i c h t. Auf Voraussicht, wir können dafür sagen, auf Induktion beruht alles Leben. In primitivster Weise induziert schon
die Seinsgewißheit einer jeden schlichten Erfahrung. Die
»gesehenen« Dinge sind immer schon mehr als was wir von
ihnen »wirklich und eigentlich« sehen. Sehen, Wahrnehmen
ist wesensmäßig ein Selbsthaben in eins mit Vor-haben, Vor-
meinen. Alle Praxis mit ihren Vorhaben impliziert Induktionen, nur daß die gewöhnlichen, auch die ausdrücklich formu-
lierten und »bewährten« induktiven Erkenntnisse (die Voraussichten) »kunstlose« sind, gegenüber den kunstvollen
»methodischen«, in der Methode der Galileischen Physik in
ihrer Leistungsfähigkeit ins Unendliche zu steigernden Induktionen.

In der geometrischen und naturwissenschaftlichen Mathematisierung messen wir so der Lebenswelt – der in unserem
konkreten Weltleben uns ständig als wirklich gegebenen
Welt – in der offenen Unendlichkeit möglicher Erfahrungen
ein wohlpassendes I d e e n k l e i d an, das der sogenannten
objektivwissenschaftlichen Wahrheiten, d. i. wir konstruieren in einer (wie wir hoffen) wirklich und bis ins Einzelne
durchzuführenden und sich ständig bewährenden Methode
zunächst bestimmte Zahlen-Induzierungen für die wirklichen und möglichen sinnlichen Füllen der konkret-anschaulichen Gestalten der Lebenswelt, und eben damit gewinnen wir

Möglichkeiten einer Voraussicht der konkreten, noch nicht
oder nicht mehr als wirklich gegebenen, und zwar der lebens-
weltlich-anschaulichen Weltgeschehnisse; einer Voraussicht,
welche die Leistungen der alltäglichen Voraussicht unendlich
übersteigt.

[52] Das Ideenkleid »Mathematik und mathematische Naturwissenschaft«, oder dafür das K l e i d   d e r   S y m b o l e, der
symbolisch-mathematischen Theorien, befaßt alles, was wie
den Wissenschaftlern so den Gebildeten als die »objektiv
wirkliche und wahre« Natur die Lebenswelt v e r t r i t t, sie
v e r k l e i d e t. Das Ideenkleid macht es, daß wir für w a h r e s
S e i n nehmen, was eine M e t h o d e ist – dazu da, um die
innerhalb des lebensweltlich wirklich Erfahrenen und Erfahrbaren ursprünglich allein möglichen r o h e n V o r a u s s i c h-
t e n durch » w i s s e n s c h a f t l i c h e « im Progressus in infinitum zu verbessern: die Ideenverkleidung macht es, daß der
e i g e n t l i c h e S i n n d e r M e t h o d e, d e r F o r m e l n,
d e r » T h e o r i e n « u n v e r s t ä n d l i c h blieb und bei der
naiven Entstehung der Methode n i e m a l s verstanden
wurde.

So ist auch nie das r a d i k a l e P r o b l e m bewußt geworden,
w i e eine solche Naivität tatsächlich als lebendige historische
Tatsache möglich wurde und immerfort wird, wie eine
Methode, die wirklich auf ein Ziel, die systematische Lösung
einer unendlichen wissenschaftlichen Aufgabe ausgerichtet
ist und dafür immerfort zweifellose Ergebnisse zeitigt, je
erwachsen konnte und dann durch die Jahrhunderte hindurch
immerfort nützlich zu fungieren vermag, ohne daß irgend
jemand ein wirkliches Verständnis des eigentlichen Sinnes
und der inneren Notwendigkeit solcher Leistungen besaß. Es
fehlte also und fehlt noch fortgesetzt die wirkliche Evidenz,
in welcher der Erkennend-Leistende sich selbst Rechenschaft
geben kann nicht nur über das, was er Neues tut und womit er
hantiert, sondern auch über alle durch Sedimentierung bzw.
Traditionalisierung verschlossenen Sinnes-Implikationen,
also über die beständigen Voraussetzungen seiner Gebilde,

Begriffe, Sätze, Theorien. Gleicht die Wissenschaft und ihre
Methode nicht einer offenbar sehr Nützliches leistenden und
darin verläßlichen Maschine, die jedermann lernen kann,
richtig zu handhaben, ohne im mindesten die innere Möglichkeit und Notwendigkeit sogearteter Leistungen zu verstehen? Aber konnte die Geometrie, konnte die Wissenschaft im
voraus wie eine Maschine entworfen worden sein als einem
in ähnlichem Sinne vollkommener – wissenschaftlichen –
Verständnis? Führte das nicht auf einen »regressus in infinitum«?
Schließlich: Ist es nicht ein Problem, das in eine Reihe
rückt [53] mit dem Problem der Instinkte im gewöhnlichen
Sinn? Ist es nicht das Problem der verborgenen Vernunft, die erst offenbar geworden sich selbst als Vernunft
weiß?
Galilei, der Entdecker – oder, um seinen Vorarbeitern
Gerechtigkeit angedeihen zu lassen: der vollendende Entdek-
ker – der Physik bzw. der physikalischen Natur ist zugleich
entdeckender und verdeckender Genius. Er entdeckt die mathematische Natur, die methodische Idee, er
bricht der Unendlichkeit physikalischer Entdecker und Entdeckungen die Bahn. Er entdeckt gegenüber der universalen Kausalität der anschaulichen Welt (als ihrer
invarianten Form) das, was seither ohne weiteres das Kau-
salgesetz heißt, die »apriorische Form« der »wahren«
(idealisierten und mathematisierten) Welt, das »Gesetz der
exakten Gesetzlichkeit«, wonach jedes Geschehen der
»Natur« – der idealisierten – unter exakten Gesetzen
stehen muß. Das alles ist Entdeckung-Verdeckung, und wir
nehmen das bis heute als schlichte Wahrheit. Es ändert sich ja
im Prinzipiellen nichts durch die angeblich philosophisch
umstürzende Kritik »des klassischen Kausalgesetzes« vonsei-
ten der neuen Atomphysik. Denn bei allem Neuen verbleibt
doch, wie mir scheint, das prinzipiell Wesentliche:
die an sich mathematische Natur, die in Formeln
gegebene, aus den Formeln erst heraus zu interpretierende.

Ich nenne Galilei natürlich ganz im Ernste auch weiterhin an der Spitze der größten Entdecker der Neuzeit, und ebenso bewundere ich natürlich ganz im Ernste die großen Entdecker der klassischen und nachklassischen Physik und deren nichts weniger als bloß mechanische, sondern in der Tat höchst erstaunliche Denkleistung. Diese wird durchaus nicht herabgesetzt durch die gegebene Aufklärung derselben als τέχνη und durch die prinzipielle Kritik, welche zeigt, daß der eigentliche, der ursprungs-echte Sinn dieser Theorien den Physikern, auch den großen und größten, verborgen blieb, und verborgen bleiben mußte. Es handelt sich nicht um einen Sinn, der metaphysisch hineingeheimnißt, hineinspekuliert wird, sondern der in zwingendster Evidenz ihr eigentlicher, ihr allein wirklicher ist, gegenüber dem Methoden-Sinn, der seine eigene Verständlichkeit hat im [54] Operieren mit den Formeln und deren praktischer Anwendung, der Technik.
In welcher Weise das bisher Gesagte doch noch einseitig ist und welchen in neue Dimensionen führenden Problemhorizonten es nicht genugtut, die nur eine Besinnung über diese Lebenswelt und den Menschen als ihr Subjekt erschließt, kann erst aufgewiesen werden, wenn wir in der Aufklärung der geschichtlichen Entwicklung nach ihren innersten Triebkräften sehr viel weiter fortgeschritten sind.

i) Verhängnisvolle Mißverständnisse als Folgen der Unklarheit über den Sinn der Mathematisierung

Mit Galileis mathematisierender Umdeutung der Natur setzen sich auch über die Natur hinausreichende, verkehrte Konsequenzen fest, die von ihr aus so naheliegend waren, daß sie alle weiteren Entwicklungen der Weltbetrachtung bis zum heutigen Tage beherrschen konnten. Ich meine Galileis berühmte Lehre von der bloßen Subjektivität der spezifisch sinnlichen Qualitäten, die bald nachher von Hobbes konsequent gefaßt wurde als Lehre von der Subjektivität der gesamten konkreten Phänomene der sinnlich anschaulichen Natur und Welt überhaupt. Die Phänomene sind nur in den Subjekten; sie sind in ihnen nur als kausale Folgen der in der wahren Natur stattfindenden Vorgänge, die ihrerseits nur in mathematischer Eigenschaften existieren. Ist die anschauliche Welt unseres Lebens bloß subjektiv, so sind die gesamten Wahrheiten des vor- und außerwissenschaftlichen Lebens, welche sein tatsächliches Sein betreffen, entwertet. Nur insofern sind sie nicht bedeutungslos, als sie, obschon falsch, ein hinter dieser Welt möglicher Erfahrung liegendes, ein ihr transzendentes An-sich vage bekunden.

Im Anschluß daran bringen wir uns noch eine weitere Konsequenz der neuen Sinnbildung näher: eine aus ihr als »Selbstverständlichkeit« erwachsene Selbstinterpretation der Physiker, welche bis vor kurzem die allherrschende war:

Die Natur ist in ihrem »wahren Sein an sich« mathematisch. Von diesem An-sich bringt die reine Mathematik der Raumzeitlichkeit eine Gesetzesschicht in apodiktischer Evi[55]denz, als unbedingt allgemein gültige, zur Erkenntnis: unmittelbar die axiomatischen Elementargesetze der apriorischen Konstruktionen, in unendlichen Mittelbarkeiten die übrigen Gesetze. Hinsichtlich der Raumzeitform der Natur besitzen wir eben das uns (wie es später heißt) »eingeborene« Vermögen, wahres Ansichsein als Sein in mathematischer Idealität (vor aller wirklichen Erfahrung) bestimmt zu erkennen. Implizite ist sie selbst uns also eingeboren. Anders steht es mit der konkreteren universalen Naturgesetzlichkeit, obwohl auch sie durch und durch mathematisch ist. Sie ist » a posteriori«, von den faktischen Erfahrungsgegebenheiten aus induktiv zugänglich. Vermeintlich voll verständlich stehen sich scharf unterschieden gegenüber: apriorische Mathematik der raumzeitlichen Gestalten und induktive – obschon reine Mathematik anwendende – Naturwissenschaft. Oder auch: Scharf unterscheidet sich das rein mathematische Verhältnis von Grund und Folge von dem des realen Grundes und der realen Folge, also dem der Naturkausalität.

Und doch macht sich allmählich ein unbehagliches Gefühl der Unklarheit über das Verhältnis zwischen der Naturmathematik und der ihr doch zugehörigen Mathematik der Raumzeitform, zwischen dieser »eingeborenen« und jener nicht eingeborenen Mathematik geltend. Gegenüber der absoluten Erkenntnis, so sagt man sich, die wir dem Gott-Schöpfer zusprechen, hat die der reinen Mathematik nur den einen Mangel, daß sie zwar immerfort eine absolut evidente ist, aber des systematischen Prozesses bedarf, um alles in der Raumzeitform an Gestalten »Existierende« erkenntnismäßig, also als explizite Mathematik zu realisieren. Dagegen haben wir hinsichtlich des in der Natur konkret Existierenden nichts von der apriorischen Evidenz; die gesamte Naturmathematik über die raumzeitliche Form hinaus müssen wir von Erfahrungstatsachen aus induzieren. Aber ist nicht die Natur an sich durchaus mathematisch, muß nicht auch sie als einheitliches mathematisches System gedacht werden, also wirklich darstellbar sein in einer einheitlichen Naturmathematik: eben jener, die die Naturwissenschaft immer nur sucht, sucht als umgriffen von einem der Form nach »axiomatischen« Gesetzessystem, dessen Axiomatik immer nur Hypothese ist, also nie wirklich erreich[56]bar? Warum eigentlich nicht, warum haben wir keine Aussicht, das der Natur eigene Axiomensystem als ein solches echter apodiktisch evidenter Axiome zu entdecken? Weil uns hier faktisch das eingeborene Vermögen fehlt?

In der veräußerlichten, mehr oder minder schon technisierten Sinngestalt der Physik und ihrer Methode lag der fragliche Unterschied »ganz klar« vor: der Unterschied zwischen »reiner« (apriorischer) und »angewandter« Mathematik, zwischen »mathematischer Existenz« (im Sinne der reinen Mathematik) und Existenz von mathematisch gestaltetem Realen (woran also mathematische Gestalt eine real-eigenschaftliche Komponente ist). Und doch ringt selbst ein so überragender Genius wie L e i b n i z lange mit dem Problem, die eine und andere Existenz – also universal die Existenz der Raumzeitform, als rein geometrischer, und die Existenz der universalen mathematischen Natur mit ihrer faktisch-realen Form – in ihrem rechten Sinne zu fassen und beider rechtes Verhältnis zueinander zu verstehen.

Welche Rolle diese Unklarheiten für die K a n t i s c h e Problematik der synthetischen Urteile a priori und für seine Scheidung zwischen den synthetischen Urteilen der reinen Mathematik und denen der Naturwissenschaft spielte, das wird uns später ausführlich beschäftigen müssen.

Die Unklarheit verstärkte und verwandelte sich späterhin noch mit der Ausbildung und ständigen methodischen Anwendung der reinen formalen Mathematik. Es vermischte sich »Raum« und rein f o r m a l definierte »Euklidische Mannigfaltigkeit«, w i r k l i c h e s A x i o m (nämlich im altüblichen Sinne des Wortes), als in der Evidenz des rein geometrischen Denkens oder auch des arithmetischen, rein logischen Denkens erfaßte ideale Norm unbedingter Gültigkeit, und u n e i g e n t l i c h e s » A x i o m « – ein Wort, das in der Mannigfaltigkeitslehre überhaupt nicht Urteile (»Sätze«) bezeichnet, sondern Satzformen, als Bestandstücke der Definition einer mit innerer Widerspruchslosigkeit formal zu konstruierenden »Mannigfaltigkeit«.

k) Grundsätzliche Bedeutung des Ursprungsproblems der mathematischen Naturwissenschaft

Auch diese wie alle früher aufgewiesenen Unklarheiten sind [57] Folgen der V e r w a n d l u n g u r s p r ü n g l i c h l e b e n d i g e r S i n n b i l d u n g bzw. des ursprünglich lebendigen Aufgabenbewußtseins, aus dem Methode wird, und in ihrem jeweiligen besonderen Sinne wird. So ist die gewordene Methode, die fortschreitende Erfüllung der Aufgabe, als Methode Kunst (τέχνη), die sich vererbt, aber damit nicht ohne weiteres ihren wirklichen Sinn vererbt. Und eben

darum kann eine theoretische Aufgabe und Leistung wie die
einer Naturwissenschaft (und Weltwissenschaft überhaupt),
welche die Unendlichkeit ihrer Thematik nur durch Unendlichkeiten der Methode beherrschen und diese Unendlichkeiten auch nur durch ein sinnentleertes technisches Denken
und Tun beherrschen kann, wirklich und ursprünglich sinn-
haft nur sein bzw. bleiben, w e n n der Wissenschaftler in
sich die Fähigkeit ausgebildet hat, nach dem U r s p r u n g s -
s i n n aller seiner Sinngebilde und Methoden z u r ü c k z u -
f r a g e n : nach dem h i s t o r i s c h e n U r s t i f t u n g s s i n n ,
vornehmlich nach dem Sinn aller darin unbesehen über-
nommenen und desgleichen aller späteren S i n n e s e r b -
s c h a f t e n .
Aber der Mathematiker, der Naturwissenschaftler, günsti-
genfalls ein höchst genialer Techniker der Methode – der er
die Entdeckungen verdankt, die er allein sucht –, ist eben
normalerweise durchaus nicht befähigt, solche Besinnungen
durchzuführen. In seiner wirklichen Forschungs- und Ent-
deckungssphäre weiß er gar nicht, daß all das, was diese
Besinnungen zu klären haben, überhaupt k l ä r u n g s b e -
d ü r f t i g ist, und zwar um des höchsten für eine Philosophie, für eine Wissenschaft maßgeblichen Interesses willen,
des der wirklichen Erkenntnis d e r W e l t s e l b s t , d e r
N a t u r s e l b s t . Und gerade das ist durch eine traditionell
gegebene, zur τέχνη gewordene Wissenschaft verloren
gegangen, soweit es überhaupt bei ihrer Urstiftung bestimmend war. Jeder von einem außermathematischen, außerna-
turwissenschaftlichen Forscherkreis herkommende Versuch,
ihn zu solchen Besinnungen anzuleiten, wird als »Metaphysik« abgelehnt. Der Fachmann, der diesen Wissenschaften sein Leben gewidmet hat, müsse doch – das scheint ihm so
einleuchtend – selbst am besten wissen, was er in seiner
Arbeit vorhat und leistet. Die aus historischen Motiven, welche noch zu erhellen sein werden, auch in diesen Forschern
erweckten philoso[58]phischen Bedürfnisse (»philosophisch-
mathematische«,   »philosophisch-naturwissenschaftliche«)

werden in ihnen genügender Weise von ihnen selbst erfüllt, allerdings so, daß die ganze Dimension, in welche es hineinzufragen gilt, überhaupt nicht gesehen, also gar nicht befragt wird.

l) Methodische Charakteristik unserer Auslegung

Zum Schlusse sei hier noch ein Wort über die M e t h o d e gesagt, die wir in den vielverschlungenen Überlegungen dieses Paragraphen befolgt haben, und zwar im Dienste unserer Gesamtabsicht. Die geschichtlichen Besinnungen, in die wir uns einließen, um zu einem in unserer philosophischen Situation so sehr nötigen Selbstverständnis zu kommen, erforderten Klarheit über den U r s p r u n g   d e s   n e u z e i t l i c h e n G e i s t e s und damit – vermöge der nicht hoch genug zu bewertenden Bedeutung der Mathematik und mathematischen Naturwissenschaft – über den Ursprung dieser Wissenschaften. Dasselbe besagt: Klarheit über die Ursprungsmotivation und Gedankenbewegung, welche zur Konzeption ihrer Naturidee führt und von da aus zu der Bewegung ihrer Realisierung in der aktuellen Entwicklung der Naturwissenschaft selbst. Bei G a l i l e i tritt die fragliche Idee sozusagen zum ersten Male als fertige auf; so habe ich an seinen Namen alle Betrachtungen (also die Sachlage in gewisser Weise idealisierend-vereinfachend) angeknüpft, obwohl eine genauere historische Analyse dem, was er in seinen Gedanken den »Vorläufern« verdankt, genugzutun hätte. (Ähnlich werde ich übrigens, und mit guten Gründen, weiter verfahren.) Hinsichtlich der Situation, die er vorfand und wie sie ihn motivieren mußte und nach seinen bekannten Aussprüchen motiviert hat, läßt sich einiges wohl rasch feststellen und so der Anfang der ganzen Sinngebung für die Naturwissenschaft verstehen. Aber schon dabei stoßen wir auf die Sinnverschiebungen und Verdeckungen der späteren und spätesten Zeiten. Denn wir, die die Besinnungen Vollziehenden, stehen selbst in deren B a n n (und, wie ich das voraussetzen darf, auch meine Leser). In ihnen befangen, haben wir zunächst keine Ahnung von diesen Sinnverschiebungen: wir, die wir doch alle so gut zu wissen meinen, was Mathematik und Naturwissenschaft »sind« und leisten. Denn [59] wer weiß das heutzutage von der Schule her nicht? Aber schon die erste Erhellung des Ursprungssinnes der neuen Naturwissenschaft und ihres neuartigen methodischen Stils macht etwas von den späteren Sinnverschiebungen fühlbar. Und offenbar beeinflussen, zum mindesten erschweren sie auch schon die Motivationsanalyse.

Wir stehen also in einer Art Z i r k e l. Das Verständnis der Anfänge ist voll nur zu gewinnen von der gegebenen Wissenschaft in ihrer heutigen Gestalt aus, in der Rückschau auf ihre Entwicklung. Aber ohne ein Verständnis der A n f ä n g e ist diese Entwicklung als S i n n e s e n t w i c k l u n g stumm. Es bleibt uns nichts anderes übrig: wir müssen im » Z i c k - z a c k « vor- und zurückgehen; im Wechselspiel muß eins dem andern helfen. Relative Klärung auf der einen Seite bringt einige Erhellung auf der anderen, die nun ihrerseits auf die Gegenseite zurückstrahlt. So müssen wir in der Art von Geschichtsbetrachtung und Geschichtskritik, die im Ausgang von G a l i l e i (und gleich nachher von D e s c a r t e s) der Zeitfolge entlang gehen muß, doch beständig h i s t o r i - s c h e S p r ü n g e machen, die also nicht Abschweifungen, sondern Notwendigkeiten sind; Notwendigkeiten, wenn wir, wie gesagt, diejenige Aufgabe der Selbstbesinnung auf uns nehmen, welche aus der »Zusammenbruchs«-Situation unserer Zeit, mit ihrem »Zusammenbruch der Wissenschaft« selbst, erwachsen ist. An erster Stelle betrifft diese Aufgabe aber die Besinnung auf den Ursprungssinn der neuen Wissenschaften, und allem voran der exakten Naturwissenschaft, da sie, wie wir weiter zu verfolgen haben, von Anfang an und weiterhin in all ihren Sinnverschiebungen und abwegigen Selbstinterpretationen von entscheidender Bedeutung für Werden und Sein der neuzeitlichen positiven Wissenschaften, desgleichen der neuzeitlichen Philosophie – ja des Geistes des neuzeitlichen europäischen Menschentums überhaupt gewesen ist und noch ist.

Zur Methode gehört auch dies: Den Lesern, besonders den naturwissenschaftlichen, wird es empfindlich geworden sein und fast wie ein Dilettantismus erscheinen, daß von der naturwissenschaftlichen Sprechweise keinerlei Gebrauch gemacht worden ist. Sie ist bewußt vermieden worden. Es gehört selbst zu den großen Schwierigkeiten einer Denkweise, die überall die »ursprüng[60]liche Anschauung« zur Geltung zu bringen sucht, also die vor- und außerwissenschaftliche Lebenswelt, welche alles aktuelle Leben, auch das wissenschaftliche Denkleben in sich faßt und als Quelle der kunstvollen Sinnbildungen nährt – es gehört, sage ich, zu diesen Schwierigkeiten, die naive Sprechweise des Lebens wählen zu müssen, sie aber auch angemessen zu handhaben, wie es für die Evidenz der Nachweisungen erforderlich ist.

Daß der rechte Rückgang zur Naivität des Lebens, aber in einer über sie sich erhebenden Reflexion, der einzig mögliche Weg ist, um die in der »Wissenschaftlichkeit« der traditionellen objektivistischen Philosophie liegende philosophische Naivität zu überwinden, wird sich allmählich und schließlich vollkommen erhellen und wird der schon wiederholt vorgedeuteten neuen Dimension die Tore eröffnen.

Beizufügen ist hier noch, daß sinngemäß alle unsere Ausführungen nur in der Relativität der Stelle für das Verständnis hilfreich sein sollen und daß unsere Äußerung sich regender Bedenken in den beigegebenen Kritiken (die wir, als die Gegenwärtigen, die jetzt die Besinnung Durchführenden, nicht verschweigen) ihre methodische Funktion darin hat, daß sie Gedanken und Methoden vorbereiten soll, die allmählich in uns als Besinnungsergebnisse zur Gestalt werden und zu unserer Befreiung dienen sollen. Alle Besinnung aus »existenziellen« Gründen ist natürlich k r i t i s c h. Wir werden es aber nicht versäumen, später auch den prinzipiellen Sinn des Ganges unserer Besinnung und der besonderen Art unserer Kritik zu reflektiver Erkenntnisgestaltung zu bringen.

3. *Lebenswelt und idealisierende*
                        Objektivierung

Im vorwissenschaftlichen Erfahrungsleben stehen wir im heraklitischen Fluß der wechselnden sinnendinglichen Gegebenheiten, in deren Wandel wir zwar in naiver Erfahrungsevidenz die Gewißheit haben, das selbe Ding sehend, berührend-tastend, hörend usw. in seinen Eigenschaften kennenzulernen und in »Wiederholung« der Erfahrungen als objektiv wirklich Seiendes, Soseiendes zu bestätigen; doch ist offenbar das, was uns dabei als Erkenntnis desselben zueigen wird, in allen seinen identifizierbaren Bestimmungen unweigerlich ein im Ungefähren, in vagen Unterschieden der größeren oder geringeren Vollkommenheiten in Schwebe Bleibendes. Das aus wiederholter Erfahrung Wohlbekannte ist doch unweigerlich in allem von ihm Bekannten nur relativ bekannt und hat also in allem einen eigenartigen Horizont offener Unbekanntheit. Es gibt also, zum Erfahren selbst modal gehörig, immer so etwas wie ein näher an die Sache Herankommen, sie genauer Kennenlernen, und darin liegt unter dem Titel »genauere Bestimmung« eine kontinuierlich mögliche Korrektur, z. B. des als glatt und eben, als gleichmäßig rot Gesehenen u. dgl. als »in Wahrheit« ein wenig rauh, uneben, fleckig usw. So erst recht in der Vergemeinschaftung unseres Erfahrungslebens mit dem unserer Mitmenschen. Jeder von uns hat seine eigenen Erfahrungsvorstellungen, aber in der normalen Gewißheit, daß jeder Anwesende dieselben Dinge erfährt und im vermöglichen Gang seines Erfahrens dieselben in ähnlichen Eigenschaften kennenlernen kann. Das betrifft also die alltägliche Gemeinwelt, in welcher unser normales praktisches Leben sich ganz abspielt. Alles, was uns da als wirklich seiend gilt, ist immer schon als für alle seiend verstanden, eben aus gemeinsamer Erfahrung. Und nicht nur jede hier als identifizierbar geltende Bestimmung steht in einem Horizont offen möglicher näherer Bestimmung, jedes steht auch über das Mit-Wahrge-

nommene und schon Mit-Bekannte an Erfahrungsobjekten
⟨hinaus⟩ in einem offenen Horizont noch, und ins Endlose
unbekannter Dinge, Dinge möglicher Erfahrungserkenntnis.
Dem entsprechen nun auch die zu den vagen Dingen gehörigen Horizonte der ebenfalls nur vagen Kausalitäten; sie sind,
soweit sie von der Erfahrung her in Bestimmtheit bekannt
geworden sind, bezogen auf die in ungefährer Bestimmtheit
erfahrenen Umstände und Umstandsänderungen und haben
zudem ihren Horizont noch völlig unbestimmter Kausalitäten, bezogen auf den Horizont der unbekannten äußeren
Dinge.

[358] Dieser Stil der Erfahrungswelt als Seinsweise in der
Schwebe zu mehr oder minder vollkommener Bestimmtheit
in offen unbestimmten Horizonten stört nicht den Gang des
normalen praktischen Lebens, etwa die Alltagswelt, als die
der normalen Menschen ist, deren Leben sich auf einen
Umkreis normaler, in einer normalen Erfahrungstypik
gemeinsam bekannt werdender Dinge bezieht und auf sie nur
hinsichtlich des in vager Typik Identifizierbaren rechnet.
Was darüber hinaus in Schwebe bleibt, ist praktisch irrele-
vant, und daher gibt es hier eine praktisch vollkommene
Genauigkeit und ein praktisch vollkommenes Kennenlernen
der Dinge, wie sie wirklich beschaffen sind, in ihrem wahren
Sein immer wieder auszuweisen sind – in der Wahrheit, die
das normale praktische Leben allein kennt, allein braucht.

Wie soll nun aber bei diesem unabänderlichen Stil unserer
Erfahrungswelt – der Welt, die wir im Leben beständig als
Welt wirklicher Erfahrung haben, als welche dem Wort Welt
den einzig ursprünglichen Sinn gibt – wissenschaftliche Welterkenntnis, in der Rede der Alten eine Philosophie, möglich,
ja auch nur als Aufgabe motiviert werden, und zwar in jenem
für uns völlig selbstverständlich gewordenen Sinn wissenschaftlicher Objektivität, der sich in der Entwicklung und der
Umbildung des ursprünglichen Weltbegriffes allererst gestalten müßte? So selbstverständlich ist dieser Sinn für uns
geworden, daß es uns schon Mühe kostet, sich klar zu

machen, daß hier ein Entwicklungsprodukt vorliegt, nach
dessen Ursprungsmotiven und ursprünglicher Evidenz gefragt werden muß.

Mit dem ersten Durchbruch eines universalen theoretischen
Interesses, in welchem Philosophie mit dem universalen
Thema: alles Seiende überhaupt, eine Allheit und Alleinheit
des Seienden, in die Geschichte tritt, kommen auch die allgemeinsten und invarianten Züge der Welt als Welt ursprünglicher Erfahrung und korrelativ die invarianten Eigenheiten
ihrer Erfahrung selbst zur Beachtung; so insbesondere der
universale Kausalstil dieser Welt, wie andererseits die universale Struktur der immerzu vage-unbestimmten Erkenntnis-
weise der Erfahrungsdinge. Mit der Vertiefung in die letztere
erwächst bald auch die Erkenntnis ihrer Relativität auf die
einzeln und miteinander Erfahrenden, die dieselben Dinge im
Wechsel schwankender subjektiver sinnlicher Gegebenheitsweisen erkennend Identifizierenden. Aber wie kam es von
hier aus zur Idee einer absoluten, exakten Bestimmbarkeit der
Dinge, und nicht nur der wirklich erfahrenen und wirklich
erfahrbaren, sondern der Dinge des universalen offen unendlichen Welthorizontes, den wirkliche Erfahrung in der Endlichkeit ihres Fortschreitens nie durchmessen kann? Wie kam
es hier zur Idee einer exakten universalen Kausalität, und
gegenüber aller empirischen Induktion im Reich faktischer
Erfahrbarkeit zur Idee einer exakten universalen Induzier-
barkeit alles vermöge der Erfahrungsstruktur der ursprünglichen Welt ins Unendliche Unbestimmten und offen Bleibenden? Also, wie wir auch sagen können: wie kam es [359] zu
dem Sprung von δόξα zu ἐπιστήμη, und unter dem letzteren
Titel zur Idee eines rational erkennbaren An-sich, das sich in
den Dingen sinnlicher Erfahrung als bloße Erscheinung, bloß
subjektiv-relativ darstellt?

Exakte Objektivität ist Leistung der Methode, geübt von den
Menschen überhaupt in der Welt der Erfahrung (der »Sinnen-
welt«), geübt nicht als handelnde Praxis, als Technik der
Neu- und Umgestaltung von vorgegebenen Dingen der

Erfahrung, sondern als eine Praxis, in der jene unvollkommenden bestimmenden Dingvorstellungen das Material bilden, und zwar in einer allgemeinen Denkeinstellung, in welcher von einem exemplarischen Einzelding als Exempel für »irgend ein Ding überhaupt« die offen endlose Mannigfaltigkeit seiner immer unvollkommenen aber zu vervollkommnenden subjektiven Vorstellungen als durchlaufen gedacht wird, und zwar in der Betätigung der Vermöglichkeit, von jeder ⟨Vorstellung⟩ aus stetig die Linien möglicher Vervollkommnung einzuschlagen. Das Vermögen, wie die Erfahrungen (am Faktum), so die anschauliche Fiktion, die Reihe der Steigerung fortzuführen, ist beschränkt, sie brechen als wirkliche Anschauungen des exemplarischen Dinges, das man erfahrend immer vollkommener kennenlernen würde, bald ab, obschon eine leere Antizipation eines »vollkommener« notwendig mitgegeben ist, aber ohne daß die praktische Intention auf das plus ultra erfüllbar wäre, so wenig als die schon sich leer vorzeichnende Fortsetzung der Vollkommenheitsreihe als fortzusetzender Reihe. Hier setzt die idealisierende Leistung ein: die Konzeption des »immer wieder« – in Richtung auf den leeren Vorentwurf der Reihe, der leere Gedanke ihrer als möglich gedachten Erfüllung, mit der eine neue Reihe zum Vorentwurf kommen würde, abermals gedacht mit der möglichen Erfüllung, und so immer wieder und immer wieder – in infinitum.

Es entspringt als erstes die Idee der in unbedingter Allgemeinheit wiederholbaren Fortsetzung, in einer eigenen Evidenz als frei denkbare und evident mögliche Unendlichkeit, anstelle der offenen Endlosigkeit, anstelle der endlichen Iteration die Iteration im unbedingten Immer-wieder, dem in idealer Freiheit zu Erneuernden. Damit idealisiert sich die Eigenschaftlichkeit des exemplarischen Dinges als solchen, als Exempel für den darin evident werdenden Gedanken eines Dinges überhaupt in unbedingter Allgemeinheit. Es entspringt die ideale Eigenschaft als Einheit der konzipierten Unendlichkeit von denkmöglichen und genauen, relativ voll-

kommenen Darstellungen, durch die idealiter einstimmige
Identifizierung hindurchgehen würde. Es idealisiert sich das
Ding selbst als Seiendes seiner Eigenschaften – aller seiner
Eigenschaften, und dieser in allen ihren Darstellungen, die
eben im Durchlaufen der konzipierten unendlichen Allheit
die Identität jeder Eigenschaften und des Dinges selbst
erschöpfen im Durchlaufen der allumgriffenen Einheit – vollkommen. Im idealen Durchlaufen dieser unendlichen Totalität erwüchse also eine ideale Erkenntnis des Dinges selbst als
Dinges seiner nicht nur wirklichen [360] sondern ideal möglichen Erfahrungen. Demnach überwindet eine derartige Idealisierung auch die Schranken der vermöglichen Endlichkeit
des Kennenlernens des alle wirkliche Erfahrungsbekanntheit
fortlaufend begleitenden offenen Welthorizontes. Auch nach
außen hin, im Fortgang der Erfahrung von relativ bekannten
zu unbekannten Dingen und Dingsphären, erobert das idealisierende Denken die Unendlichkeit der Erfahrungswelt – als
einer in gedachter und denkmöglicher Fortführung der
Außen-Erfahrung und je in unendlicher Vervollkommnung
idealiter zu gewinnenden Welterkenntnis, als Erkenntnis aus
einer »immer wieder« erdenklichen Erneuerung der Erfah-
rungsbereicherung.
Die idealisierte Welt ist dann also eine ideale Unendlichkeit
von Dingen, deren jedes selbst eine ideale Unendlichkeit von
relativen Darstellungen indiziert, deren einstimmige Identitätseinheit es – idealiter – ist.
Diese, wie man sieht, komplizierte Idealisierung der Welt legt
den Dingen der faktischen Welterfahrung je ein Ideal ein, das
einer idealiter denkbaren ins Unendliche zu vervollkommnenden und im Durchlaufen der konzipierten Unendlichkeit
zur absoluten Vollkommenheit kommenden Erkenntnis.
Aber damit ist nicht die Leistung vollzogen, die für jedes
vorgegebene Ding s e i n individuelles ideales Sein schafft und
damit die Brücke bildet für die Verwertung der gewonnenen
idealen Mannigfaltigkeit von Ideen zur Anwendung auf die

jeweils vorgegebene Welt wirklicher Erfahrung. In der Tat, von der gewordenen Leistung aus gesehen (soweit sie als exakte Wissenschaft wirklich vorliegt), ist exakte Objektivität eine Erkenntnisleistung, die als erstes voraussetzt eine Methode systematischer und bestimmter Idealisierung, die eine Welt von Idealen als bestimmt erzeugbaren und in Unendlichkeit systematisch konstruierbaren schafft, und als zweites die Anwendbarkeit dieser konstruierbaren Idealitäten auf die Erfahrungswelt evident macht.

Das hiermit allgemein formulierte Problem ist das radikale Problem der historischen Möglichkeit »objektiver« Wissenschaft, objektiv wissenschaftlicher Philosophie – der Wissenschaft, die doch längst schon in ihrer Weise historisch tatsächlich da ist, geworden in Übernahme jener Idee der Aufgabe und mindestens in einem Zweig zu überaus fruchtreicher Verwirklichung gekommen, nämlich als exakte Mathematik und mathematische Naturwissenschaft. Es handelt sich darum, nicht nur ihre historische faktische Ursprungsstelle nach Ort, Zeit, tatsächlichen Umständen festzustellen, also Philosophie auf ihre Urheber, auf die alten Physiker, auf Ionien usw. zurückzuleiten, sondern sie aus ihren ursprünglichen geistigen Motiven, also in ihrer ursprünglichsten und sich von da aus in Ursprünglichkeit fortbildenden Sinnhaftigkeit zu verstehen. Dazu gehört, als Sinnesfundament ständig mitfungierend, die Welt als die und so wie sie in wirklicher Erfahrung sich gibt, die »Welt der Sinnlichkeit«. Sie ist in historischem Wandel [361] in ihren besonderheitlichen Stilen, invariant aber in ihrer invarianten Allgemeinheitsstruktur.

Wie das andere Problem der Erkenntnismöglichkeit – als Möglichkeit objektiv-wissenschaftlicher Erkenntnis (man wird hier sagen, das rein »erkenntnistheoretische« Problem) – zu jenem der historischen Möglichkeit sich verhält, das kann erst im weiteren Fortgang unserer Besinnung seine Aufklärung finden. Von der historischen Stelle aus, in der wir

uns hier befinden, ist auch für die historische Rückfrage nicht
sogleich der erste Ursprung zugänglich. Uns liegt zunächst
⟨an⟩ der Rückschau auf die Ursprünge einer gelungenen
rationalen Objektivierung in einer Grundschichte der Welt,
ich meine natürlich diejenige, die sich als Geometrie, als reine
Mathematik vollzogen hatte.

O b j e k t i v i e r u n g ist Sache der M e t h o d e, fundiert in
vorwissenschaftlichen Erfahrungsgegebenheiten. Mathematische Methode »konstruiert« aus anschaulicher Vorstellung
ideale Gegenständlichkeiten und lehrt, diese operativ und
systematisch zu behandeln[4]. Sie erzeugt nicht handelnd
Dinge aus Dingen, sie erzeugt Ideen; Ideen entspringen
durch eine eigenartige Geistesleistung: durch Idealisierung.

Die idealisierende Leistung und die in ihr als geistige
Gebilde aufgrund der in Relativität schwebenden Mannigfaltigkeiten der Erscheinung erzeugbaren und exakt identifizierbaren Ideen sind das erste. Das zweite ist die operative
Konstruktion von Ideengebilden aus vorgegebenen Ideen.
Beides in Verbindung macht den objektiven wissenschaftlichen Geist, welcher die doppelten Unendlichkeiten, die
der Erscheinungsmannigfaltigkeiten, in denen sich ein und
dasselbe Ding darstellt, und die Unendlichkeit der Dinge,
⟨umfaßt⟩.

Die idealisierende geistige Leistung hat ihr Material an den
»Dingerscheinungen«, den »Dingvorstellungen«. Im Wahrnehmen mit seinem Verlauf von Erscheinungen als lebendiger
Seinsgeltung sind diese im Modus des Vollzugs und nicht
Erscheinungen als »Material«. Ich bin da im Vollzug der
Seinsgeltung, im Vollzug ihres Horizontes. Im »synthetischen« Fortgang setze ich ihn ⟨den Horizont⟩ nicht »verbin-
dend« etwas und etwas anderes, als Material damit handelnd,
zusammen, in »Tat« bin ich im Verlauf auf die Einheit, die
seinsgeltende, gerichtet und in der Bewegung ⟨auf die⟩ kontinuierliche Deckung der Horizonte, konkret der ganzen

Intentionalität von Erscheinungen und Horizonten der Erscheinungen – die konkrete Intentionalität ist in Bewegung der Erfüllung durch Anschaulichwerden [362] in Erscheinungen. Aber im idealisierenden Denken ist die Vollzugsweise geändert, zunächst das kontinuierliche Veranschaulichen der unbestimmten kommenden Erscheinungen als möglichen, dann das Exemplarische, dann die Konzeption der Unendlichkeit etc.

Die beiden Stücke der exakten Objektivierung, die sich in der fertigen Leistung als Physik darstellt, sind repräsentiert einerseits durch die Leistung der reinen Mathematik, der Wissenschaft im »reinen Denken« – das ist, der im genauer angegebenen Sinn idealisierenden und rein im Reich der Ideale verharrenden Wissenschaft. Ihre volle Leistung ist in der Tat durch ihre Methode bestimmter Idealisierung und einer systematischen operativen Konstruktion von idealen Gegenständlichkeiten aus schon vorgegebenen, die schließlich die Allheit zu beherrschen gestattet, bezeichnet. Diese Welt ist schon objektiv, sofern ihre Erkenntnisse, die von ihr gebildeten Ideale für jeden die Methode Übenden absolut identisch sind, wie verschieden immer sein empirisch anschauliches Vorstellen von dem sein mag, das Anderen für ihr in der Anschauung fundiertes Idealisieren dienen mag.

Die mathematische Leistung beschränkte sich allerdings auf die bloßen raumzeitlichen Gestalten bzw. auf die zur Welt universal gehörige Struktur der Raumzeitlichkeit. Es ist einzusehen, daß nur im Wesen dieser Struktur die Möglichkeit solcher Leistung vermöglich sein konnte und daß danach die exakte Objektivierung mindestens zunächst nur für die Welt als Körperwelt Bedeutung haben konnte – unter Abstraktion von allem, was an den Dingen nicht selbst körperlich ist.

[123]   4. *Das Problem der »Lebenswelt« als ein Teilproblem*
im allgemeinen Problem der objektiven Wissenschaft

Mit einer kurzen Vergegenwärtigung früherer Ausführungen
sei erinnert an die geltend gemachte Tatsache, daß Wissenschaft eine menschliche Geistesleistung ist, welche historisch
und auch für jeden Lernenden den Ausgang von der als seiend
allgemeinsam vorgegebenen, der anschaulichen Lebensumwelt voraussetzt, welche aber auch fortwährend in ihrer
Übung und Fortführung diese Umwelt in ihrer Jeweiligkeit
des Sichgebens für den Wissenschaftler voraussetzt. Z. B. für
den Physiker ist es die, in der er seine Meßinstrumente sieht,
Taktschläge hört, gesehene Grö[124]ßen schätzt usw., in der
er sich zudem selbst mit all seinem Tun und all seinen theoretischen Gedanken enthalten weiß.
Wenn Wissenschaft Fragen stellt und beantwortet, so sind es
von Anfang an, und so notwendig weiter, Fragen auf dem
Boden dieser, an den Bestand dieser vorgegebenen Welt, in
der eben ihre wie alle sonstige Lebenspraxis sich hält. In dieser spielt schon Erkenntnis als vorwissenschaftliche Erkenntnis eine beständige Rolle, mit ihren Zielen, die sie in dem
Sinne, den sie meint, auch jeweils durchschnittlich für die
Ermöglichung praktischen Lebens im ganzen genügend
erreicht. Nur, daß eben ein in Griechenland entspringendes
neues Menschentum (das philosophische, das wissenschaftliche Menschentum) sich veranlaßt sah, die Zweckidee
»Erkenntnis« und »Wahrheit« des natürlichen Daseins um-
zubilden und der neugebildeten Idee »objektiver Wahrheit« die höhere Dignität, die einer Norm für alle Erkenntnis
zuzumessen. Darauf bezogen erwächst schließlich die Idee
einer universalen, alle mögliche Erkenntnis in ihrer Unendlichkeit umspannenden Wissenschaft, die kühne Leitidee der
Neuzeit. Haben wir uns dies vergegenwärtigt, so fordert

offenbar eine explizite Aufklärung der objektiven Geltung und der ganzen Aufgabe der Wissenschaft, daß zunächst zurückgefragt wird auf die vorgegebene Welt. Vorgegeben ist sie uns allen natürlich, als Personen im Horizont unserer Mitmenschheit, also in jedem aktuellen Konnex mit Anderen, als »die« Welt, die allgemeinsame. So ist sie, wie wir ausführlich dargelegt haben, der ständige Geltungsboden, eine stets bereite Quelle von Selbstverständlichkeiten, die wir, ob als praktische Menschen oder als Wissenschaftler, ohne weiteres in Anspruch nehmen.

Soll nun diese vorgegebene Welt zu einem eigenen Thema werden, und natürlich für wissenschaftlich zu verantwortende Feststellungen, so erfordert dies eine besondere Sorgsamkeit der Vorbesinnung. Es ist nicht leicht, darüber zur Klarheit zu kommen, was für eigentümliche wissenschaftliche, also universale Aufgaben unter dem Titel Lebenswelt zu stellen sind und inwiefern hier etwas philosophisch Bedeutsames erwachsen soll. Schon die erste Verständigung über ihren eigentümlichen Seinssinn, der zudem bald als engerer, bald als weiterer zu fassen ist, macht Schwierigkeiten.

Die Weise, wie wir hier auf die Lebenswelt als ein wissen[125]schaftliches Thema kommen, läßt dieses Thema als ein dienendes, als ein partielles im vollen Thema der objektiven Wissenschaft überhaupt erscheinen. Diese ist allgemein, also in allen ihren Sondergestalten (den positiven Einzelwissenschaften) nach der Möglichkeit ihrer objektiven Leistung unverständlich geworden. Wird sie in solcher Hinsicht zum Problem, so müssen wir aus ihrem eigenen Betrieb heraustreten und einen Standort über ihr einnehmen, überschauend in Allgemeinheit ihre Theorien und Ergebnisse im systematischen Zusammenhang der prädikativen Gedanken und Aussagen, andererseits aber auch das von den arbeitenden und miteinander arbeitenden Wissenschaftlern geübte Aktleben, die Abzielungen, das jeweilige Terminieren im Ziele und die terminierende Evidenz. Dabei kommt eben auch in Frage das in verschiedenen allgemeinen Weisen immer wieder erfol-

gende Zurückgreifen des Wissenschaftlers auf die Lebenswelt
mit ihren stets verfügbaren anschaulichen Gegebenheiten,
wozu wir gleich mitrechnen können seine ihr jeweils schlicht
angepaßten Aussagen, rein deskriptiv in derselben vorwissenschaftlichen Urteilsweise vollzogen, die den okkasionel-
len Aussagen inmitten des praktischen Alltagslebens eigen ist.
So ist das Problem der Lebenswelt bzw. die Art, wie sie für
Wissenschaftler fungiert und fungieren muß, nur ein partielles Thema innerhalb des bezeichneten Ganzen der objektiven Wissenschaft. (Nämlich im Dienst ihrer vollen Begründung.)
Es ist aber klar, daß, vor der allgemeinen Frage ihrer Funktion für eine evidente Begründung der objektiven Wissenschaften, die Frage nach dem eigenen und ständigen Seinssinn
dieser Lebenswelt für die in ihr lebenden Menschen einen
guten Sinn hat. Diese haben nicht immer wissenschaftliche
Interessen, und selbst Wissenschaftler sind nicht immer in
wissenschaftlicher Arbeit; auch gab es, wie die Geschichte
lehrt, in der Welt nicht immer ein Menschentum, das habituell in längst gestifteten wissenschaftlichen Interessen lebte.
Lebenswelt gab es also für die Menschheit immer schon vor
der Wissenschaft, wie sie denn ihre Seinsweise auch fortsetzt
in der Epoche der Wissenschaft. Also man kann das Problem
der Seinsweise der Lebenswelt an und für sich vorlegen, man
kann sich ganz auf den Boden dieser schlicht anschaulichen
Welt stellen, alle objektiv-wissenschaftlichen Meinungen,
Erkenntnisse außer Spiel lassen, um dann all[126]gemein zu
erwägen, was für »wissenschaftliche«, also allgemeingültig zu
entscheidende Aufgaben sich hinsichtlich ihrer eigenen Seinsweise erheben. Könnte das nicht ein großes Arbeitsthema
abgeben? Eröffnet sich mit dem, was zunächst als ein spezielles-
les wissenschaftstheoretisches Thema auftritt, nicht am Ende
schon jene »dritte Dimension«, somit im voraus dazu berufen, das ganze Thema objektive Wissenschaft (wie alle anderen Themen in der »Fläche«) zu verschlingen? Das muß
zunächst sonderlich und unglaublich erscheinen, manche

Paradoxien werden sich melden, jedoch auch lösen. Allen voran drängt sich hier auf und muß erwogen werden: die richtige Fassung des Wesens der Lebenswelt und die Methode einer ihr angemessenen »wissenschaftlicher.« Behandlung, wo doch »objektive« Wissenschaftlichkeit außer Frage bleiben soll.

5. *Exposition des Problems einer Wissenschaft von der Lebenswelt*

a) Differenz von objektiver Wissenschaft und Wissenschaft überhaupt

Ist die Lebenswelt als solche nicht das Allerbekannteste, das in allem menschlichen Leben immer schon Selbstverständliche, in ihrer Typik immer schon durch Erfahrung uns vertraut? Sind alle ihre Unbekanntheitshorizonte nicht Horizonte bloß unvollkommener Bekanntheiten, nämlich im voraus bekannt nach ihrer allgemeinsten Typik? Dem vorwissenschaftlichen Leben freilich genügt diese Bekanntheit und ihre Weise, Unbekanntheit in Bekanntheit überzuführen, aufgrund der Erfahrung (der sich in sich bewährenden und Scheine dabei ausscheidenden) und Induktion okkasionelle Erkenntnis zu gewinnen. Sie genügt für eine alltägliche Praxis. Wenn nunmehr ein weiteres geleistet werden kann und soll, eine »wissenschaftliche« Erkenntnis zustande kommen soll, was kann da anderes in Frage sein als das, was objektive Wissenschaft ohnehin im Auge hat und tut? Ist nicht wissenschaftliche Erkenntnis als solche »objektive« Erkenntnis – gerichtet auf ein für jedermann in unbedingter Allgemeinheit gültiges Erkenntnissubstrat? Und doch, paradoxerweise, halten wir unsere Behauptung aufrecht und fordern, daß [127] man sich hier nicht durch die Tradition von Jahrhunderten, in der wir alle erzogen worden sind, den überlieferten Begriff objektiver Wissenschaft dem der Wissenschaft überhaupt unterschieben läßt.

Der Titel »Lebenswelt« ermöglicht und verlangt vielleicht verschiedene, obschon wesensmäßig aufeinander bezogene wissenschaftliche Aufgabenstellungen, und vielleicht gehört eben zur echten und vollen Wissenschaftlichkeit, daß nur alle in eins, aber ihrer wesensmäßigen Fundierungsordnung folgend, behandelt sein dürfen, und nicht etwa die eine, die objektiv-logische, für sich (diese besondere Leistung innerhalb der Lebenswelt), während die anderen wissenschaftlich überhaupt nicht in Arbeit genommen sind; also nie wissenschaftlich gefragt ist nach der Weise, wie die Lebenswelt beständig als Untergrund fungiert, wie ihre mannigfachen vorlogischen Geltungen begründende sind für die logischen, die theoretischen Wahrheiten. Und vielleicht ist die Wissenschaftlichkeit, die diese Lebenswelt als solche und in ihrer Universalität fordert, eine eigentümliche, eine eben nicht objektiv-logische, aber als die letztbegründende nicht die mindere sondern die dem Werte nach höhere. Aber wie ist nun diese ganz andersartige Wissenschaftlichkeit, der sich bisher immer die objektive unterschoben hat, zu verwirklichen? Die Idee der objektiven Wahrheit ist ihrem ganzen Sinne nach vorweg bestimmt durch den Kontrast zur Idee der Wahrheit des vor- und außerwissenschaftlichen Lebens. Diese hat ihre letzte und tiefste Bewährungsquelle in der im oben bezeichneten Sinne »reinen« Erfahrung, in allen ihren Modis der Wahrnehmung, der Erinnerung usw. Diese Worte müssen aber wirklich so verstanden werden, wie sie das vorwissenschaftliche Leben selbst versteht, in die man also keine psychophysische, psychologische Interpretation aus der jeweiligen objektiven Wissenschaft hineintragen darf. Und vor allem darf man nicht, um ein Wichtiges gleich vorwegzunehmen, alsbald rekurrieren auf die vermeintlich unmittelbar gegebenen »Empfindungsdaten«, als ob s i e das wären, was die rein anschaulichen Gegebenheiten der Lebenswelt unmittelbar charakterisiert. Das wirklich Erste ist die »bloß subjektiv-relative« Anschauung des vorwissenschaftlichen Weltlebens. Freilich für uns hat das »bloß« als alte Erbschaft

die verächtliche Färbung der δόξα. Im vorwissenschaftlichen
Leben selbst hat [128] sie davon natürlich nichts; da ist sie
ein Bereich guter Bewährung, von da aus wohlbewährter
prädikativer Erkenntnisse und genau so gesicherter Wahrheiten, als wie die ihren Sinn bestimmenden praktischen
Vorhaben des Lebens es selbst fordern. Die Verächtlichkeit,
mit welcher alles »bloß Subjektiv-Relative« von dem
dem neuzeitlichen Objektivitäts-Ideal folgenden Wissenschaftler behandelt wird, ändert an seiner eigenen Seinsweise
nichts, wie es daran nichts ändert, daß es ihm doch selbst gut
genug sein muß, wo immer er darauf rekurriert und unvermeidlich rekurrieren muß.

b) Die Benützung der subjektiv-relativen Erfahrungen f ü r die
objektiven Wissenschaften und die Wissenschaft v o n ihnen

Die Wissenschaften bauen auf der Selbstverständlichkeit der
Lebenswelt, indem sie von ihr her das für ihre jeweiligen
Zwecke jeweils Nötige sich zunutze machen. Aber die
Lebenswelt in dieser Weise benützen heißt nicht, sie selbst in
ihrer eigenen Seinsweise wissenschaftlich erkennen. Z. B.
Einstein benützt die Michelsonschen Experimente und ihre
Nachprüfungen durch andere Forscher, mit Apparaten, die
Kopien der Michelsonschen sind, mit all dem Zugehörigen an
Maßstäben, an Konstatierungen von Koinzidenzen usw. Es
ist zweifellos, daß alles, was in Funktion tritt, die Personen,
die Apparatur, der Institutsraum usw., selbst wieder zum
Thema im gewöhnlichen Sinne objektiver Fragestellungen
werden kann, dem der positiven Wissenschaften. Aber Ein-
stein konnte unmöglich eine theoretische, psychologisch-
psychophysische Konstruktion des objektiven Seins des Mr.
Michelson benützen, sondern nur den ihm, wie jedermann in
der vorwissenschaftlichen Welt, als Gegenstand schlichter
Erfahrung zugänglichen Menschen, dessen Dasein in dieser
Lebendigkeit und in diesen Aktivitäten und Erzeugnissen in
der gemeinsamen Lebenswelt immer schon Voraussetzung ist

für alle die Michelsons Experimente betreffenden objektiv-
wissenschaftlichen Fragestellungen, Vorhaben, Leistungen
Einsteins. Es ist natürlich die eine, allgemeinsame Erfahrungswelt, in der auch Einstein und jeder Forscher sich als
Mensch, und auch während all seines forschenden Tuns,
weiß. Eben diese Welt und alles in ihr Vorkommende, nach
Bedarf für wissenschaftliche und andere Zwecke benützt, hat
andererseits für jeden Naturwissenschaftler in sei[129]ner
thematischen Einstellung auf ihre »objektive Wahrheit« den
Stempel »bloß subjektiv-relativ«. Der Kontrast dazu bestimmt, wie wir sagten, den Sinn der »objektiven« Aufgabe-
benstellung. Dieses »Subjektiv-Relative« soll »überwunden«
werden; man kann und soll ihm zuordnen ein hypotheti-
sches An-sich-Sein, ein Substrat für logisch-mathematische
»Wahrheiten an sich«, denen man sich in immer neuen und
besseren hypothetischen Ansätzen annähern kann, immer
durch Erfahrungsbewährung sie rechtfertigend. Das ist die
eine Seite. Aber während der Naturwissenschaftler in dieser
Art objektiv interessiert und in Tätigkeit ist, fungiert andererseits doch für ihn das Subjektiv-Relative nicht etwa als ein
irrelevanter Durchgang sondern als das für alle objektive
Bewährung die theoretisch-logische Seinsgeltung letztlich
Begründende, also als Evidenzquelle, Bewährungsquelle.
Die gesehenen Maßstäbe, Teilstriche usw. sind benützt als
wirklich seiend, und nicht als Illusionen; also das wirklich
lebensweltlich Seiende als gültiges ist eine Prämisse.

c) Ist das Subjektiv-Relative Gegenstand der Psychologie?

Die Frage nun nach der Seinsweise dieses Subjektiven bzw.
nach der Wissenschaft, die es in seinem Seinsuniversum zu
behandeln hat, wird der Naturwissenschaftler normalerweise
mit dem Hinweis auf die Psychologie abtun. Aber wieder
darf man sich hier nicht das Seiende im Sinne der objektiven
Wissenschaft unterschieben lassen, wo das lebensweltlich
Seiende in Frage ist. Denn, was von altersher, und jedenfalls

seit der Begründung des neuzeitlichen Objektivismus der
Welterkenntnis, Psychologie heißt, hat, welche der versuch-
ten historischen Psychologien wir auch nehmen, selbstverständlich den Sinn einer »objektiven« Wissenschaft vom Subjektiven. Nun werden wir in den späteren Überlegungen das
Problem der Ermöglichung einer objektiven Psychologie
zum Gegenstand ausführlicher Erörterungen machen müssen. Vorweg aber muß der Kontrast zwischen Objektivität
und lebensweltlicher Subjektivität als ein den Grundsinn der
objektiven Wissenschaftlichkeit selbst bestimmender scharf
erfaßt und gegenüber den großen Versuchungen der Unterschiebung gesichert sein.

[130]   d) Die Lebenswelt als Universum prinzipieller Anschau-
barkeit – die »objektiv-wahre« Welt als prinzipiell unanschauliche
»logische« Substruktion

Wie immer es mit der Durchführung oder Durchführbarkeit
der Idee der objektiven Wissenschaft hinsichtlich der geistigen Welt steht (also nicht nur hinsichtlich der Natur): diese
Idee der Objektivität beherrscht die ganze Universitas der
positiven Wissenschaften der Neuzeit, und im allgemeinen
Sprachgebrauch den Wortsinn »Wissenschaft«. Darin liegt
insofern vorweg schon ein Naturalismus, als dieser Begriff
abgenommen ist von der Galileischen Naturwissenschaft, so
daß die wissenschaftlich »wahre«, die objektive Welt im voraus stets gedacht ist als Natur in einem erweiterten Wortsinn.
Der Kontrast zwischen dem Subjektiven der Lebenswelt und
der »objektiven«, der »wahren« Welt liegt nun darin, daß die
letztere eine theoretisch-logische Substruktion ist, die eines
prinzipiell nicht Wahrnehmbaren, prinzipiell in seinem eigenen Selbstsein nicht Erfahrbaren, während das lebensweltlich
Subjektive in allem und jedem eben durch seine wirkliche
Erfahrbarkeit ausgezeichnet ist[5].
Die Lebenswelt ist ein Reich ursprünglicher Evidenzen. Das
evident Gegebene ist jenachdem in Wahrnehmung als »es

selbst« in unmittelbarer Präsenz Erfahrenes oder in Erinnerung als es selbst Erinnertes; jede sonstige Weise der Anschauung ist ein es selbst Vergegenwärtigen; jede in diese Sphäre gehörige mittelbare Erkenntnis, weit gesprochen: jede Weise der Induktion hat den Sinn einer Induktion von Anschaubarem, eines möglicherweise als es selbst Wahrnehmbaren oder als wahrgenommen-gewesen Erinnerbaren usw. Auf diese Modi der Evidenzen führt alle erdenkliche Bewährung zurück, weil das »es selbst« (des jeweiligen Modus) in diesen Anschauungen selbst liegt als das intersubjektiv wirklich Erfahrbare und Bewährbare, und keine gedankliche Substruktion ist, während andererseits eine solche, soweit sie überhaupt Wahrheit beansprucht, eben nur durch Rückbe[131]ziehung auf solche Evidenzen wirkliche Wahrheit haben kann.

Es ist freilich selbst eine höchst wichtige Aufgabe der wissenschaftlichen Erschließung der Lebenswelt, das Urrecht dieser Evidenzen zur Geltung zu bringen, und zwar ihre höhere Dignität der Erkenntnisbegründung gegenüber derjenigen der objektiv-logischen Evidenzen. Es muß völlig aufgeklärt, also zur letzten Evidenz gebracht werden, wie alle Evidenz objektiv-logischer Leistungen, in welcher die objektive Theorie (so die mathematische, die naturwissenschaftliche) nach Form und Inhalt begründet ist, ihre verborgenen Begründungsquellen in dem letztlich leistenden Leben hat, in welchem ständig die evidente Gegebenheit der Lebenswelt ihren vorwissenschaftlichen Seinssinn hat, gewonnen hat und neu gewinnt. Von der objektiv-logischen Evidenz (der mathematischen »Einsicht«, der naturwissenschaftlichen, der positiv-wissenschaftlichen »Einsicht«, so wie sie der forschend-begründende Mathematiker usw. im Vollzug hat) geht hier der Weg zurück zur Urevidenz, in der die Lebenswelt ständig vorgegeben ist.

Wie befremdlich und noch fraglich man das hier schlechthin Ausgesprochene zunächst finden mag, das Allgemeine des

Kontrastes der Evidenzstufen ist unverkennbar. Die empiristischen Reden der Naturforscher klingen oft, wenn nicht zumeist, so, als ob die Naturwissenschaften Wissenschaften aufgrund der Erfahrung von der objektiven Natur seien. Aber nicht in diesem Sinne ist es wahr, daß diese Wissenschaften Erfahrungswissenschaften sind, daß sie prinzipiell der Erfahrung folgen, daß alle von Erfahrungen ausgehen, daß alle ihre Induktionen durch Erfahrungen schließlich verifiziert sein müssen, sondern wahr ist es nur in dem anderen Sinne, in welchem Erfahrung eine rein in der Lebenswelt sich abspielende Evidenz ist, und als das die Evidenzquelle der objektiven Feststellungen der Wissenschaften, die ihrerseits nie selbst Erfahrungen von dem Objektiven sind. Das Objektive ist eben als es selbst nie erfahrbar, und so wird es übrigens von den Naturwissenschaftlern selbst überall da angesehen, wo sie es im Gegensatz zu ihren verwirrenden empiristischen Reden sogar als ein metaphysisch Transzendentes interpretieren. Mit der Erfahrbarkeit eines Objektiven steht es nicht anders als mit derjenigen unendlich ferner geometrischer Gebilde, und so überhaupt mit derjenigen aller unendlichen »Ideen«, [132] z. B. auch mit der Erfahrbarkeit der Unendlichkeit der Anzahlenreihe. Natürlich sind die »Veranschaulichungen« von Ideen in der Weise von mathematischen oder naturwissenschaftlichen »Modellen« nicht etwa Anschauungen von dem Objektiven selbst, sondern lebensweltliche Anschauungen, die geeignet sind, die Konzeption der betreffenden objektiven Ideale zu erleichtern. Hier spielen zumeist vielfältige Mittelbarkeiten der Konzeption mit, welche nicht überall so unmittelbar einsetzt und in ihrer Art evident werden kann wie die Konzeption der geometrischen Geraden aufgrund der lebensweltlichen Evidenz der geraden Tischkanten und dgl.

Es bedarf, wie man sieht, um hier überhaupt die Voraussetzungen für eine reinliche Fragestellung zu gewinnen, großer Umständlichkeiten, nämlich um uns zunächst frei zu machen von den beständigen Unterschiebungen, welche uns alle durch die Schulherrschaft der objektiv-wissenschaftlichen Denkweisen verführen.

e) Die objektiven Wissenschaften als subjektive Gebilde – als die einer besonderen, der theoretisch-logischen Praxis, selbst zur vollen Konkretion der Lebenswelt gehörig

Ist der Kontrast zur Reinheit gebracht, so ist nun ihrer Wesensverbundenheit genugzutun: objektive Theorie in ihrem logischen Sinn (universal gefaßt: die Wissenschaft als Totalität der prädikativen Theorie, des Systems von »logisch« als »Sätzen an sich«, »Wahrheiten an sich« gemeinten und in diesem Sinne logisch verbundenen Aussagen) wurzelt, gründet in der Lebenswelt, in den ihr zugehörigen Ursprungsevidenzen. Vermöge dieser Verwurzelung hat die objektive Wissenschaft beständige Sinnbeziehung auf die Welt, in der wir immerzu und in der wir auch als Wissenschaftler und dann auch in der Allgemeinschaft der Mitwissenschaftler leben – also auf die allgemeine Lebenswelt. Dabei ist sie aber als eine Leistung der vorwissenschaftlichen Personen, der einzelnen und sich in den wissenschaftlichen Tätigkeiten vergemeinschaftenden, selbst zur Lebenswelt gehörig. Ihre Theorien, die logischen Gebilde, sind zwar nicht lebensweltliche Dinge wie Steine, Häuser, Bäume. Es sind logische Ganze [133] und logische Teile aus letzten logischen Elementen. Mit Bolzano zu reden: es sind »Vorstellungen an sich«, »Sätze an sich«, Schlüsse und Beweise »an sich«, ideale Bedeutungseinheiten, deren logische Idealität ihr Telos »Wahrheit an sich« bestimmt.

Aber diese wie jede Idealität ändert nichts daran, daß sie menschliche Gebilde sind, auf menschliche Aktualitäten und · Potenzialitäten wesensmäßig bezogen, und so doch zu dieser konkreten Einheit der Lebenswelt gehörig, deren Konkretion also weiter reicht als die der »Dinge«. Ebendies gilt, und zwar korrelativ, von den wissenschaftlichen Tätigkeiten, den erfahrenden, den die logischen Gebilde »aufgrund« der Erfahrung bildenden, in welchen sie in der originären Gestalt und in originären Abwandlungsmodis auftreten, in den einzelnen Wissenschaftlern und in dem Miteinander der Wissenschaftler: als Ursprünglichkeit des gemeinsam verhandelten Satzes, Beweises usw.

Wir kommen in eine unbequeme Situation. Haben wir in aller notwendigen Sorgfalt kontrastiert, so haben wir eines und ein anderes: Lebenswelt und objektiv-wissenschaftliche Welt, allerdings in einer Beziehung. Das Wissen von der objektiv-wissenschaftlichen »gründet« in der Evidenz der Lebenswelt. Sie ist dem wissenschaftlichen Arbeiter bzw. der Arbeitsgemeinschaft vorgegeben als Boden, aber, auf diesem bauend, ist doch das Gebäude ein neues, ein anderes. Hören wir auf, in unser wissenschaftliches Denken versunken zu sein, werden wir dessen inne, daß wir Wissenschaftler doch Menschen und als das Mitbestände der Lebenswelt sind, der immer für uns seienden, immerzu vorgegebenen, so rückt mit uns die ganze Wissenschaft in die – bloß »subjektiv-relative« – Lebenswelt ein. Und was wird mit der objektiven Welt selbst? Was mit der Hypothese des Ansich-Seins, zunächst bezogen auf die »Dinge« der Lebenswelt, die »Objekte«, die »realen« Körper, die realen Tiere, Pflanzen und auch Menschen, in der lebensweltlichen »Raumzeitlichkeit« – alle diese Begriffe jetzt nicht von den objektiven Wissenschaften her verstanden, sondern so wie in dem vorwissenschaftlichen Leben?

Ist diese Hypothese, die trotz der Idealität der wissenschaftlichen Theorien aktuelle Geltung für die wissenschaftlichen Subjekte hat (die Wissenschaftler als Menschen), nicht e i n e der praktischen Hypothesen und Vorhaben unter den vielen, die das [134] Leben der Menschen in ihrer Lebenswelt – der ihnen jederzeit als verfügbar bewußt vorgegebenen – ausmachen, und sind nicht alle Ziele, ob sonstwie in einem außerwissenschaftlichen Sinn »praktische« oder unter dem Titel »theoretisch« praktische, eo ipso mit zur Einheit der Lebens-

welt gehörig, wofern wir sie nur in ihrer ganzen und vollen
Konkretion nehmen?

Andererseits zeigte sich aber auch, daß die Sätze, die Theorien, das ganze Lehrgebäude der objektiven Wissenschaften
aus gewissen Aktivitäten gewonnene Gebilde der in ihrer
Zusammenarbeit verbundenen Wissenschaftler sind – genauer gesprochen: aus einem fortlaufenden Aufbau von
Aktivitäten, deren spätere immer wieder die Ergebnisse der
früheren voraussetzen. Und weiter sehen wir, daß alle diese
theoretischen Ergebnisse den Charakter von Geltungen für
die Lebenswelt haben, als solche ihrem eigenen Bestande sich
immerfort zuschlagend und vorweg schon als Horizont möglicher Leistungen der werdenden Wissenschaft ihr zugehörig.
Konkrete Lebenswelt also zugleich für die »wissenschaftlich
wahre« Welt der gründende Boden und zugleich in ihrer eigenen universalen Konkretion sie befassend – wie ist das zu
verstehen, wie der so paradox sich anmutenden allumspan-
nenden Seinsweise der Lebenswelt systematisch, d. i. in einer
angemessenen Wissenschaftlichkeit genugzutun?

Wir stellen Fragen, deren klärende Antworten keineswegs
auf der Hand liegen. Kontrastierung und unlösliche Einigung
ziehen uns in ein Nachdenken hinein, das uns in immer pein-
lichere Schwierigkeiten verwickelt. Die paradoxen Aufeinan-
derbezogenheiten von »objektiv wahrer« und »Lebenswelt«
machen die Seinsweise beider rätselhaft. Also wahre Welt in
jedem Sinne, darin auch unser eigenes Sein, wird nach dem
Sinn dieses Seins zum Rätsel. In den Versuchen, zur Klarheit
zu kommen, werden wir angesichts der auftauchenden Paradoxien mit einem Male der Bodenlosigkeit unseres ganzen
bisherigen Philosophierens inne. Wie können wir jetzt wirklich zu Philosophen werden?

Der Kraft dieser Motivation können wir uns nicht entziehen,
es ist uns unmöglich, hier auszuweichen, durch einen von
Kant oder Hegel, von Aristoteles und Thomas sich nähren-
den Betrieb mit Aporien und Argumentationen.

[135]   f) Das Problem der Lebenswelt anstatt als Teilproblem viel-
         mehr als philosophisches Universalproblem

Natürlich ist das eine neue, und keine mathematische und
überhaupt keine im historischen Sinne logische Wissenschaftlichkeit, die für die Lösung der uns jetzt beunruhigenden
Rätsel in Frage kommt, keine, die vor sich schon haben
könnte eine fertige Mathematik, Logik, Logistik, als schon
bereite Norm, da diese ja selbst in dem hier problematischen
Sinne objektive Wissenschaften sind und, als im Problem
beschlossen, nicht prämissenartig benützte Voraussetzungen
sein können. Zunächst, solange man nur kontrastiert, nur für
das Gegenüber sorgt, konnte es scheinen, daß man anderes
und mehr als objektive Wissenschaft nicht braucht, in derselben Art, wie das alltägliche praktische Leben seine vernünfti-
gen Besinnungen hat, besondere und allgemeine, und dazu
keiner Wissenschaft bedarf. Es i s t eben so, allvertraute Tatsache, unbedacht hingenommen, statt als Grundtatsache for-
muliert und als eigenes Denkthema durchdacht zu werden –
nämlich, daß es zweierlei Wahrheiten gibt: auf der einen Seite
die alltäglich-praktischen Situationswahrheiten, freilich relative, aber, wie wir schon betont haben, genau die, die Praxis
jeweils in ihren Vorhaben sucht und braucht. Auf der anderen
Seite die wissenschaftlichen Wahrheiten, und deren Begründung führt eben auf Situationswahrheiten zurück, aber in
einer Weise, daß die wissenschaftliche Methode ihrem eigenen Sinne nach dadurch nicht leidet, da auch sie gerade diese
Wahrheiten gebrauchen will und gebrauchen muß.
So könnte es – wenn man sich von der unbedenklichen Naivität des Lebens auch im Übergang von der außerlogischen zur
logischen, zur objektiv-wissenschaftlichen Denkpraxis fort-
ziehen läßt – scheinen, daß eine eigene Thematik des Titels
»Lebenswelt« ein intellektualistischer Betrieb sei, entsprungen aus einer dem neuzeitlichen Leben eigenen Sucht, alles
zu theoretisieren. Aber demgegenüber ist doch mindestens
soviel sichtlich geworden, daß es bei dieser Naivität nicht sein

290 Das Problem der Lebenswelt

Bewenden haben kann, daß sich hier paradoxe Unverständlichkeiten melden, eine angebliche Überwindung der bloß subjektiven Relativitäten durch die objektiv-logische Theorie, die doch als theoretische Praxis der Menschen zum bloß Subjektiv-Relativen gehört und zugleich [136] im Subjektiv-Relativen ihre Prämissen, ihre Evidenzquellen haben muß. Es ist von da aus schon soviel gewiß, daß alle Wahrheits- und Seinsprobleme, alle für sie erdenklichen Methoden, Hypothesen, Ergebnisse – ob für Erfahrungswelten oder metaphysische Überwelten – ihre letzte Klarheit, ihren evidenten Sinn oder die Evidenz ihres Widersinns nur durch diese vermeintliche intellektualistische Hypertrophie gewinnen können. Darunter dann wohl auch alle letzten Fragen rechtmäßigen Sinnes und Widersinnes in dem neuerdings so laut und so sinnbetörend gewordenen Betrieb der »wiedererstandenen Metaphysik«.

Durch die letzte Reihe von Betrachtungen ist uns die Größe, die universale und eigenständige Bedeutung des Problems der Lebenswelt in einer vorausschauenden Einsicht verständlich geworden. Demgegenüber erscheint nun das Problem der »objektiv wahren« Welt bzw. der objektiv-logischen Wissenschaft – wie sehr und mit wie gutem Grunde es sich immer wieder entgegendrängt – als Problem von sekundärem und speziellerem Interesse. Mag die besondere Leistung unserer objektiven Wissenschaft der Neuzeit auch unverstanden sein, daran ist nicht zu rütteln, daß sie eine aus besonderen Aktivitäten entsprungene Geltung für die Lebenswelt und selbst ihrer Konkretion zugehörig ist. Also jedenfalls muß für die Aufklärung dieser wie aller sonstigen Erwerbe menschlicher Aktivität zuerst die konkrete Lebenswelt in Betracht gezogen werden, und zwar in der wirklich konkreten Universalität, in welcher sie aktuell und horizonthaft alle von den Menschen für die Welt ihres gemeinsamen Lebens erworbenen Geltungsauflagen in sich schließt und diese letztlich insgesamt bezogen hat auf einen abstrakt herauszupräparierenden Weltkern: die Welt der schlichten intersubjektiven Erfahrungen.

Freilich wie die Lebenswelt zu einem independenten, ganz und gar eigenständigen Thema werden, wie sie wissenschaftliche Aussagen ermöglichen soll, die doch als solche, wenn auch in anderer Weise wie die unserer Wissenschaften, ihre »Objektivität« haben müssen, eine rein methodisch zuzueignende notwendige Gültigkeit, die wir und jedermann – in eben dieser Methode – bewähren können, wissen wir noch nicht. Wir sind hier absolut Anfänger und haben nichts von einer hier zur Normierung berufenen Logik; wir können nichts als uns besinnen, uns in den noch unentfalteten Sinn unserer Aufgabe vertiefen, [137] als in äußerster Sorgsamkeit für Vorurteilslosigkeit, für ihre Reinerhaltung von fremden Einmengungen sorgen (wofür wir schon einiges Wichtige getan haben); und daraus muß uns, wie in jeder neuartigen Vorhabe, die Methode zuwachsen. Klärung des Aufgabensinnes ist ja Evidenz des Zieles als Zieles, und wesensmäßig gehört zu dieser Evidenz auch die der möglichen »Wege« dahin. Die Umständlichkeit und Schwierigkeit der Vorbesinnungen, die noch bevorstehen, wird sich von selbst rechtfertigen, nicht nur durch die Größe des Zieles, sondern durch die wesensmäßige Fremdheit und Gefährlichkeit der dabei in Funktion tretenden notwendigen Gedanken.

So hat sich für uns das vermeintlich bloße Grundlagenproblem der objektiven Wissenschaften, oder das vermeintliche Teilproblem des universalen Problems der objektiven Wissenschaft, in der Tat (so wie wir es im voraus schon angekündigt hatten) als das eigentliche und universalste Problem erwiesen. Es kann auch so gesagt werden: das Problem tritt zuerst auf als Frage nach dem Verhältnis von objektiv-wissenschaftlichem Denken und Anschauung; auf der einen Seite also von logischem Denken als Denken logischer Gedanken; z. B. physikalisches Denken der physikalischen Theorie oder rein mathematisches Denken, worin Mathematik als Lehrsystem ihre Stätte hat, Mathematik als Theorie. Auf der anderen Seite haben wir Anschauen und Angeschautes lebensweltlich vor der Theorie. Hier entspringt der unausrottbare Schein

eines reinen Denkens, das, als reines um Anschauung unbe-
kümmert, schon seine evidente Wahrheit, und sogar Welt-
wahrheit habe; der Schein, der den Sinn und die Möglichkeit,
die »Tragweite« objektiver Wissenschaft fraglich macht.
Dabei hält man sich im Außereinander: Anschauen und Denken, und bestimmt allgemein die Art der »Erkenntnistheorie«
als in korrelativer Doppelseitigkeit durchgeführte Wissenschaftstheorie (Wissenschaft dabei immer gemäß dem einzigen Wissenschaftsbegriff, den man hat: objektive Wissenschaft). Sowie aber der leere und vage Titel Anschauung statt
ein Geringes und Unterwertiges gegenüber dem höchstwerti-
gen Logischen, in dem man vermeintlich schon die echte
Wahrheit hat, zu dem Problem der Lebenswelt geworden ist
und die Größe und Schwierigkeit dieser Thematik im ernstli-
chen Eindringen ins Gewaltige wächst, tritt die große Verwandlung der »Erkenntnistheorie«, der Wissen[138]schafts-
theorie ein, in der schließlich Wissenschaft als Problem und
Leistung ihre Eigenständigkeit verliert und zum bloßen Par-
tialproblem wird.
Das Gesagte betrifft natürlich mit die Logik, als die apriorische Normenlehre alles »Logischen« – in dem allherrschen-
den Sinn Logischen, wonach also die Logik eine Logik der
strengen Objektivität, der objektiv-logischen Wahrheiten ist.
An die vor der Wissenschaft liegenden Prädikationen und
Wahrheiten und an die innerhalb dieser Sphäre der Relativitäten normierende »Logik«, an die Möglichkeit, auch für dieses
der Lebenswelt rein deskriptiv sich anpassende Logische nach
dem System der es a priori normierenden Prinzipien zu fragen, wird nie gedacht. Ohne weiteres wird die traditionelle
objektive Logik als apriorische Norm auch für diese subjektiv-relative Wahrheitssphäre unterschoben.

Anmerkungen

Anmerkungen bzw. Anmerkungszusätze des Herausgebers sind durch ein vorangestelltes »[Hrsg.]« gekennzeichnet oder stehen fallweise selbst in eckigen Klammern. Alle anderen Anmerkungen stammen von Husserl.

In der ersten Anmerkung des Herausgebers zu jedem Text ist die Ausgabe genannt, der der Text jeweils entnommen wurde. Den Verlagen sei für die freundliche Genehmigung des Abdrucks gedankt; die Copyrightvermerke finden sich S. 304.

In allen Texten zeigen die Seitenzahlen in eckigen Klammern [ ] den Beginn einer neuen Seite in der zugrunde gelegten Ausgabe an. Alle Zwischenüberschriften stammen, wenn nicht anders angegeben, aus den betreffenden Ausgaben.

Einleitung
(S. 5–53)

1 Vgl. *Literarische und naturwissenschaftliche Intelligenz. Dialog über die »zwei Kulturen«*, hrsg. von H. Kreuzer, Stuttgart 1969.

2 Zum besseren Verständnis der komprimierten Darstellung auf den folgenden Seiten sei auf die ausführlichere Erörterung der hier angesprochenen Grundbegriffe in der Einleitung des ersten Auswahlbandes verwiesen, insbesondere auf die Abschnitte 6–8.

3 Mehr zum Begriff »transzendental« in der Einleitung des ersten Auswahlbandes, Abschnitt 7.

4 Näheres zu dieser Methode im ersten Auswahlband, Abschnitt 5 der Einleitung sowie die Texte »Tatsache und Wesen« und »Wesenserschauung durch eidetische Variation«.

5 Zur Gliederung der »regionalen Ontologien« vgl. den Gesamtaufbau der *Ideen II* (»Husserliana« IV).

6 Vgl. hierzu im ersten Auswahlband Abschnitt 3 der Einleitung sowie den Text »Psychologismus und transzendentale Grundlegung der Logik«.

7 Vgl. Abschnitt 6 der Einleitung des ersten Auswahlbandes.

8 Vgl. hierzu im ersten Auswahlband Abschnitt 8 der Einleitung und Abschnitt 15 des Textes »Die phänomenologische Fundamentalbetrachtung«.

9 Vgl. auch hierzu im ersten Auswahlband den Text »Die phänomenologische Fundamentalbetrachtung«, Abschnitt 15.

10 Zu dieser methodischen Haltung der »Epoché« Näheres im ersten
Auswahlband Abschnitt 6 der Einleitung sowie die Abschnitte 5
und 6 des Textes »Die phänomenologische Fundamentalbetrachtung«.

11 Vgl. Abschnitt 8 der Einleitung des ersten Auswahlbandes.

12 Husserl, *Krisis*, S. 172.

13 Vgl. im ersten Auswahlband Abschnitt 5 der Einleitung sowie die
Texte »Tatsache und Wesen« und »Wesenserschauung durch eidetische Variation«.

14 Vgl. Husserl, *Erfahrung und Urteil*, S. 303 ff.

15 Zum Folgenden vgl. Abschnitt 8 der Einleitung des ersten Auswahlbandes.

16 Hier S. 145.

17 Husserl sagt in seinen zahlreichen Analysen zur Intersubjektivität
statt »primordial« mindestens ebenso oft »primordinal«. Das ist
aber von der lateinischen Herkunft des Wortes her nicht korrekt.
Im hier abgedruckten Text »Konstitution der Intersubjektivität«
wurde daher in Abweichung von Band I der »Husserliana« stets
»primordial« gesetzt.

18 Zur ganzen Theorie vom Leib-Körper vgl. *Ideen II*, »Husserliana« IV, S. 143 ff.

19 Vgl. Kant, *Kritik der reinen Vernunft*, B XIII.

20 Vgl. hier S. 271.

21 Vgl. hier S. 289 f.

22 Vgl. Husserl, *Krisis*, S. 452 f.

23 Vgl. hier S. 283 f.

24 Vgl. Husserl, *Krisis*, S. 115, 141 Anm., 213, 466.

25 Vgl. hier S. 288.

26 Vgl. Abschnitt 3 der Einleitung des ersten Auswahlbandes.

Analyse der Wahrnehmung
(S. 55–79)

1 [Hrsg.] Der Text stammt aus einer Vorlesung »Grundprobleme
der Logik« von 1925/26, von der M. Fleischer den größten Teil
unter dem neuen Titel *Analysen zur passiven Synthesis* als Band XI
der »Husserliana« herausgegeben hat. Die aus der »Husserliana«-

Ausgabe übernommenen Überschriften stammen von der Herausgeberin M. Fleischer.

2 Es kann jeder Gehalt des unveränderten Dinges immer wieder durch Wahrnehmung erreicht werden, ich kann um die Oberfläche herumgehen, ideell kann das Ding geteilt werden und immer wieder von allen oberflächlichen Seiten angesehen werden etc.

3 Die Wahrnehmung ist originales Bewußtsein eines individuellen, eines zeitlichen Gegenstandes, und für jedes Jetzt haben wir in der Wahrnehmung ihre Urimpression, in der der Gegenstand im Jetzt, in seinem momentanen Originalitätspunkt original erfaßt wird. Es muß aber gezeigt werden, daß originale Abschattung notwendig Hand in Hand geht mit Appräsentation.

Phänomenologie des inneren Zeitbewußtseins
(S. 80–165)

1 [Hrsg.] Die *Vorlesungen zur Phänomenologie des inneren Zeitbewußtseins* wurden 1928 in Band IX des *Jahrbuchs für Phänomenologie und phänomenologische Forschung* auf Bitten von Husserl durch M. Heidegger herausgegeben. Der Text besteht aus einem Hauptteil mit 45 Paragraphen und 13 Beilagen. Heidegger veröffentlichte ein Manuskript, das Husserls Assistentin E. Stein im Sommer 1917 im Auftrage und unter Beteiligung Husserls ausgearbeitet hatte. Grundlage ihrer Ausarbeitung waren eine Vorlesung aus dem Jahre 1905 und ergänzende und korrigierende Aufzeichnungen Husserls aus den Jahren 1905–17. Der vorliegenden Auswahl liegt der Text des Erstdrucks zugrunde, die von R. Boehm besorgte Edition in Band X der »Husserliana« wurde für Textverbesserungen aufgrund der teilweise erhaltenen Originalmanuskripte Husserls berücksichtigt. Da der ganze Text zu lang gewesen wäre, mußten einige Paragraphen und Beilagen weggelassen werden. Hier sind fast zwei Drittel abgedruckt. Weggelassen sind erstens die Paragraphengruppen, die die Kritik Husserls an der Zeittheorie seines Lehrers Franz Brentano enthalten (§ 3 – § 7 1. Hälfte) oder sich auf diese Kritik zurückbeziehen (§ 19 – § 22); diese Textabschnitte sind heute mehr von philosophiehistorischem als sachlichem Interesse Zweitens wurde auf die Paragraphen ab § 40 und die darauf bezüglichen Beilagen verzichtet, weil sie den Umkreis der Zeitanalyse im engeren Sinne überschreiten. Unter den Beilagen zu den Paragraphen 8–18 bzw.

23–39 sind die weggelassen, die stärker von der Hauptlinie des Gedankengangs abschweifen.

Die von E. Stein zusammengestellten und redigierten Texte wiesen in Terminologie und Gedankenführung erhebliche Unterschiede auf. Dies ist auch in den Unausgeglichenheiten zwischen den Abschnitten in dem von Heidegger herausgegebenen Manuskript noch deutlich spürbar. Unter diesen Umständen schien es erlaubt, bei der Zusammenstellung der Textabschnitte für den vorliegenden Band etwas freier vorzugehen als bei den übrigen hier abgedruckten Texten: Die in die Auswahl aufgenommenen Beilagen I, IV, VI, VIII und IX sind für Husserls Zeitanalyse mindestens ebenso bedeutsam wie der Haupttext. Außerdem sind die Brüche zwischen ihnen und dem Haupttext nicht stärker als zwischen einzelnen Paragraphen innerhalb des Haupttextes. Und gewiß ist die Analyse als ganze ohne umständliches Vor- und Zurückblättern zwischen Haupttext und Beilagen flüssiger lesbar. So bot es sich an, die Beilagen an den Stellen zwischen den Paragraphen einzufügen, an denen Heidegger bzw. E. Stein im Haupttext auf sie verwiesen. Die Textabschnitte der vorliegenden Auswahl entsprechen nun folgenden Paragraphen bzw. Beilagen:

Einleitung = Einleitung (Schlußabschnitt weggelassen)
Nr. 1– 2 = §1–§2
Nr. 3   = §7 (1. Hälfte weggelassen)
Nr. 4– 7 = §8–§11
Nr. 8   = Beilage I
Nr. 9–15 = §12–§18
Nr. 16–24 = §23 (erster Satz weggelassen) – §31
Nr. 25   = Beilage IV
Nr. 26–30 = §32–§36
Nr. 31   = Beilage VI (die beiden ersten Abschnitte weggelassen)
Nr. 32–33 = §37–§38
Nr. 34   = Beilage VIII
Nr. 35   = §39
Nr. 36   = Beilage IX

2 [Hrsg.] »Wenn niemand mich danach fragt, weiß ich es; wenn ich es dem Frager erklären will, weiß ich es nicht«; *Bekenntnisse*, Buch 11, Kap. 14.

3 »Empfunden« wäre dann also Anzeige eines Relationsbegriffes, der in sich nichts darüber besagen würde, ob das Empfundene sensuell, ja ob es überhaupt immanent ist im Sinne von Sensuel-

lem, m. a. W. es bliebe offen, ob das Empfundene selbst schon konstituiert ist, und vielleicht ganz anders als das Sensuelle. – Aber dieser ganze Unterschied bleibt am besten beiseite; nicht jede Konstitution hat das Schema Auffassungsinhalt – Auffassung.

4 [Hrsg.] Eine Darstellung und Kritik an Brentanos Zeittheorie hatte Husserl in den vorangehenden, hier weggelassenen Paragraphen vorgetragen.

5 [Hrsg.] »Hyletisches Datum« ist eine andere Bezeichnung für die Empfindungsinhalte, von denen Husserl in Abschnitt 1 gesprochen hatte. Die »hyletischen Daten« oder »Empfindungsdaten« werden als etwas »aufgefaßt«, und so wird durch sie hindurch etwas Objektives, Transzendentes bewußt.

6 Es liegt nahe, diese Erscheinungs- und Bewußtseinsweisen der Zeitobjekte in Parallele zu setzen zu den Weisen, in denen ein Raumding bei wechselnder Orientierung erscheint und bewußt ist; ferner den »zeitlichen Orientierungen« nachzugehen, in denen Raumdinge (die ja zugleich Zeitobjekte sind) erscheinen. Doch verbleiben wir vorläufig in der immanenten Sphäre.

7 Auf die Begrenztheit des Zeitfeldes ist im Diagramm keine Rücksicht genommen. Dort ist kein Enden der Retention vorgesehen, und *idealiter* ist wohl auch ein Bewußtsein möglich, in dem alles retentional erhalten bleibt.

8 [Hrsg.] In den hier weggelassenen Paragraphen.

9 Über Akte als konstituierte Einheiten im ursprünglichen Zeitbewußtsein vgl. § 37, S. 430 f. [im vorliegenden Band Abschn. 32, S. 150 f.; Hrsg.].

10 Vgl. Beilage IV [hier Abschn. 25; Hrsg.]: Wiedererinnerung und Konstitution von Zeitobjekten und objektiver Zeit, S. 459 ff. [136 ff.].

11 Vgl. S. 400 [110].

12 Zur Konstitution der Gleichzeitigkeit vgl. § 38, S. 431 f. [Abschn. 33, S. 151 ff.] und Beilage VII, S. 468 ff. [hier weggelassen].

13 Vgl. S. 466 ff. [147 ff.].

14 Vgl. § 17, S. 400 ff. [Abschn. 14, S. 111 ff.] und § 18, S. 401 ff. [Abschn. 15, S. 112 ff.].

15 Zu dem Folgendem vgl. insbes. § 36, S. 429 [Abschn. 30, S. 144 f.].

16 »Erscheinung« ist hier im erweiterten Sinne gebraucht.

17 Vgl. § 11, S. 390 ff. [Abschn. 7, S. 95 ff.].

18 Vgl. Beilage IX [Abschn. 36]: Urbewußtsein und Möglichkeit der Reflexion, S. 471 ff. [162 ff.].

Konstitution der Intersubjektivität
(S. 166–219)

1 [Hrsg.] Husserl ist der Problematik der Intersubjektivität über Jahrzehnte in immer neuen Analysen nachgegangen, die I. Kern in den Bänden XIII–XV der »Husserliana« vollständig herausgegeben hat. Das konzentrierteste Resümee dieser Forschungen enthält die fünfte von Husserls *Cartesianischen Meditationen*, verfaßt im Sommer 1929, die hier fast vollständig abgedruckt ist. Es fehlen nur einige Paragraphen gegen Schluß, in denen Husserl Perspektiven entwickelt, die über die eigentliche Intersubjektivitäts-Problematik hinausführen. Der Text ist dem von S. Strasser herausgegebenen Band I der »Husserliana« entnommen. Die aus der »Husserliana«-Ausgabe übernommenen Überschriften der Paragraphen stammen von Husserls Assistent E. Fink, sind aber von Husserl autorisiert. Die Einteilung des Textes in drei Kapitel und ihre Betitelung stammen von mir. Die Abschnitte 1–17 entsprechen den Paragraphen 42–58, der Abschnitt 18 dem die 5. Meditation abschließenden § 62.

Das Problem der Lebenswelt
(S. 220–292)

1 [Hrsg.] Der folgende Text ist Husserls unvollendetem Spätwerk *Die Krisis der europäischen Wissenschaften und die transzendentale Phänomenologie* entnommen, wie es erstmals vollständig von W. Biemel als Band VI der »Husserliana« herausgegeben wurde. Die Kapitel dieser Auswahl enthalten die beiden in sich geschlossenen Paragraphengruppen der *Krisis*, in denen der Begriff der Lebenswelt eingeführt wird, und die Beilage II, vermutlich aus dem Jahre 1936, worin Husserl den für das Lebensweltproblem zentralen Begriff der Idealisierung näher erläutert. Von dieser Beilage sind die beiden Schlußabschnitte weggelassen, da sie sich nicht mehr auf das Idealisierungsproblem beziehen. Die Abschnitte 1–2 des hier abgedruckten Textes sind die Paragraphen 8–9, die Abschnitte 4–5 die Paragraphen 33–34, und Abschnitt 3 ist Beilage II. Die Überschriften der beiden Kapitel und des Abschnitts 3 stammen von mir.

2 Es ist eine schlimme Erbschaft der psychologischen Tradition seit Lockes Zeiten, daß beständig den s i n n l i c h e n Q u a l i t ä t e n

der in der alltäglich anschaulichen Umwelt w i r k l i c h e r f a h -
r e n e n Körper – den Farben, den Tastqualitäten, den Gerüchen,
den Wärmen, den Schweren usw. die an d e n K ö r p e r n
s e l b s t w a h r g e n o m m e n werden, eben als ihre Eigen-
s c h a f t e n –unterschoben werden die »s i n n l i c h e n D a t e n«
»Empfindungsdaten«, die ungeschieden ebenfalls sinnliche Qualitäten heißen und, im allgemeinen wenigstens, gar nicht von ihnen unterschieden werden. Wo man einen Unterschied fühlt (statt
ihn, was höchst notwendig ist, gründlich in seiner Eigenheit zu
beschreiben), spielt – darüber wird noch zu sprechen sein – die
grundverkehrte Meinung eine Rolle, daß die »Empfindungsdaten« die unmittelbaren Gegebenheiten sind. Und sogleich pflegt
dann dem ihnen an den Körpern selbst Entsprechenden das Ma-
thematisch-Physikalische unterschoben zu werden, dessen Sinnesquellen zu untersuchen wir eben beschäftigt sind. Wir sprechen hier und überall, getreu die wirkliche Erfahrung zur Aus-
sprache bringend, von Q u a l i t ä t e n, von E i g e n s c h a f t e n
der wirklich in diesen Eigenschaften wahrgenommenen Körper.
Und wenn wir sie als F ü l l e n von Gestalten bezeichnen, so
nehmen wir auch diese Gestalten als »Qualitäten« der Körper
selbst, und auch als sinnliche, nur daß sie als αἰσθητὰ κοινά nicht
die Bezogenheit auf ihnen allein zugehörige Sinnesorgane haben,
wie die αἰσθητὰ ἴδια.

3 Genaueres über den Begriff der definiten Mannigfaltigkeit vgl.
»Ideen zu einer reinen Phänomenologie und phänomenologischen Philosophie«. 1913 u. ö. S. 135 ff. – Zur Idee der »mathesis
universalis« cf. »Logische Untersuchungen«, I, 1900, in zweiter
Bearbeitung 1913 u. ö.; und vor allem »Formale und transzendentale Logik«, Halle, Niemeyer, 1930.

4 Sie konzipiert ein Vollkommenheitsideal aufgrund einer Konzeption der Unendlichkeit von Unvollkommenheit, durch eine ihr
eigenwesentliche Gradualität motiviert. Sie idealisiert die Eigenschaftlichkeit der Dinge. Sie idealisiert damit korrelativ ihre Iden-
tifizierbarkeit, andererseits idealisiert sie auch die unvollkommene Erfahrbarkeit, in der unsere aktuelle Erfahrung von bekannten
zu unbekannten Dingen fortschreitet; so wird einem Gang iterati-
ver Vervollkommnung eine schlechthinnige Unendlichkeit der
Iteration substruiert – als Ideal.

5 Die Seinsbewährung des Lebens ergibt in Erfahrung terminierend
eine volle Überzeugung. Selbst wenn sie induktiv ist, ist die induktive Antizipation die einer möglichen Erfahrbarkeit, die letzt-

lich entscheidet. Induktionen können sich durch Induktionen im Miteinander bewähren. In ihren Antizipationen der Erfahrbarkeit, und da jede direkte Wahrnehmung selbst schon induktive Momente (Antizipation der vom Objekt noch nicht erfahrenen Seiten) einschließt, so ist alles im weiteren Begriff »Erfahrung« oder »Induktion« beschlossen.

Literaturhinweise

(Für weitere Schriften Husserls sowie Bibliographien, allgemeine und einführende Literatur, ferner Arbeiten zur Methodenproblematik sei auf den 1. Band verwiesen: RUB 8084.)

I. Werke von Husserl

Husserliana – Edmund Husserl: Gesammelte Werke. Aufgrund des Nachlasses veröffentlicht in Gemeinschaft mit dem Husserl-Archiv an der Universität Köln vom Husserl-Archiv (Löwen). Den Haag 1950 ff.
   Bd. I: Cartesianische Meditationen und Pariser Vorträge. Hrsg. von S. Strasser. 1950.
   Bd. VI: Die Krisis der europäischen Wissenschaften und die transzendentale Phänomenologie. Eine Einleitung in die phänomenologische Philosophie. Hrsg. von W. Biemel. 1954.
   Bd. X: Zur Phänomenologie des inneren Zeitbewußtseins (1893–1917). Hrsg. von R. Boehm. 1966.
   Bd. XI: Analysen zur passiven Synthesis. Aus Vorlesungs- und Forschungsmanuskripten 1918–1926. Hrsg. von M. Fleischer. 1966.

Außerhalb der »Husserliana« erschienene Schriften:

Edmund Husserls Vorlesungen zur Phänomenologie des inneren Zeitbewußtseins. Hrsg. von M. Heidegger. In: Jahrbuch für Philosophie und phänomenologische Forschung. Bd. IX. Halle a. d. S. 1928. S. 367–497. – Sonderdr. Ebd. 1928. Unveränd. Nachdr. Tübingen 1980.
Cartesianische Meditationen. Hrsg., eingel. und mit Reg. vers. von E. Ströker. Hamburg 1977.
Die Krisis der europäischen Wissenschaften und die transzendentale Phänomenologie. Hrsg., eingel. und mit Reg. vers. von E. Ströker. Hamburg 1977. [Text des 1936 veröffentlichten Ersten Teiles einer von Husserl geplanten Folge weiterer Abhandlungen; zu den Teilen aus dem Nachlaß Husserls vgl. »Husserliana« VI.]

II. Literatur über Husserl

1. *Probleme der Konstitutionsanalytik*

Almeida, G. A. de: Sinn und Gehalt in der genetischen Phänomenologie E. Husserls. Den Haag 1972.

Bernet, R.: La vie du sujet. Recherches sur l'interprétation de Husserl dans la phénoménologie. Paris 1994.

Carr, D.: Interpreting Husserl. Critical and Comparative Studies. Dordrecht/Boston/London 1987.

Claesges, U.: Edmund Husserls Theorie der Raumkonstitution. Den Haag 1964.

Drummond, J. J.: Husserlian Intentionality and Non-Foundational Realism. Noema and Object. Dordrecht/Boston/London 1990.

Held, K.: Lebendige Gegenwart. Die Frage nach der Seinsweise des transzendentalen Ich bei Edmund Husserl, entwickelt am Leitfaden der Zeitproblematik. Den Haag 1966.

– Das Problem der Intersubjektivität und die Idee einer phänomenologischen Transzendentalphilosophie. In: Perspektiven transzendentalphänomenologischer Forschung. Hrsg. von U. Claesges und K. H. Held. Den Haag 1972. S. 3–61.

Holenstein, E.: Phänomenologie der Assoziation. Zu Struktur und Funktion eines Grundprinzips der passiven Genesis bei E. Husserl. Den Haag 1972

Marbach, E.: Das Problem des Ich in der Phänomenologie E. Husserls. Den Haag 1974.

Mertens, K.: Zwischen Letztbegründung und Skepsis. Kritische Untersuchungen zum Selbstverständnis der transzendentalen Phänomenologie Edmund Husserls. Freiburg i. Br. / München 1996.

Rang, B.: Kausalität und Motivation. Untersuchungen zum Verhältnis von Perspektivität und Objektivität in der Phänomenologie Edmund Husserls. Den Haag 1972.

Waldenfels, B.: Das Zwischenreich des Dialogs. Sozialphilosophische Untersuchungen im Anschluß an Edmund Husserl. Den Haag 1971.

2. *Zur Lebensweltproblematik*

Bernet, R.: Einleitung des Herausgebers. In: E. Husserl: Texte zur Phänomenologie des inneren Zeitbewußtseins (1893–1917). Hamburg 1985. S. X–LXXIII.

Brough, J. B.: Translator's Introduction. In: E. Husserl: On the Phenomenology of the Consciousness of Internal Time. Dordrecht/Boston/London 1991.

Claesges, U.: Zweideutigkeiten in Husserls Lebenswelt-Begriff. In: Perspektiven transzendentalphänomenologischer Forschung. Hrsg. von U. C. und K. Held. Den Haag 1972. S. 85–101.

Derrida; J.: Husserls Weg in die Geschichte am Leitfaden der Geometrie. Ein Kommentar zur Beilage III der »Krisis«. Übers. von R. Hentschel und A. Knop. München 1987.

Fellmann, F.: Gelebte Philosophie in Deutschland. Denkformen der Lebensweltphänomenologie und der kritischen Theorie. Freiburg/München 1983.

Gadamer, H.-G.: Wahrheit und Methode. Grundzüge einer philosophischen Hermeneutik. Tübingen 1960 [u. ö.].

Gethmann, C. F. (Hrsg.): Lebenswelt und Wissenschaft. Studien zum Verhältnis von Phänomenologie und Wissenschaftstheorie. Bonn 1991.

Iribarne, J.: Husserls Theorie der Intersubjektivität. Übers. von M.-A. Herlyn. Freiburg. i. Br. / München 1994.

Jamme, C. / Pöggeler, O. (Hrsg.): Phänomenologie im Widerstreit. Zum 50. Todestag Edmund Husserls. Frankfurt a. M. 1989.

Janssen, P.: Geschichte und Lebenswelt. Den Haag 1970.

Landgrebe, L.: Lebenswelt und Geschichtlichkeit des menschlichen Daseins. In: Phänomenologie und Marxismus. Hrsg. von B. Waldenfels [u. a.]. Bd. 2. Frankfurt a. M. 1977. S. 13–58.

Lee, N.-I.: Edmund Husserls Phänomenologie der Instinkte. Dordrecht/Boston/London 1993.

Lembeck, K. H.: Gegenstand Geschichte. Geschichtswissenschaftstheorie in Husserls Phänomenologie. Dordrecht/Boston/London 1988.

Steinbock, A. J.: Home and Beyond. Generative Phenomenology after Husserl. Evanston (USA) 1995.

Ströker, E.: Phänomenologische Studien. Frankfurt a. M. 1987.

– (Hrsg.): Lebenswelt und Wissenschaft in der Philosophie E. Husserls. Frankfurt a. M. 1979.

Zahavi, D.: Husserl und die transzendentale Intersubjektivität. Eine Antwort auf die sprachpragmatische Kritik. Dordrecht/Boston/London 1996.

Textnachweise

Analyse der Wahrnehmung. – Aus: Husserliana – E. H.: Gesammelte Werke. Bd. XI: Analysen zur passiven Synthesis. Aus Vorlesungs- und Forschungsmanuskripten 1918–1926. Hrsg. von Margot Fleischer. Den Haag: Nijhoff, 1966. S. 3–24. © 1966 Martinus Nijhoff Publishers B. V., Den Haag.

Phänomenologie des inneren Zeitbewußtseins. – Aus: Edmund Husserls Vorlesungen zur Phänomenologie des inneren Zeitbewußtseins. Hrsg. von Martin Heidegger. In: Jahrbuch für Philosophie und phänomenologische Forschung. Bd. IX. Halle a. d. S.: Niemeyer, 1928. Unveränd. Nachdr. Tübingen: Niemeyer, 1980. Einl., §§ 1–2, 7, 8–18, 23–39, Beil. I, IV, VIII, IX, S. 368–374, 382–437, 450–452, 459–461, 463–473. © 1980 Max Niemeyer Verlag, Tübingen.

Konstitution der Intersubjektivität. – Aus: Husserliana – E. H.: Gesammelte Werke. Bd. I: Cartesianische Meditationen und Pariser Vorträge. Hrsg. von S[tephan] Strasser. Den Haag: Nijhoff, 1950. §§ 42–58, 62, S. 121–163, 174–177. © 1950 Martinus Nijhoff Publishers B. V., Den Haag.

Das Problem der Lebenswelt. – Aus: Husserliana – E. H.: Gesammelte Werke. Bd. VI: Die Krisis der europäischen Wissenschaften und die transzendentale Phänomenologie. Hrsg. von Walter Biemel. Den Haag: Nijhoff, 1954. §§ 8–9, 33–34, Beil. II, S. 18–60, 123–138, 357–362. © 1954 Martinus Nijhoff Publishers B. V., Den Haag.